비이성의 세계사

비이성의 세계사

정찬일 지음

우리가 기억해야 할
마녀사냥들

양철북

마녀는 어떻게 탄생하는가

종교가 유럽의 질서를 좌지우지하던 중세 시대에 유럽인들은 악마와 계약한 인간, 즉 '마녀'가 있다고 진심으로 믿었다. 하지만 누구도 마녀가 실제로 있다는 것을 과학적으로 밝히는 데 성공하지 못했다. 이 괴리를 메우기 위해 사람들은 비합리적인 기준을 정하고, 마녀 혐의자의 자백을 받기 위해 실험과 고문 등 가능한 모든 것을 동원했다.

이렇게 다수가 근거 없이 한 개인이나 집단을 공격하는 비이성의 시대는 중세 이전부터 있었고, 동양에도 있었고, 현재에도 일어나고 있다. 즉 '마녀사냥'은 중세 유럽의 특정 사건이 아닌 보편적 단어다.

이 책은 동서고금의 대표적인 마녀사냥들을 소개한다. 고대 그리스부터 최근의 아프리카까지, 우리나라도 예외는 아니다. (제2차 세계대전 중 발생한 나치의 유대인 대학살은 워낙 잘 알려져 있어서 포함하지 않았다.) 이 책은 "왜 마녀사냥이 일어났을까?"라는 질문에서 시작한다. 시대와 공간은 다르지만 각지에서 일어난 마녀사냥에는 공통적인 배경이 있다. 우선 전쟁과 재앙 등 사회적 위기가 왔을 때 사람들은 불안을 해소시킬 어떤 것을 찾았다. 위기를 극복하지 못했을 때 그 집착은 더욱 커진다.

또 기존의 질서를 유지하거나 전복하려 할 때 전혀 관계없는 것들을 희생양으로 끌어들였다. 희생양을 필요로 하는 시기에 '마녀'는 어김없이 등장했다. 이러한 문제를 처음 제기하고 경고했던 사람은 이 책에 첫 번째로 등장하는 소크라테스다. 그는 역사 이래 최초로 마녀가 되기를 자처했던 인물이다. 그러나 인간의 어리석음을 깨우치기 위해 자신의 목숨마저 내놓았던 스승의 가르침은 까마득하다.

간과해서는 안 될 또 한 가지는 '마녀사냥꾼'이 된 사람들이다. 강제로 동원되었든 자발적으로 참여했든, 그들은 자기 행위에 대해 옳고 그름을 판단하려 하지 않았고, 순박한 농민이나 신실한 성직자조차도 폭력을 거리낌없이 휘두르곤 했다. 일시적이나마 이성이 마비되면서 악은 그들에게 삼시 세끼처럼 평범해졌고, 평범한 악이 집단화된 행동으로 나타났을 때의 결과는 너무나 참혹했다.

안타깝게도 마녀사냥은 현재진행형이다. 특히 인터넷은 마녀사냥의 온상이 되곤 한다. 익명의 장막에서 사이버 폭력은 비일비재하게 일어난다. 그 어느 때보다 정보를 접하기 쉬운 시대에, 불확실한 사실을 근거로 불특정 다수가 누군가를 공격하는 현상은 지독히 역설적이다. 또한 최소한의 소통과 공감 능력조차 상실한 '일베' 현상은 집단적 비이성을 가까이에서 보여주는 대표적인 사례다.

역사학 비전공자로서 이렇게 다양한 소재의 미시사를 쓴다는 게 여간 부담스럽지 않았다. 최초 이 주제에 관해 아이디어를 주었던 이는 아내 정정원 님인데, 잡문을 써왔던 내가 역사 책을 쓴다면 오히려 독자들이 쉽게 이해할 수 있지 않겠느냐는 격려에 힘을 얻었다. 그런데 막상 시작하고 보니 실력 없는 주방장이 온갖 식재료를 탐하듯, 손이 닿는 한 자료를 모으고 그 자료들을 일일이 비교하는 데 많은 시간을 보내야 했다. 특히 사건의 성격상 공식적으로 집계된 기록이 없거나 자료마다 통계가 다른 경우가 많아 애를 먹었다. 그렇게 맨땅에 헤딩하듯 시작한 작업은 시간과 공력을 들이고 다양한 정보를 씨줄과 날줄로 엮으면서 점점 더 명료해졌고, 원고의 내용과 구성은 현격히 풍성해졌다. 임중혁 주간님과 편집부 이정남 님을 비롯해 도와주신 모든 분께 감사드린다.

2015년 5월 정찬일

차례

1

**소크라테스
재판**

마녀를 자처한
철학자

고대 그리스 시대에 대부분의 사회는 소수가 다수를 지배하는 독재 체제였다. 그러나 아테네에서는 페리클레스 시대에 이르러 민주주의가 꽃을 피웠다. 아테네의 정권을 장악한 페리클레스는 먼저 급료제를 받아들여 배심원과 관리에게 급료를 주었고, 관리는 희망하는 자 중에 추첨으로 뽑는 등 민주정치의 기틀을 마련했다. 기원전 457년에는 평민에게 모든 공직을 맡을 수 있는 자격을 주었으며, 시민으로 구성된 민회에 입법권을 넘겨주었다. 이 밖에도 특별히 구성된 10명의 군사위원회가 행정을 집행했고, 군사위원회는 민회의 감시를 받았다. 민주주의, 즉 자신들이 직접 나라를 다스리는 체제를 구축한 아테네 시민들은 자부심이 매우 컸다. 공동체에 중요한 영향을 끼치는 정치적 사안들에 대해 의사 결정권을 행사하고, 재판에 참여하는 의무를 최고의 영광으로 생각했다.

그러나 아테네 시민들은 인류의 스승이자 현자인 소크라테스에게 사형을 내렸다. 인류가 이룩해야 할 최고의 가치인 민주주의를 처음으로 제시한 그들은 왜 그런 결정을 내렸을까? 현명한 아테네 시민들은 소크라테스뿐만 아니라 민주주의를 완성하고 아테네의 황금시대를 연 페리클레스마저 내쳤다. 이 두 사건은 민주주의를 태동시킨 아테네 시민들을 오히려 민주주의를 제대로 이해하지 못한 우매한 민중으로 둔갑시키는 결과를 낳았다. 페리클레스는 훗날 시민의 결정으로 복권되었으나, 소크라테스는 독배를 들이켰다. 아테네에서 무슨 일이 일어난 것일까?

서양 철학의 뿌리

A : 자네는 정의가 무엇이라고 생각하는가?

B : 강자의 이익이 정의입니다.

A : 강자도 물론 사람이겠지?

B : 예, 그렇지요.

A : 그럼 강자도 실수를 하겠군.

B : 네.

A : 그럼 강자의 잘못된 행동도 정의로운 것인가?

B : ……

이 대화에서 A는 누구일까? 고대 그리스 아테네의 철학자 소크라테스다. B는 소크라테스와의 대화를 통해 자기가 알고 있는 '정의'가 잘못되었음을 깨닫게 된다. 이와 같이 소크라테스는 자신이 '알지 못함'을 깨닫는 순간, 앎으로 한발 더 다가설 수 있다고 주장했다. 그는 책을 쓰거나 강연을 하기보다는 사람들과 직접 '대화'를 했다. 이런 그의 독특한 방식은 아기를 출산하듯 새로운 지혜를 낳을 수 있도록 도와준다는 의미로 '산파술'이라 불리기도 한다.

소크라테스는 사람 중심의 철학과 학문의 첫 장을 연 철학자다. 이전까지는 물질의 탄생과 구성, 자연현상 등을 탐구하는 자연철학이 학문의 큰 줄기였다. 그러나 소크라테스는 인간존재를 논하기 시작했다. 그 뒤를 이어 플라톤, 아리스토텔레스가 인간 중심의 철학을 완성했고, 이들에게 영향을 받은 데카르트와 칸트를 거쳐 현대까지 그 전통이 이어지고 있다. 서양 철학의 뿌리가 바로 소크라테스인 것이다.

그러나 소크라테스가 진정 위대한 이유는 진리를 향한 도전정신과 인간성에 있다. 죽음도 두려워하지 않고 진실의 편에 섰으며, 그 노력에 대한 어떤 보상도 바라지 않음은 물론 희생도 마다하지 않았다. 사람들이 깨달음을 통해 좀 더 지혜로워질 수 있도록 죽는 순간까지 노력했다. 그래서 그는 예수, 부처, 공자와 함께 세계 4대 성인으로 추앙받는다.

소크라테스가 태어나고 성장하고 죽은 곳은 아테네다. 그의 지식은 많은 사람을 놀라게 할 만큼 풍부했다. 그렇지만 당시 아테네 시민이 다 그를 존경한 것은 아니었다. 많은 사람은 그를 못생긴 철학자로, 말싸움에 능한 소피스트로, 그리고 정치인과 권력자를 골탕 먹이거나 궁지에 몰아넣는 깐깐한 노인네로 여겼다. 그의 지지자는 일군의 제자와 아고라의 젊은이들 및 가족, 친구와 지인 등 소수였다.

신이 내린 과업

소크라테스는 기원전 470년 아테네 남쪽 아로페케에서 태어났다. 이 지역에는 석공들이 많이 살았는데, 아버지 소프로니스코스는 뛰어난 조각가였고, 어머니 파이나레테는 산파였다. 부자는 아니지만 가난하지도 않은 중산층이었다. 그가 태어난 때는 '아테네의 황금시대'라고 할 정도로 그리스의 도시국가 중 아테네가 가장 강성하고, 지도자 페리클레스가 민주정치의 전성기를 이끌던 풍요로운 시대였다.

소크라테스는 아테네의 다른 아이와 마찬가지로 열 살을 전후해서 간단한 셈 및 글 읽기와 쓰기를 배우고, 음악과 체육으로 심신을 단련했다. 못생긴 외모 때문에 친구들이 '개구리'라고 놀렸으나 신경 쓰지 않았다. 학년이 올라가면서 그리스 신화, 호메로스의 서사시, 이솝 우화를 공부하며 시를 암송했다.

페리클레스가 민주정치를 확대함에 따라, 당시 아테네에는 이웃 도시국가의 사상가와 지식인이 물밀듯이 몰려들었다. 과학과 수학, 자연에 대해 해박한 지식을 가진 그들은 '현명한 자'라는 뜻의 그리스어인 '소피스트'라고 불렸다. 당시 아테네 젊은이들은 소피스트의 웅변술에 특히 열광했다. 세상을 바라보는 다양한 시선과 지식은 서로 충돌하는 일이 잦은 법이다. 따라서 소피스트들은 상대방을 압도할 수 있는 대화 기술로 무장했고, 아테네 시내의 아고라는 토론의 향연장이 되었다. 법정과 의회를

철학자 소크라테스

소크라테스를 어떻게 체험하느냐에 따라
그 사람 사유의 근본적인 틀이 정해진다.

– 카를 야스퍼스(1883~1969, 독일의 철학자)

사로잡는 연설과 상대방을 제압하는 대화술은 곧 출세의 지름길이었다. 야심 찬 청년들은 소피스트들을 찾아가 배우는 데 돈을 아끼지 않았다. 청년 소크라테스 역시 지혜롭다고 소문난 소피스트를 찾아다니느라 부지런히 발품을 팔았다.

그리스 도시국가의 지도자들은 전쟁 등 중요한 결정에 앞서 신전에서 신탁을 받았다. 시민들도 아이의 운명, 자신의 미래, 결혼 및 사업과 같은 이유로 신전을 찾았다. 아테네 시민들이 가장 많이 찾는 곳은 아테네 북쪽에서 170킬로미터 떨어진 델포이의 아폴론 신전이었다. 그리스 신화에서 올림포스 12신 가운데 하나인 아폴론은 태양과 이성, 예언 및 광명, 의술, 궁술, 음악, 시를 관장하는 신이다. 이 방대한 분야는 모두 아테네 사람들이 생활하는 데 꼭 필요한 지식이자 인간과 자연의 섭리였다. 무녀를 통해 전달받은 아폴론의 신탁은 의심할 수도, 거부할 수도 없는 명령이었다.

소크라테스도 여느 아테네 시민들처럼 이곳을 방문했다. 그리고 신전 박공에 새겨진 문구를 보고 얼어붙은 듯 한참을 제자리에 서 있었다.

"너 자신을 알라."

이유를 알 수 없는 충격을 받은 소크라테스는 "너 자신을 알라."는 말을 계속 되뇌었다. 소크라테스는 점점 "너 자신을 알라."라는 문장이 자신에게 아폴론이 내린 신탁이라는 느낌을 받았다.

사실 무녀를 통해 표현된 신탁은 애매한 것이 많아서 사람들이 해석하는 데 애를 먹었고, 그 의미를 두고 서로 다투곤 했다. 다른 사람들도 이 문구를 보았으나 "자신을 돌보라."는 뜻 정도로 가볍게 넘겼다. 그러나 소크라테스는 달랐다. 고민에 고민을 한 끝에 "자신의 무지를 깨달아라."라고 해석하면서 무릎을 쳤다. 진리를 탐구하는 자세를 비로소 찾은 것이다. 소크라테스 인생의 전환점이자 인류의 사고를 바꾼 역사적인 순간이었다.

그리스 사람들은 신을 기쁘게 하면 보답을 받는다고 생각했다. 따라서 제물과 의식을 대단히 중요하게 여겼다. 반면 소크라테스는 신들이 제물 따위에 쉽게 변하는 존재가 아니며, 항상 정의롭고 절대적인 가치를 지닌 존재라고 생각했다. 따라서 신이 인간에게 요구하는 것은 제물이 아니라 정의롭고 선하게 사는 것이며, 따라서 "너 자신을 알라!"는 인간을 향한 신의 목소리라고 확신했다.

소크라테스는 "땅과 나무는 나에게 아무것도 가르쳐주지 않는다."라며 자연철학과 결별하고, 진리를 얻기 위해서는 "너 자신을 아는 것부터 시작하라!"라고 설파했다. 그리고 산파술이라 불리는 문답을 통해 상대방의 무지를 일깨우는 데 많은 시간을 쏟았다. 이제껏 듣지도 보지도 못한 "너 자신을 알라!"라는 소크라테스의 울림은 아고라와 아테네를 넘어 그리스 전역으로 퍼져나갔다. 진리를 탐구하는 그의 독특한 방식은 특히 모험심 강한 젊은이들에게 인기가 높았다.

그런 소크라테스를 무척이나 따랐던 친구 카이레폰은 자기 친구가 세상에서 가장 현명하다고 자랑하는 데 주저하지 않았다. 소크라테스는 만류했지만, 카이레폰은 멈출 줄 몰랐다. 아테네 시민들은 비웃었다. 분한 카이레폰은 델포이를 찾아가 "아테네에서 소크라테스보다 현명한 사람이 있는가?"라고 단도직입적으로 물었다. 신은 "없다."라고 대답했다. 카이레폰이 이 신탁을 전하자 사람들은 웅성거렸다. 신탁을 의심한다는 것은 그리스 사람에게 상상조차 못할 일이었으므로, 대신 그들은 무녀가 아폴론의 뜻을 잘못 전달했을 수도 있다고 지적했다.

신의 존재를 의심하지 않은 소크라테스도 혼란스럽긴 마찬가지였다. '신은 왜 그런 대답을 했는가?' 신탁을 가지고 카이레폰이 거짓말할 리 없다고 생각한 그는 다시 깊은 고민에 빠졌다. 그리고 자신의 생각을 나중에 법정에서 밝혔다. 이것이 그 유명한 '무지의 지'다.

"사람들이나 나나 아름다움과 선에 대해 모르는 것은 마찬가지다. 그러나 사람들은 모르면서 아는 체하는 반면, 나는 모른다는 사실을 알고 있으며 이를 밝히는 데 주저하지 않는다. 아마 그 작은 차이 때문에 신은 내가 현명하다고 말했을 것이다."

소크라테스는 신탁을 확인하려고 지혜롭다고 소문난 소피스트, 정치가, 작가, 장인을 찾아가 대화를 나누어보고 크게 실망했다. 그리고 "사람들이 얼마나 무지한지를 스스로 깨닫게 하라."라는 과업을 신에게서 받았다는 소명 의식이 생겼다. "너 자신을 알라."라는 신탁은 비단 소크라테스에게만이 아니라 인간 모두에게 전하는 말이었다. 그는 신의 과업을 수행하기 위해 인생의 모든 것을 바치기로 결심했다. 무지를 깨닫는 것은 진리를 얻기 위한 출발선에 불과했다. 소크라테스 자신도 진리가 무엇인지 알지 못한다고 믿었고, 자신의 역할이 함께 이야기하면서 진리를 찾아갈 수 있도록 도와주는 것이라고 생각했다. 그래서 그는 '가르친다'라는 표현을 쓴 적이 없다.

말만 잘하는 소피스트와 뭐가 달라?

소크라테스는 당시 아테네 사람들의 생각과 행동과는 큰 차이를 보였다. 소피스트들은 대부분 외국인이었으므로 간혹 이상한 행태를 보여도 관용을 베풀 수 있었다. 그러나 소크라테스는 정통 아테네 시민이었기에 사람들은 더욱 혼란스러웠다. 물질적 풍요와 개인의 이익을 좇기보다는 절대적인 가치를 추구해야 한다는 그의 근본주의적 사고방식은 지식인과 부자, 그리고 그들로부터 후원을 받는 정치인들에게는 동의할 수 없는 주장이었다. 신은 제물이 아니라 인간이 선하게 살기를 바란다는 그의 종교철학도 말은 옳지만, 실천하기는 매우 어려웠다.

민주정치에 대한 소크라테스의 발언은 더더욱 충격적이었다. 시민들은 아테네가 그리스뿐만 아니라 전 세계에서 유일한 민주 사회라는 자부심이 넘쳤다. 시민이라면 누구나 행정관리가 될 수 있었고, 배심원이자 재판관을 맡을 수 있었다. 지도자를 직접 선출하는 것은 물론 추방할 수 있는 권리도 가졌다. 그러나 소크라테스가 보기에 이 제도는 결함이 많았다. 관리들은 '되는 대로' 뽑히고, 통치자들은 비록 옳지 않은 일이라도 민중이 원하는 대로 결정을 내릴 수밖에 없다고 주장했다.

이런 파격적인 언행에도 불구하고 소크라테스가 아테네의 골목과 아고라, 들판을 걸을 때면 젊은이들이 무리 지어 그 뒤를 따랐다. 주술을 믿는 아테네 사람들은 소크라테스에게 주술사 같은 힘이 있다고 생각했다. 그가 보이지 않는 줄로 젊은이들을 끌고 가는 것처럼 보였던 것이다. 소크라테스는 아직 단단하게 영글지 않은 젊은이들을 열심히 일구면 더욱 지혜로워질 것이라 생각해 더 애착을 쏟았다. 이런 태도는 훗날 시민들이 그를 '젊은이들을 타락시킨 자'라고 단정하고 비난할 수 있는 구실이 되었다.

소크라테스는 '가차 없다'는 소리를 들을 만큼 머뭇대는 법 없이 솔직하게 자신의 의견을 펼쳤다. 그와 대화하던 정치인, 학자, 시인과 작가 등 지식인들은 번번이 말문이 막혀, 슬그머니 꽁무니를 빼고 도망쳤다. 이 모습을 본 시민들은 통쾌하게 웃었다. 소크라테스의 목적은 창피를 주는 게 아니라 '모르는 너 자신'을 알게 하는 것이었지만, 내뺀 사람들은 창피하고 분할 뿐이었다. 곧 소크라테스는 가장 회피하고 싶은 인물이 되었다. 웃던

소크라테스는 아테네 시민들을 귀찮게 굴며 무지를 깨닫게 하고 지혜와 진리를 추구하도록 하는 것이 자신의 역할이라 여겼다. 그런 그는 아테네에서 존경받는 철학자임과 동시에 조롱거리였다.

대중도 마음 한편은 편치 않았다. 그의 속내는 알지 못한 채, 말을 이용해 상대방을 죽이는 목적이 뭔지 의문을 품었다.

소크라테스는 스스로를 '아테네의 등에'라고 칭했다. 달리는 말을 물어뜯으며 귀찮게 굴어 잠들지 못하고 계속 달리게 만드는 등에처럼, 자신도 아테네 사람들을 끊임없이 귀찮게 굴며 지혜와 진리를 추구하도록 한다는 것이었다. 아테네 시민들은 처음과는 달리 소피스트들을 '세 치 혀로 상대방을 때려눕히는 기술을 젊은이들에게 가르치는 이방인'이라고 여기기 시작했다. 실제로 소피스트들은 "허점이 많은 약한 주장도 가장 강력한 주장으로 바꿀 수 있다."라고 선전했다. 소크라테스는 그들을 '지식을 파는 매춘부'라고 맹비난했지만, 아테네 시민들은 말로 상대방의 약점을 캐는 소피스트와 소크라테스의 차이점을 발견하지 못했다. 그들에게 소크라테스는 웅변술에 능한 또 다른 소피스트였다.

작가 아리스토파네스도 마찬가지였다. 그는 소피스트 교육의 폐해를 고발하기 위해 희극《구름》을 썼는데, 연극에 나오는 소피스트의 모델은 바로 소크라테스였다. 연극의 줄거리는 다음과 같다.

빚을 진 농부가 소송에서 이기기 위해 변론술에 능한 소크라테스에게 아들을 보낸다. 몇 개월 후 집으로 돌아온 아들은 소크라테스에게 배운 변론술로 빚쟁이들을 물리쳤다. 아버지와 아들은 축하하기 위해 술자리를 가졌다. 기분이 좋아진 아버지는 노래를 불렀는데, 아들이 갑자기 뺨을 때렸다. 옛날 노래가 싫다는 게 이유였다.

아버지 아들이 버릇없이 아버지를 치는 경우는 없다.

아 들 그러면 왜 아버지는 아들을 때려도 되죠?

아버지 자식을 사랑하기 때문이다.

아 들 저도 아버지를 사랑합니다. 늙을수록 아기가 된다는 말이 있잖아요.

아버지 그렇게 말하면 너도 언젠가는 네 자식한테 맞을 것이다. 아버지가 자식을 때리는 것은 괜찮다.

아 들 만일 자식이 태어나지 않으면 어떻게 합니까? 때릴 자식이
없으니 미리 때리는 것입니다.

아버지는 아들을 말로 이길 수 없었다. 화가 치민 아버지는
"이게 다 되먹지 못한 소크라테스 탓이다!"라며 소크라테스의
집에 불을 지른다.

아테네 사람들은 이 연극을 보려고 극장 앞에 긴 줄을 섰다.
그중에는 소피스트, 시인, 정치인도 많았다. 소크라테스가 무대
에서나마 조롱받는 모습은 그들에게 카타르시스를 안겨주었다.
소크라테스는 이 연극을 보고 웃으면서 관객에게 인사했다고
전해진다. 그는 대수롭지 않게 여겼지만, 이 연극을 본 아이들은
24년 뒤 소크라테스 재판에서 배심원을 맡게 된다.

관용을 잃은 아테네

당시 그리스 도시국가들은 아테네를 중심으로 하는 델로스 동
맹과 스파르타를 중심으로 하는 펠로폰네소스 동맹으로 나뉘
어 있었다. 그러던 중 그리스 북쪽에 있는 작은 도시국가 포티다
이아가 아테네에 반기를 들자 아테네는 원정에 나섰다. 기원전
431년에 발발한 포티다이아 전투는 두 동맹이 30년 동안 지속
한 펠로폰네소스 전쟁의 서막이었다. 이때 원정대 병사 2000명

중 한 명이었던 소크라테스는 부상당한 지휘관의 목숨을 구해주었다. 전투는 아테네의 승리로 끝났고 지휘관은 표창을 받았다. 지휘관은 그 표창을 소크라테스에게 주어야 한다고 주장했지만, 소크라테스는 당연히 지휘관이 받아야 한다고 강력하게 말했다. 이에 감명한 지휘관은 이후 소크라테스의 후원자가 되었다.

기원전 407년, 아르기누사이 해전에서 아테네는 스파르타를 상대로 큰 승리를 거두었다. 그런데 전투가 끝난 뒤 바로 강한 폭풍이 불어닥쳐, 아테네 군인 1000명이 바다에 수장되었다. 죽은 자를 예를 갖춰 매장하는 것을 생존자 구조만큼이나 거룩한 의무로 여기는 아테네 시민에게 이는 용납 못할 사안이었다.

장군들은 모두 법정에 섰고 이때 소크라테스는 하루 평의회 의장으로 선출되어 재판을 주관했다. 아테네 법에 의하면 장군들은 개별적으로 재판을 받아야 했지만, 분노한 시민들은 이들을 한꺼번에 심판하고자 했다. 그러나 소크라테스는 의장으로서 끝까지 법을 준수했다. 전투 현장에서 불가피하게 발생한 일일 수도 있었고, 사람마다 죄의 경중도 판단해야 했다. 의장을 반역죄로 고소하겠다는 유족과 시민의 협박에도 그는 꿈적하지 않았다. 재판은 날을 넘겼고, 배심원들은 개별 재판을 약속하고 헤어졌다.

다음 날 법정은 광란의 도가니였다. 시신을 찾지 못한 유족들의 통곡 소리와 시민들의 항의가 더욱 거세졌다. 이날 의장을 맡은 사람은 소크라테스만큼 용기 있지 못했다. 여론에 떠밀려 전날의 약속을 파기하고 집단 재판을 열어 장군들을 처형했다. 그러나 이 재판 결과는 오랫동안 비난을 받았고, 재판에 참여한 배심원들도 자신들이 한 짓을 후회했다.

전쟁 초기에는 델로스 동맹이 우위를 점했으나, 점점 펠로폰네소스 동맹 쪽으로 승기가 기울었다. 이윽고 기원전 404년에 스파르타는 아테네 성을 포위했다. 아테네를 도와줄 이웃 도시국가는 없었다. 스파르타는 성벽을 허물고 함대를 축소하며 델로스 동맹을 해체할 것, 그리고 다수가 국정을 운영하는 민주정치에서 소수가 나라를 다스리는 과두정치로 바꿀 것을 요구했다. 아테네 시민들은 살아남기 위해 이를 받아들일 수밖에 없었다. 찬란했던 아테네의 민주주의가 사라지는 순간이었다.

스파르타의 감독 아래 과두정치 체제가 수립되었다. 이제 국가의 중요한 결정은 시민이 아닌 30인의 참주가 내렸다. 참주들은 아테네 시민이기는 했으나 과두정 지지자나 친스파르타 사람들이었고, 그중에는 소크라테스의 제자들도 있었다. 그들은 정권을 잡자마자 공포정치를 실시했다. 민주파 시민과 정치인 1500명이 살해당했고, 수많은 사람이 추방당했다. 암살 사건이 자주 발생해 시민들은 항상 두려움에 떨었다. 몰수한 재산은 참주들의 개인금고로 들어갔다.

참주들은 소크라테스에게 부대를 이끌고 살라미스로 가서 민주정 때 선출된 군인인 레온 장군을 살해하라는 명령을 내렸다.

그러나 그는 "권력이 아무리 대단해도 나에게 부정한 일을 시킬 수는 없다."라며 단번에 거절했다. 격분한 참주들은 그를 국가의 적으로 규정했다. 재판도 필요 없이 암살단을 보내 살해하면 그만이었지만, 그런 일은 일어나지 않았다.

한편 추방되었던 정치인들은 힘을 합쳐 아테네로 들어와 참주들과 치열한 전쟁을 시작했다. 많은 아테네 시민도 그들과 합세했고, 결국 참주 30인은 폐위되었다. 다른 전쟁에 여념이 없던 스파르타는 예상과 달리 새로 들어선 '민주파' 정부를 승인했다. 성벽도 없고 함대도 조촐한 아테네는 이제 자신에게 대적할 수 없다고 판단했기 때문이다. 이로써 아테네의 민주정은 1년 만에 부활했다.

새로 집권한 민주파는 과거 아테네의 영광을 재현하자며, 시민들에게 농장을 새로 짓고 올리브 나무를 심고 배를 다시 만들어 국가에 활력을 불어넣어야 한다고 독려했다. 시민들도 부국강병 정책을 적극 지지했다. 스파르타에 패배한 뒤 폭정에 시달리며 민주정을 절실하게 그리워했던 그들의 기대감은 최고조에 달했다.

그러나 소크라테스는 달랐다. 아테네는 재산이나 물질적 풍요에 관심을 기울일 게 아니라 더 나은 영혼을 만드는 방법을 모색해야 한다고 아고라에서 계속 외치고 다녔다. 아테네 민주정에 대한 비판도 역시나 서슴지 않았다. 일흔을 바라보는, 당시로서는 최고령 노인이었지만 그는 지칠 줄 몰랐다. 소크라테스의 제자들도 정치가를 비난하면서 진리 탐구를 부르짖었다. 아테네에서 소크라테스는 여전히 눈엣가시였다.

이제 더 이상 소크라테스를 포용할 만큼 여유 있는 옛날의 아테네가 아니었다. 소크라테스는 '국가 개조'라는 시민들의 건설적인 열망에 찬물을 끼얹고 있었다. 민주정을 지지하는 지도자들이 보기에 소크라테스는 아테네의 미래까지 위협하는 인물이었고, 그러니 하루 빨리 사회에서 격리해야 했다. 기원전 399년, 소크라테스 앞으로 법정 소환장이 날아들었다.

"소크라테스는 나라에서 인정하는 신을 믿지 않고 새로운 신을 끌어들이는 죄를 지었다. 또한 청년들을 타락시키는 죄를 범했다. 이에 사형이라는 벌을 제안한다."

소크라테스의 변론

소크라테스를 고발한 사람은 리콘, 멜레토스, 아니토스 세 명이었다. 리콘은 무명의 웅변가였고, 멜레토스는 삼류 시인이었으며, 아니토스는 재력가 겸 정치가였다. 주도적으로 고발에 나선 사람은 아니토스였다. 그는 참주정 시절 추방당했다가 복귀한 사람으로, 빼앗겼다 되찾은 재산을 국가에 기부할 정도로 아테네의 번영을 희구했다. 그에게 소크라테스는 뜬구름 잡는 이야기나 하면서 그 어느 때보다 국가를 위해 열심히 일해야 할 젊은이들을 현혹시키는 반사회적 집단의 우두머리였다.

기원전 399년 5월 어느 날, 아테네는 술렁이기 시작했다. 당대 제일의 철학자 소크라테스가 법정에 선다는 것만으로도 대단한 화젯거리였다. 아테네에서 민사재판의 배심원은 200명 또는 400명으로, 형사재판은 500명 혹은 그 이상으로 구성하고, 재판을 주도하고 집행하는 관리는 따로 있었다. 재판은 그날 끝나야 하는데, 원고와 피고가 똑같이 주어진 시간 안에 직접 또는 다른 사람의 도움을 받아 진술한 다음, 배심원들이 투표한다. 피고가 받은 표가 원고와 같거나 더 많으면 무죄로 석방되며, 원고는 표를 총 배심원의 5분의 1 이상 받지 못하면 무거운 벌금을 물어야 했다. 무고에 의한 고소와 고발 남발을 막기 위한 장치였다. 유죄판결이 나면 원고와 피고가 각기 합당하다고 생각하는 처벌을 요구한 다음, 배심원들이 다시 투표해 형량을 최종 결정한다.

소크라테스 고발 사건에는 제비뽑기로 뽑힌 시민 배심원 500명이 참석했다. 법정 울타리 밖에도 꾸역꾸역 사람들이 모여들었다. 경비원들은 이들을 통제하느라 애를 먹었다. 언제나처럼 남루한 옷차림의 소크라테스가 법정에 들어서자 모두 침묵했다. 그러나 소크라테스는 정작 심드렁한 표정을 지어 배심원들을 불쾌하게 만들었다.

"소크라테스는 우리의 제도를 비웃었습니다. 도시의 통치자들을 제비뽑기로 정하는 것은 어리석은 일이라고 하면서요. 그런 주장은 젊은이들이 기존의 제도를 멸시하게 하고, 그들의 폭력성을 자극합니다."

　고발인은 영리했다. 제비뽑기로 뽑힌 배심원들은 다시 찾은 민주정을 실천하는 마음으로 재판에 경건하게 임했는데, 바로 그 점을 이용한 것이다. 아테네에서 제비뽑기는 신이 승낙한다는 징표로, 신비롭고 엄숙한 절차였다. 이어서 고발인은 소크라테스가 과거에 했던 말들을 상기시켜 배심원들을 분노하게 하는 데 성공했다.

　소크라테스는 '대담을 나눌 수 있는' 피고의 권리를 이용해 멜레토스를 도마 위에 올려놓았다. 멜레토스는 입도 뻥끗하지 못해 구경꾼들이 싱겁다 할 정도였다. 하지만 중요한 것은 배심원과의 대화였다. 법정에 선 피고들은 백이면 백 고분고분하게 굴면서 배심원에게 표를 구걸했으나, 소크라테스는 오히려 법정을 경멸하는 태도를 보였다.

　"사실 저는 일흔이나 되었지만 오늘에서야 처음으로 법정에 와보았습니다. 그러니 법정에서는 완전히 이방인이지요. 제 생각에 정당한 요구를 한 가지 하려고 합니다. 제가 말하는 방식에 신경 쓰지 마십시오. 이방인이 이방인의 말투로 말할 때처럼 이해해주십시오."

　소크라테스의 말은 아테네 시민이라면 누구나 다 아는 거짓말이었다. 배심원들의 눈에는 이 뻔뻔한 철학자가 재판의 신성함을 하찮게 여기는 걸로 보였다. 소크라테스는 법정에 선 다른 피고와는 다르게 배심원들에게 관대한 처분이나 자신의 목숨을 구걸하지 않았다. 그는 고발당한 죄목에는 별로 신경을 쓰지 않고, 철학자로서 신이 자기한테 부여한 임무인 "무지를 깨닫게 하라."의 뜻을 설명했다. 그러면서 자신은 아테네를 구원하려 했다고 주장했다. "나는 지금 나 자신을 변호하는 것이 아닙니다. 오히려 그 반대입니다. 나는 지금 당신들을 변호하고 있습니다." 논리적으로 그를 굴복시킬 자는 없었다. 배심원들은 죄의 유무를 판단하기도 전에 모욕을 당했다는 느낌을 지울 수 없었고, 20여 년 전에 유행했던 연극 〈구름〉을 떠올렸다.

사실 소크라테스는 배심원에게 모욕을 줄 의도가 전혀 없었다. 그가 배심원과 대화를 한 방식은 이전부터 해오던 산파술로서, 남들과는 다른 방식의 변론일 뿐이었다. 제비뽑기로 이루어진 재판제도의 문제점, 신에 대한 시민들의 왜곡된 믿음, 자기성찰을 통한 구원 등은 그의 평소 생각 그대로였다. 그러나 들끓는 법정에서 그의 뜻을 헤아릴 수 있는 이성을 기대하기란 어려웠다. 투표 결과 280대 220, 그는 유죄였다.

재판은 아직 끝나지 않았다. 형량을 정해야 할 절차가 남았다. 보통은 원고와 피고가 형량을 각각 제안한 다음 배심원단에서 이를 조절하는 것이 관례였다. 고발인은 사형을 주장했다. 다음은 소크라테스 차례였다. 고발 내용에 대한 변론은 평생 아테네를 위해 살았다는 요지로 간결하게 답변했다. 그다음 그가 자신의 형량을 제안하자 법정의 모든 사람은 입을 다물지 못했다.

"저 사람은 사형을 제안했습니다. 그러면 제가 대안으로 무엇을 제안할 수 있을까요? ······ 여러분에게 도움을 주는 이 가난뱅이에게 무엇이 적합할까요? ······ 올림피아 제전 우승자는 여러분에게 잠깐의 기쁨을 줄 뿐이지만 저는 여러분을 진짜 행복하게 해줍니다. 따라서 제게 맞는 형량은 프리타네이온에서의 식사 대접일 것입니다."

프리타네이온은 최고 집정관이 근무를 보는 공관으로, 외국 대사나 전쟁에서 공을 세운 이들을 접대하는 곳이었다. 국가 최고의 만찬장에서 자신을 대접하라는 말에 법정은 아수라장이 되었다. 소크라테스는 한층 더 가혹하고 준엄하게 연설을 이어 갔다. 친구들이 "소크라테스여, 그쯤 해두게나. 자네 나이쯤 되면 사람들을 자극하고 그들에게 늘 교훈을 주려는 열정도 이제 접어둘 수 있지 않겠나."라며 만류했으나 소용없었다. 크리톤과 플라톤이 벌금 30므나를 제안했지만 이미 상황은 돌아올 수 없

제가 유죄선고를 받는다면 그것은 멜레토스나 아니토스 때문이 아니라 많은 사람의 편견과 악의 때문입니다. 그리고 이런 일은 앞으로도 일어날 것입니다. 제 소송은 절대 끝나지 않을 것입니다.

　– 법정에서 소크라테스가 한 말, 플라톤의 《소크라테스의 변명》에서

는 다리를 건넜다.

　열두 시간에 걸친 세기의 재판이 끝나고 마지막 결정만이 남았다. 배심원들에게 투표 원반 두 개가 주어졌다. 하나는 속이 꽉 찼고, 다른 하나는 속이 비었다. 가벼운 원반은 고발인의 제안, 즉 사형을 뜻했다. 배심원들은 두 원반을 만지작거리면서 투표함을 기다렸다. 투표함이 도는 시간은 1차 투표보다 빨랐다. 투표함에 떨어지는 원반의 짤그랑대는 소리가 법정을 울렸다. 340대 160, 1차보다 훨씬 많은 배심원이 소크라테스의 사형에 찬성했다. 소크라테스는 아테네 시민을 상대로 마지막 연설을 했다.

　"명심하십시오! 사람을 죽인다고 해서 진실이 사라지지는 않습니다. 오히려 그 반대입니다. 진실은 한층 더 강력하게 공격해 올 것입니다. 진실을 위해 봉사하는 자들의 외침은 선한 사람만이 멈출 수 있습니다."

닭 한 마리 빚을 지고 마신 독배

원래 사형 선고가 떨어지면 그다음 날 바로 집행했으나 소크라테스의 사형은 연기되었다. 아폴론의 탄생을 기념하는 축제를 집전하기 위해 아테네 사절단이 배를 타고 델로스 섬으로 가는 중이었다. 그 배가 다시 돌아올 때까지는 정화 기간이어서 사형이 금지된 것이다. 소크라테스의 삶은 한 달 연장되었다. 감옥 생활은 평온했다. 판결을 안타까워하는 친구들과 제자들의 방문을 받으면서 소크라테스는 평소와 다름없이 이들과 대화를 나누었다. 아폴론 신에게 바치는 시도 지었다.

소크라테스는 생의 마지막 유혹에 직면한다. 제자들이 스승 모르게 탈옥을 준비한 것이다. 실행하기만 하면 성공할 가능성이 높았다. 소크라테스의 사형 선고를 납득하지 못한 여러 아테네 시민이 도왔고, 감옥의 교도관들도 눈감아달라는 부탁을 언제든지 들어줄 수 있었다. 아테네의 영향력이 전과 같지 않은 상황에서 소크라테스를 환영하는 이웃 도시국가들도 많았다.

제일 힘든 난관은 다름 아닌 소크라테스였다. 그를 잘 아는 제자들은 감히 말조차 꺼낼 수 없었고, 설령 논쟁을 하더라도 이길 자신은 더더욱 없었다. 죽음을 받아들이는 스승의 뜻을 확인할 때마다 좌절했고, 하루하루 시간이 지날수록 초조해졌다. 델로스에서 출발한 배가 곧 아테네에 도착한다는 소식이 전해지자, 마침내 오랜 친구 크리톤이 나섰다.

그는 스승을 위해서 아무것도 할 수 없는 제자들의 안타까운 심정을 먼저 이야기했다. 그리고 탈옥 계획을 설명하며 아무 말 말고 자신들의 계획에 따라달라고 애원했다. 가족과 친구, 제자들을 저버리지 말 것이며, 이들의 애원을 외면하고 죽음을 기다리는 것은 배신이라고 말했다. 나아가 죽음에 동의하는 것은 부정한 짓을 저지른 사람들의 행동에 동의하는 것이고, 그것은 불의라고까지 단정했다. '불의'는 소크라테스에게 가장 치명적인 단어였다.

친구의 말을 다 들은 소크라테스는 이미 결심이 섰다고 덤덤하게 대꾸했다. 이어 시민의 의무, 복종과 불복종에 관해 크리톤과 긴 논쟁을 벌였다. 사형 판결은 부당하지만, 탈옥이라는 불의로 이에 대항하는 것도 정의롭지 않다고 소크라테스는 결론지었다. 여기서 소크라테스의 "악법도 법이다."라는 말이 나왔다지만, 이는 사실이 아니다. 악법은 고쳐야 한다는 게 그의 주장이었고, 다만 탈옥 같은 부정한 짓을 할 수 없다고만 했다.

크리톤은 설득을 포기했다. 혹시나 하고 기대했던 제자들은 눈물을 흘렸다. 이틀 후 배가 도착했고, 정부는 사형 준비를 지시했다. 가족과 하룻밤을 보낸 소크라테스는 아침에 이들을 돌려보냈다. 해 질 녘에 사형을 집행하는 게 관례여서 제자들은 마지막으로 스승과 대화를 나눌 수 있었다. 주제는 죽음이었다. "철학자들이 실제로 애쓰는 것은 죽음을 이해하고 완성하는 것이다. 왜냐하면 철학자의 가장 큰 관심사는 지혜의 획득이고, 이는 영혼이 신체에서 해방되어 순수해지면서 가장 활발하게 사유할 수 있을 때에야 가능하기 때문이다." 제자들에게 남긴 그의 마지막 말이다.

크리톤이 물었다. "소크라테스, 자네 장례를 어떻게 치러야 하나?" 소크라테스는 미소를 지으며 대답했다. "독약을 마시고 나면 나는 자네 곁에 머무르지 않고 축복받은 세계로 간다고 이미

독배를 든 소크라테스
그의 죽음은 인류에게 적지 않은 숙제를 남겼다. 민주주의는 과연 가장 이상적인 체제인가? 다수의 결정은 언제나 옳은 것일까? 어쩌면 소크라테스는 인류에게 깨달음을 주고자 사형을 자초한 것인지도 모른다.

말했네. 그것은 위로가 아니네. 그러므로 내가 죽었다고 해서 자네가 슬퍼하는 것도 원하지 않네. 뭐, 어떻게 묻든지 마음대로 하게나."

사형이 임박하자 다시 가족이 왔다. 소크라테스만 빼고 모두 제정신이 아니었다. 소크라테스는 호메로스의 영웅들을 회상하면서 그들도 인간에 불과할 뿐이라고 말했다. 이어 가족에게 작별인사를 하고 집으로 돌려보냈다. 해가 지평선 아래로 모습을 감추자 감옥 안에는 정적이 흘렀다. 침묵을 깬 사람은 한 달간 소크라테스를 감시한 교도관이었다. 그는 울면서 "운명의 짐을 지고 안녕히 가십시오."라고 인사했다. 얼마 후 한 사람이 독이 든 잔을 들고 나타났다.

아테네의 처형은 나무판에 죄수의 팔다리와 목을 묶은 다음 올가미를 점점 세게 조이는 교살형이었다. 하지만 시민들은 대철학자에게 예를 갖추기 위해 독이 든 당근즙을 준비했다. "어떻게 마시면 되나?" 소크라테스가 물었다. "마신 후 다리가 무거워질 때까지 걷기만 하면 됩니다. 다리가 무거워지면 누우세요. 그러면 약기운이 돕니다." 다시 물었다. "신에게 바치기 위해 한 방울 떨어뜨려도 되는가?" 독약을 가지고 온 사람은 필요한 양밖에 없다며 난색을 표했다. 소크라테스는 망설임 없이 독약을 남기지 않고 다 마셨다.

그때까지 이 모습을 조용히 지켜보던 사람들은 독약을 마신 후 걷는 소크라테스를 보고 통곡했다. "이게 무슨 꼴들인가? 사람은 모름지기 조용하게 죽어야 하네. 진정들 하게!" 소크라테스의 말에 모두 울음을 멈추었다. 얼마 후 다리가 무겁다며 그는 침대 위에 누웠다. 독은 소크라테스의 발부터 마비시키면서 심장을 향해 나아갔다.

"오! 크리톤, 내가 아스클레피오스에게 닭 한 마리 공양하는 걸 잊었네. 기억해두었다가 자네가 대신 그 일 좀 해주게. 부탁하네."

소크라테스가 마지막으로 한 말이었다. 눈은 허공을 향해 부릅떴고, 입은 벌어져 있었다. 크리톤은 눈물을 흘리며 눈을 감기고 입을 닫아주었다. 아스클레피오스는 치유의 신이다. 그는 죽음을 목전에 두고 신의 정령을 만난 것일까? 이 마지막 말은 이후 여러 가지 해석을 낳았다. 이튿날 친구와 제자 들은 아테네 동산에 시신을 매장하고, 살찐 닭을 잡아 신에게 바쳤다. 기원전 399년 6월의 어느 날이었다.

소크라테스의 죽음은 한 편의 서사시만큼이나 아름다웠다. 그는 자신의 신념을 지키려는 순교자였지만 그의 마지막은 거칠거나 강렬하지 않고 평온했다. 소크라테스의 위대함은 죽음으로부터 오는 불안과 공포를 극복함으로써 마지막 불꽃을 피웠다는 점이다.

만약에 소크라테스가 재판에서 배심원들에게 고분고분하게 굴었다면, 혹은 친구와 제자 들의 탈옥 계획을 수락했다면, 그는 독배를 마시지 않고 천수를 누리다 눈을 감았을 것이다. 설령 그랬더라도 그는 여전히 위대한 철학자로 남았을 것이다. 오늘날까지도 '정의란 무엇인가?', '선이란 무엇인가?', '아름다움이란 무엇인가?', '사랑이란 무엇인가?', '죽음이란 무엇인가?', '법이란 무엇인가?' 등 수많은 질문에서 소크라테스를 만날 수밖에 없기 때문이다.

그러나 그는 기꺼이 죽음을 선택하고 그것을 두려워하지 않았다. 감옥에 있는 한 달 동안 다가오는 죽음을 똑바로 응시하며 평화롭게 받아들였다. 새로운 지혜가 열리는 축복의 세계로 간다는 믿음 때문만은 아니었다. 소크라테스에게 죽음은 신이 자신에게 부여한 임무를 가장 효과적으로 수행하는 최후의 수단이었다.

당시 아테네는 더 이상 소크라테스의 대화를 용납하는 사회가 아니었다. 그렇다고 재판정에 선 소크라테스가 자신을 신념을 꺾을 리는 없었다. 소크라테스 자신도 재판이 그대로 진행되면 배심원들이 사형 선고를 내리리라 예상했다. 그래서 그는 인간의 마지막 무기인 죽음을 통해 "너 자신을 알라."라고 외친 것이다.

"내 비록 지금 죽지만 사람들 마음속에서 나와 나를 죽인 자들은 다르게 남을 것이라고 생각하네. 왜냐하면 세상 사람들은 내가 단 한 번이라도 부정한 짓을 한 적이 없고, 어느 누구도 타락시키지 않았음을 깨달을 테니 말일세. 오히려 나와 사귄 이들은 더욱 좋은 사람이 되도록 언제나 최선을 다한다는 것을 그들 스스로 증명하리라고 믿네."

재판 준비에 하등 신경을 쓰지 않는 스승을 제자들이 염려했을 때 했던 말이다. 그에게 죽음은 시민들을 깨닫게 하는 마지막 노력이었다. 역사는 결국 그의 바람대로 이루어졌다. 그를 죽음으로 몰고 간 사람들에게 죄를 물었고, 그들의 어리석음을 기억했다. 그가 그런 식으로 죽지 않았다면 오늘날 인류는 진리를 탐구하기 위한 최소한의 희생도 치를 수 없었을 것이다.

소크라테스는 마녀가 되기를 자처한 인물이다. 아테네 시민들은 그에게 죽음을 명령했지만, 이조차 그가 유도한 것이었다. 소크라테스는 스스로 가장 현명하다고 믿어 의심치 않는 소피스트와 철학자, 정치인, 그리고 시민에게 "너 자신을 알라."라는 메시지를 죽음으로써 강렬하게 전했다.

한편 그의 죽음은 인류에게 적지 않은 숙제를 남겼다. '민주주의는 인류가 구현한 가장 이상적인 체제'라는 명제에 도전장을 내민 것이다. 소크라테스의 재판을 바라보는 후학들은 질문하지 않을 수 없었다. "다수의 결정은 언제나 옳은 것일까?" 제자 플라톤이 주장한 '소수의 철인이 지배하는 철인정치'는 곧 스승의 무덤에 바치는 헌시였다.

2

로마 대화재와
기독교인 박해

편견 때문에
누명을 쓴
사람들

오늘날 남아 있는 로마 시대의 웅장한 석조 건물만으로 고대 로마 제국을 상상하면 큰코다치기 십상이다. 로마 제국의 모습은 하나의 사건 이전과 이후로 확연하게 구분되기 때문이다. 예수가 탄생한 뒤 64년 여름, 제국의 심장 로마에서 큰 불이 났다. 인구 100만이 넘는 도시의 절반 이상이 완전히 파괴될 만큼의 대화재였다. 당시 통치자는 네로 황제였다.

네로는 도시의 재건을 위해 황제로서 할 수 있는 모든 역량을 쏟아부었다. 화재 진압을 진두지휘하고 이재민 대책을 성공적으로 수행했다. 그 결과 로마는 세계의 수도에 걸맞은 위용을 갖추며 새롭게 태어났다.

그렇지만 당시 로마 시민들은 황제의 이런 노력에 박수를 보내면서도 한편으로는 의심의 눈초리를 거두지 않았다. 황제가 일부러 로마에 불을 질렀다는 것이다. 왜 네로는 그런 의심을 샀을까? 의심이 그치지 않자 네로는 말했다. "방화는 미신을 믿는 자들의 소행이다." '미신을 믿는 자'는 다름 아닌 기독교인들이었다.

로마의 절반을 태운 불

사방으로 격렬히 타오르던 불꽃은 처음에는 도시의 낮은 지역을 공격한 뒤 높은 곳으로 번져갔다. 그러나 다시 낮은 지역을 삼키면서 불은 인간의 진화 노력을 좌절시켰다. 불길이 번지는 속도가 너무나 빠른 데다가 로마의 골목들이 좁고 복잡하고 불규칙해서 대화재에 취약했다.

공포에 질려 울부짖는 여자들과 허약해 움직이지도 못하는 노인들, 어찌할 바를 몰라 허둥대는 아이들, 자신의 목숨을 구하려고 우왕좌왕하는 사람들과 다른 사람들을 도우려 애쓰는 사람, 연약한 사람들을 끌고 가는 사람, 힘없는 사람들이 따라오길 기다리는 사람, 걸음을 재촉하는 사람, 길을 잃고 헤매는 사람 모두 서로를 방해했다. 어딜 가나 혼란과 좌절뿐이었다. 막 빠져나온 위험을 뒤돌아보며 사람들이 안도의 한숨을 내쉬는 순간, 그 불길이 자신들의 앞과 옆에서 날름거리고 있다는 사실을 확인했다. 만약 사람들이 바로 옆으로 도망쳤다면, 아마 혀를 날름거리는 화마에 이미 먹혔을 것이다. 멀리 떨어져 있어서 화재로부터 안전할 것 같았던 곳까지도 금방 같은 운명에 처하고 말았다. 사람들은 도로에 밀치락달치락하다가 땅 위에 구르고 쓰러졌다. 어떤 사람은 전 재산을 잃어 하루분의 식량도 없었다. 구해줄 수 없었던 가족을 가엾게 여겨, 피할 수 있는데도 목숨을 끊는 사람도 있었다.

로마의 역사가이자 정치가인 코넬리우스 타키투스는 저서 《연대기》에서 64년 7월 18일에 발생한 로마 대화재를 영화의 한 장면처럼 묘사했다. 제국의 심장에 대화재가 발생한 것은 타키투스가 아홉 살 때, 네로 황제가 즉위한 지 10년째 되는 해였다. 전차 경기와 검투사들의 피 튀기는 대결이 펼쳐지던 막시무스 대경기장 아래에 있는 한 가게의 기름 창고에서 불이 났다. 방화인지 실수인지 역사는 기록하지 않았다. 로마는 여름에 주로 서풍이 불어 서늘한 편이지만, 주기적으로 아프리카에서 발생한 남서풍이 지중해 너머 반도에 닿으면 바람은 거세지고 기온은 급격히 올라간다. 이 바람이 며칠 동안 계속해서 부는 경우는 별로 없지만, 그해 여름은 달랐다. 불은 바람을 타고 인근 지역을 삽시간에 삼켰고, 태울 수 있는 모든 것을 태우며 퍼져나갔다.

　불은 열흘 남짓 타올랐다. 당시 로마에는 소방대원이 7000명이나 있었지만, 테베레 강물을 담은 양동이를 일렬로 날라 옮기는 진화 방식으로는 불의 속도를 따라잡기에 역부족이었다. 불을 끄는 것은 포기하고 번지는 것을 막기 위해 온전한 건물들을 부수었다. 하지만 이 작업은 나중에 네로가 불을 질렀다는 소문이 나돌게 만든 한 가지 원인이 되었다. 6일이 지난 즈음에 불길이 잡혔다. 그러나 이도 잠시, 이번에는 동풍이 불어 불길은 방향을 틀었다. 사나흘 동안 로마는 다시 불길에 휩싸였다.

불은 철저하게 로마를 유린했다. 1차 화재로 14개 행정구역 가운데 도시의 중심지인 3개 구가 전소했고, 4개 구가 반소했다. 북서쪽에 있는 2개 구는 2차 화재로 반소되었다. 포로 로마노와 신전이 밀집한 카피톨리노 언덕은 중심지였음에도 불구하고 대리석으로 지은 덕분에 그나마 화를 적게 입었다. 무사했던 구는 겨우 4개 구에 불과했다. 모두 로마 외곽이었고, 기독교인들이 유독 많이 모여 살던 곳도 그중 하나였다.

도시의 기능이 마비될 정도의 대화재 소식을 들은 식민지 시민들은 자신의 귀를 의심했다. 로마군은 제국의 영토를 확장하면서 동시에 도로와 도시를 건설했다. 파리, 런던, 바르셀로나, 쾰른 등 유서 깊은 유럽의 대도시 대부분을 로마군이 설계했으며 이들은 특히 뛰어난 석조 건축술로 유명했다. 그런데 제국의 심장에서 어떻게 그렇게 큰불이 일어날 수 있었을까?

로마인들은 식민지나 속주의 도시 건설에는 뛰어난 재능을 보였지만 계획도시가 아닌 자연발생도시인 고향에서는 이를 발휘하지 못했다. 제국의 영토가 확장될수록 로마를 종착지로 하는 도로가 유럽 곳곳에 퍼졌고, 이는 로마의 인구 유입을 용이하게 만들었다. 대화재 시기에 로마는 100만 명이 넘는 세계 최대

로마는 자연발생도시로, 건물이 매우 밀집된 데다 목재를 많이 사용한 탓에 불이 나면 걷잡을 수 없었다. 열흘 남짓 계속된 화재는 인구 100만이 넘는 대도시의 절반 이상을 완전히 파괴했다.

의 도시였다. 늘어나는 인구를 수용하기 위해 집권자들은 '인술라'라는 5~6층짜리 공동주택을 건립했다. 벽은 석조였으나 바닥과 천장은 목재를 사용했고, 도시 공간을 확보하기 위해 서로 빈틈없이 다닥다닥 붙여놓았다. 이 주택 사이를 가로지르는 도로는 좁고 구불구불했다. 귀족들이 사는 집 역시 대리석으로 지었지만 기둥과 기둥 사이를 잇는 들보는 나무였고, 문이나 창틀도 마찬가지였다. 불길이 번지면 막을 방법이 없었고, 지붕이 내려앉는 것은 순식간이었다. 대경기장, 신전, 황궁 등 웅장한 석조 건물과는 다른 이면이었다. 이전에도 로마의 골목에서는 붕괴 사고와 화재가 하루가 멀다 할 만큼 자주 발생했다.

네로 황제는 화재 진압과 이재민 대책을 위해 백방으로 노력했다. 그런데도 시민들은 그를 좋게 보지 않았다. 심지어 황제가 직접 불을 질렀으며 타오르는 로마를 보고 악기를 연주하며 노래를 불렀다는 소문까지 돌았다. 로마 시민들은 왜 네로를 의심했을까?

패륜과 쾌락의 황제 네로

네로는 황제로 즉위하기 이전부터 장안의 화제였다. 네로의 어머니 아그리피나는 로마 역사상 가장 야망이 큰 여자였다. 그녀는 제국 제일의 명문 카이사르 집안을 배경으로, 홀몸이 된 클라우디우스 황제와 재혼했다. 클라우디우스 황제에게는 이미 아들이 있었지만 아그리피나는 네로를 황제의 양아들로 들인 후 황제의 딸 옥타비아와 결혼시키는 등 자신의 아들을 황제에 앉히기 위한 계략을 차근차근 밟아나갔다.

54년, 클라우디우스 황제가 독버섯 중독으로 죽었다. 사람들은 아그리피나를 의심했지만 증거가 없었다. 제일 먼저 근위대장이 네로를 '황제'라 불렀고, 이어서 세네카를 위시한 원로원도 그를 황제로 추대했다. 모든 것이 아그리피나가 짜놓은 각본대로였다. 원로원이 선대 황제의 아들을 제쳐둔 것은 근위대와의 싸움을 피하고 싶었을 뿐만 아니라, 클라우디우스 황제가 원로원을 무시하고 측근 중심으로 로마를 다스렸기 때문이었다.

당시 네로의 나이는 17세, 나라를 다스리기에는 아직 어려 아그리피나의 섭정을 받았다. 황태후의 권력은 어린 황제를 능가했다. 그녀는 아들에게 "내 덕분에 네가 황제가 되었다."라고 귀에 딱지가 앉도록 강조했다. 황제보다는 시인과 배우, 예술가가 되고 싶었던 감수성 깊은 소년 네로는 많은 군중이 보는 앞에서 어머니에게 꾸중을 듣기 일쑤였다. 네로는 그런 어머니를 향해

어린 네로에게 월계관을 씌워주는 어머니 아그리피나
야심이 컸던 그녀는 황제와 결혼하여 아들을 황제 자리에 앉히는 데 성공했지만, 아들에게 결국 죽임을 당하고 만다.

반항심을 키워나갔다.

네로는 황제로서 자기 위치를 확인하고 싶었다. 먼저 어머니의 심복을 상의 없이 황제의 직권으로 해임했다. 생애 첫 패배를 아들에게서 맛본 아그리피나는 하늘을 찌를 듯 분노하여 그를 향해 온갖 저주의 말을 쏟았다. 그러고는 전대 황제의 아들 브리타니쿠스를 황제 자리에 앉히겠다고 선언했다. 그러자 네로는 사람을 보내 브리타니쿠스를 암살하고, 아그리피나를 황궁에서 멀리 떨어진 곳으로 쫓아냈다. 즉위한 지 1년 만에 네로는 어머니의 손길에서 완전히 벗어날 수 있었다.

결혼 생활이 시들시들하던 황제는 스무 살 때 어릴 적 친구의 아내 포파이아를 보고 한눈에 반했다. 네로는 친구를 속주 총독으로 보내고 그녀를 차지했다. 그러나 포파이아는 네로에게 공식적인 황제의 아내, 즉 황후가 되고 싶다고 말했다. 네로는 골머리를 앓았고, 이 소식이 어머니에게 들어갔다. 당연히 아그리피나는 강력하게 반대했고, 포파이아는 아직도 어머니의 품에서 놀아난다며 네로를 조롱했다. 그는 결단을 내려야 했다.

나폴리에서 열린 미네르바(아테나) 여신의 축제에 네로는 어머니를 초대했다. 이제 22세가 되어 황제의 위용을 갖춘 그는 어머니의 손을 부축하며 공손하게 대접했다. 축제가 끝나고 바닷가 별장으로 돌아가는 선착장에서 모자는 마지막이 될 포옹을 나누었다. 얼마 후 아그리피나를 태운 배는 네로의 계획대로 구멍이 나 침몰하기 시작했다. 그러나 수영 실력이 뛰어난 아그리피나는 모든 계획을 다 알고 있다는 뉘앙스를 풍기며 자신은 무사하다고 아들에게 편지를 썼다.

어머니의 부음 소식을 학수고대하던 네로는 이 편지를 보고 공포에 떨었다. 암살 시도라는 것을 눈치채고 어머니가 자신에게 복수할 것이라고 생각한 네로는 서둘렀다. 동이 트자 황제의 심복들은 아그리파나의 별장으로 말을 몰았다. 침상을 에워싼 그들을 본 아그리파나는 체념하고 "네로가 들어 있던 여기를 찔러라!"라며 아랫배를 가리켰다. 그날 오후 네로의 정치 멘토인 세네카는 황태후가 반역죄로 처형당했다고 발표했으나, 그 말을 믿는 사람은 그리 많지 않았다.

네로는 안 좋은 여론과 죄책감으로 밤마다 어머니의 망령에 시달려 주술사를 부를 정도로 괴로워했다. 그러다 어렸을 때부터 좋아하던 그리스 문화에 위로를 받고 더욱 심취했다. 그리스인처럼 턱수염을 기르고, '로마 올림픽'을 성대하게 열었다. 이 기간 동안 목욕탕, 극장 등 로마의 모든 공공시설이 공짜로 개방되었다. 대중은 환호했고 이를 '네로의 제전'이라고 불렀다. 자신감이 붙은 네로는 아내이자 의붓동생인 옥타비아를 누명 씌워 처형하고, 임신한 포파이아와 결혼했다. 이로써 네로는 자신의 의붓동생이기도 했던 전대 황제의 아들과 딸, 그리고 자기 어머니까지 죽인 패륜의 주인공이 되었다.

64년 로마 대화재가 발생하기 전 네로는 나폴리에 있었다. 나폴리는 그리스인이 세운 도시다. 이탈리아 반도에서 그리스 문화가 가장 융성한 곳이어서 네로는 가슴이 설렜다. 그리스 시를 낭송하길 좋아하던 황제는 이곳에서 가식적인 박수와 환호가 아니라 자신의 예술적 기량을 진정으로 인정받고 싶었다. 네로는 황제의 '계급장'인 보랏빛 옷과 황금 월계관을 떼고 무대에 올랐다. 극장은 황제의 신기한 모습을 보려는 관중으로 들어설 곳이 없었다. 수수한 옷차림에 현악기 리라를 든 네로가 등장하자 대중은 환호했고, 시 낭송이 끝나자 더욱 큰 박수갈채가 쏟아졌다. 예술가로서 성공적으로 데뷔한 네로는 자신이 다음에 설 무대는 로마라고 확신했다. 그러나 바로 그곳에서 급보가 날아왔다.

화재 수습은 잘했지만……

로마에 큰불이 났다는 소식을 들은 네로는 직접 전차를 몰아 로마로 달려갔다. 젊은 황제는 이재민 대책을 진두지휘했다. 모든 공공건물을 수용소로 개방하고 근위병들에게 임시 천막을 치게 했다. 동원 가능한 식량을 신속하게 모아 무료로 배급하고, 피해를 입지 않은 사람들에게도 식료품 가격을 3분의 1 수준으로 내렸다.

신속하고 원만하게 상황을 수습하면서 네로는 도시 재건에 돌입했다. 이를 위해 속주와 식민지에 의연금을 요청했고 화폐

개혁도 단행했다. 네로는 백지 위에 로마를 새로 그릴 수 있는 기회가 자신에게 온 것을 신성하게 생각했다. 그는 도로를 직선화하고 폭을 넓게 만들도록 했다. 또한 주거용 건물의 높이를 제한하고, 건물 사이에 충분한 공간을 확보하도록 했으며, 외벽 공유를 금지했다. 들보에는 석재를 사용하고, 인술라에는 저수조를 설치한 안뜰을 배치하는 등의 규정을 세웠다. 지정된 기간 내에 규정에 맞는 저택을 짓는 조건으로 장려금 제도를 창설했으며, 주택에 방화 처리를 하는 비용은 국고에서 부담하기로 했다. 도시 건설에서 둘째가라면 서러울 로마의 기술자들은 황제가 기대한 것 이상으로 빠른 공정을 보여, 도시는 신속하게 재탄생하고 있었다. 네로에게 비판적이던 타키투스도 "이러한 조치들은 실용적인 견지에서 취해졌지만 새로운 수도의 미관에도 공헌했다."라고 칭찬했다. 오늘날까지 남아 있는 고대 로마의 수도 시설, 건물, 도로 등 유적과 흔적은 상당수 네로의 작품이다.

　네로의 이재민 대책과 도시 재건은 일반 로마 시민도 기꺼이 동참할 만큼 환영을 받았다. 그렇지만 네로는 한 가지 매우 큰 실수를 저질렀다. 그는 단순히 도시 기능을 재편하고, 제국의 심장부를 화재에 강한 곳으로 거듭나게 하는 데 만족하지 않았다. 로마 대화재 이전부터 짓고 있었던 궁전이 대화재로 그 일부가 소실되었는데, 이참에 아예 새롭게 설계하고 건설에 더욱 박차를 가하기로 결심한 것이다. 그는 그리스인들이 이상향으로 생각하는 '아르카디아'를 로마에 세우고자 했다. 푸른 초원과 잔잔

한 호수 위에 동물과 인간이 어우러지는 세상, 네로는 궁전의 이름을 황금 궁전이라는 뜻의 '도무스 아우레아'라 붙였다.

도무스 아우레아는 로마 중심부 50만 제곱미터 대지에 들어설 예정이었다. 낮은 곳에는 인공 호수를 배치하고, 궁전의 정면은 이를 향하게 하며, 궁전 한가운데에는 네로의 황금 동상을 세우기로 했다. 회랑의 길이는 모두 1.5킬로미터이며, 로마의 첨단 건축 기술이 총동원된 본관은 화려함의 극치를 이루었다. 방이 150개 들어서고, 그 중심에 있는 팔각형 홀의 10미터 높이 천장은 회전하면서 사람들의 머리 위에 꽃잎을 뿌리도록 설계했다. 본관 배후에는 동물들이 뛰어노는 초원과, 포도 같은 과실수를 비롯한 온갖 진귀한 식물이 자라는 식물원을 건설할 예정이었다. 비록 황제가 거처하는 궁전(도무스)이었지만 네로는 이곳에서 로마 시민들이 여유를 누리는 모습을 상상하면서 울타리도 벽도 없앴다.

그러나 도무스 아우레아 건설이 실수였던 것은 그 용도가 아니라 시기였다. 대화재 직후 화려한 궁전을 짓는 데 주력하는 황제를 너그러이 받아줄 시민은 별로 없었다. 더욱이 황금 궁전이 들어설 자리는 대부분 전소한 지역과 맞붙어 있어서, 황제가 재건 작업을 빌미로 집을 부수고 궁전 터를 확보하려 한다는 의심의 눈초리를 받기 딱 좋았다.

이러한 우려는 네로가 자신의 궁전을 짓기 위해 일부러 불을 질렀다는 소문을 낳았다. 그리고 화재 당시 황제가 언덕 위의 별궁에서 리라 소리에 맞춰 호메로스의 작품《일리아드》의 트로이 함락 장면을 읊었다는 구체적인 증언도 나왔다. 목마에 숨어 있던 그리스 군이 야밤에 트로이를 불바다로 만든 것처럼, 그리스 예술을 동경하는 네로는 충분히 그럴 수 있다고 시민들은 생각했다. 게다가 어머니까지 죽인 패륜아 이미지가 더해져 소문은 급속히 로마 전역에 번졌다.

네로는 황제로 즉위한 이래 처음으로 시민들의 반감을 피부로 느꼈다. 비록 패륜과 기행을 일삼았지만 황제 역할은 훌륭하게 수행했던 그였다. 잠재적 적국이었던 파르티아와 아르메니아 문제를 해결하여 로마의 평화를 한동안 보장했고, 올림픽과 검투사 경기를 자주 열어 시민들에게 오락거리도 충분히 제공했으며, 살육적인 검투사 경기를 없애고 시와 연극을 장려했다. 스스로 배우가 되어 시민들에게 즐거움을 주기까지 했다. 세금도 감면했으며, 심지어 노예가 부당한 주인을 상대로 민사소송을 제기할 수 있는 법률도 시행했다.

네로는 시민들이 자신을 존경하리라 믿어 의심치 않았다. 그런데 자신이 불을 질렀다는 소문이 돌다니? 당황한 네로는 이 소문에 어떻게 대처해야 할지 몰랐다. 멘토 세네카는 이미 은퇴해 그의 곁에 없었다. 네로는 이번에도 암수를 썼다. 방화범이 기독교인이라고 누명을 씌운 것이다. 그는 왜 기독교인을 지목했을까?

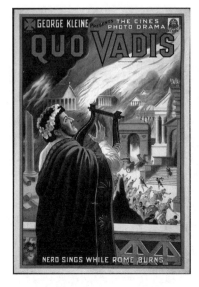

로마 대화재를 다룬 영화 〈쿠오바디스〉 (1912)
'네로 황제가 로마를 불태우고 노래를 불렀다'는 이야기는 사실이 아니다. 하지만 그 헛소문은 네로가 자초한 것이었다. 대화재 이후 전소된 지역 바로 옆에 화려한 '황금궁전' 건립을 추진한 것이 화근이었다. 물론 후대의 이야기꾼들에게는 그 헛소문이 훨씬 매력적이었을 것이다.

범인은 기독교인이노라!

로마는 다신교를 믿는 사회여서 제국의 통치에 심각한 영향을 끼치지만 않는다면 각 지역 고유의 종교를 인정해주었다. 켈트, 유대 같은 여러 민족들은 로마의 신들이 아닌 자신들만의 신을 믿을 수 있었다. 티베리우스 황제 때 유대의 총독 본디오 빌라도가 예수를 처형한 것도 종교적 이유가 아닌 속주의 질서를 위한 방편이었다.

신 앞에 누구나 평등하고 구원받을 수 있다는 예수의 메시지는 피지배계층에게 매우 호소력이 있었다. 팔레스타인에서 탄생된 이 새로운 종교를 믿는 사람들은 점점 많아졌고, 예수가 죽은 후 30여 년 만에 로마의 황제까지 그 이름을 알 정도로 팽창했다. 종교에 관용적인 태도를 보인 로마 통치자들이었지만, 평범한 로마인이 보기에 이들이 눈에 거슬린 것은 사실이었다. 다른 신들을 부정하고 자신들의 신을 믿어야만 구원받을 수 있다는 기독교인의 배타적 신앙관은 로마와 어울리지 않았다.

기독교인들의 일상생활도 로마인의 그것과는 거리가 멀었다. 로마인들에게 가장 인기가 높았던 곳은 극장, 경기장 등이었다. 신전뿐만 아니라 이곳에서 유피테르(제우스), 아폴로(아폴론), 미네르바 등 신들을 찬양하는 행사가 의례적으로 열렸다. 물론 로마인들이 그 신들을 기독교의 신처럼 전지전능한 존재로 받아들이지는 않았지만, 우상숭배를 금지하는 기독교인들에게는 어울리지 않는 행사였다. 검소를 강조하는 그들이 볼 때 로마는 쾌락과 사치로 물든 곳이었다. 그래서 기독교인들은 그들끼리의 생활공간을 유지하며 따로 살았다.

신흥종교 대부분이 그렇듯 기독교에는 교리 외에도 이상해 보이는 구석이 많았다. 밤에 비밀리에 모여 예배를 하고, 노예와 여성도 존중하는 종교적 태도는 숱한 억측을 낳았다. 인육을 섭취한다는 소문이 가장 대표적이었다. "빵은 나의 몸이요, 포도주는 나의 피요."라는 만찬 기도는 처음 듣는 사람들이 충분히 경악할 만했다. 세례는 "갓 태어난 아이의 온몸에 밀가루를 바른 뒤 신비한 입회의 상징으로 입교한 자의 칼에 맡긴다."라는 왜곡

된 소문으로 퍼졌다. 한밤중에 예배가 끝나면 "어둠 속에서 형제
와 자매, 아들과 어머니 사이에 근친상간 난교가 이루어진다."라
는 소문은 제3자를 형제 자매라고 부르거나 가족끼리 평화의 입
맞춤을 나누는 행위에서 나왔다. 기독교인에 대한 이러한 편견
은 로마의 지식인이라고 해서 예외는 아니었다. 타키투스는 기
독교인을 두고 "해롭기 짝이 없는 미신을 믿는 자들"이라고 비
난했다.

로마에 들어온 기독교인들은 로마 시민들을 끊임없이 간섭했
다. 마침 네로가 통치하던 시기에 베드로를 비롯한 기독교 지도
자들이 로마에서 왕성한 선교 활동을 전개하고 있었다. 눈에 띌
수밖에 없었고 회자될 수밖에 없었다. 그들은 소수였고 외톨이
였으며, 불행하게도 소문은 좋지 않았다. 결정적으로 그들이 집
단으로 살고 있는 제12구가 화재 피해를 입지 않았다. 불이 났
을 때 그들이 불렀던 찬송가는 듣는 사람에 따라서는 기쁨의 노
래로 들릴 수 있었다. 그렇게 네로는 "방탕하고 버림받은 비천한
무리를 발견했다." 황제는 방화죄뿐만 아니라 확인되지 않은 소
문에 근거하여 '인류 전체를 증오한 죄'로 기독교인들을 직접 고
발했다.

황제의 고발장을 집행하기 위해 병사들은 제12구로 출격해
기독교인들을 차례차례 체포했다. 군사작전을 펼쳐 한꺼번에
일망타진하지 않아도 충분했다. 독실한 신자들은 30여 년 전 베
드로가 예수를 세 번 부인한 전철을 밟지 않고자 자신의 신앙을

부인하지 않았다. 그러나 자신의 신앙 형제들이 누구인지에 대해서는 입을 다물었다.

원래 로마에서는 혐의자를 심문할 때 고문하거나 채찍질할 수 없었다. 반역죄가 아닌 이상 사형 선고는 금지되며, 사형 선고를 내렸더라도 십자가형 형벌은 내릴 수 없었다. 그러나 기독교인들은 방화죄 외에 '인류를 증오한 죄' 혐의까지 받은 데다, 그것도 황제가 직접 고발했으니 정상적인 사법절차는 무시되었다. 잇따른 고문으로 인해, 잡아당기면 나오는 고구마 덩굴처럼 숨어 있던 기독교인들이 차례차례 검거되었다.

한편 너무나 큰 재난을 당한 로마 시민들은 그것이 우연히 발생한 재앙이라는 사실을 받아들이지 않았고, 반드시 방화범이 있다고 믿었다. 그래서 줄줄이 끌려가는 기독교인을 바라보는 시민들의 반응은 매우 차가웠다. 안 좋은 소문의 주인공인 기독교인들은 그런 대재앙을 충분히 일으킬 만하다는 생각이 퍼졌고, 황제의 혐의는 흐려져갔다. 로마 시민이 자발적으로 기독교인을 고발하는 횟수도 많아졌다. 이렇듯 네로의 계획은 처음에는 성공적이었다.

네로는 한발 더 나아갔다. 사실 그는 향락과 쾌락을 즐기지만 피는 싫어했다. 그렇지만 이번만은 달랐다. 기독교인들의 처형 장면을 로마 시민들에게 인상 깊은 구경거리로 제공하기 위해 많은 연출을 시도했다. 검투 경기가 열리는 경기장에서 처형이 실시되었는데, 방화범이자 인류 전체를 증오한 죄인들의 처형을 구경하기 위해 많은 로마 시민이 경기장에 운집했다. 물론 입장료는 받지 않았다. 로마가 처형 장면을 공개하는 경우는 많았지만, 100명이 넘는 사람을 로마 한복판에서 한꺼번에 처형하는 것은 평소에 볼 수 없는 구경거리였다.

이때 얼마나 많은 사람이 희생당했는지 역사가들은 기록하지 않았다. 그러나 그 처형 장면은 상세하게 묘사했다. '범인'들은 결박된 후 짐승의 모피를 뒤집어쓴 채 경기장에 입장했다. 그들 앞에 나타난 것은 사납고 굶주린 개였다. 기독교인들은 물리고 찢겨 죽었다.

일부는 십자가에 매달려 죽었다. 네로는 십자가에 박힌 사람들에게 초로 만든 옷을 입혔다. 그 이유는 밤이 돼서야 알 수 있었다. 그들은 어두운 경기장을 밝히는 인간 등불이 되었다. 네로는 십자가에 매달린 이들이 산 채로 불타는 장면을 가까이에서 보기 위해 경기장에 전차를 이끌고 들어갔다.

이렇게 잔혹한 처형 방식은 적어도 로마에서는 예전에 볼 수 없었다. 네로는 로마 시민들이 불타는 방화범을 보고 복수하는 쾌감을 느끼리라 생각했다. 그래서 대화재로 추락한 자신의 인기가 더 높아지고, 로마 재건에 박차를 가할 수 있을 것으로 기대했다. 그렇지만 이런 장면을 목격한 로마인들은 타키투스의 표현에 의하면 "연민의 감정을 품기 시작했다." 이어서 "그토록 잔혹한 운명을 내린 것은 공공의 이익을 위해서가 아니라 단 한 사람의 잔인한 욕구를 충족시키기 위해서"임을 알았다.

대화재 방화범으로 몰려 화형당하는 기독교인들

자신이 그리스도인이라고 고백하는 모든 사람이 붙잡혔
다. 그들은 불을 지른 죄만이 아니라 인류를 증오한 죄로
기소되었다. 그들은 짐승의 가죽을 쓰고 개들에게 찢겨
죽었으며, 십자가에 못 박히고 불태워져서 낮이 지나 어
두워졌을 때 등불이 되었다.

— 타키투스의 《연대기》에서

로마 시민들은 그 잔혹함에 치를 떨었다. 더욱이 기독교인들은 죽어가면서도 찬송가를 불렀고, 화형당하면서도 살려달라고 몸부림치기는커녕 의연했다. 죽어서 하나님 나라로 들어갈 것이라는 순교적 태도는 감동을 주기에 충분했다. 이는 네로의 의도에 어긋난 것이었다. 다시 네로가 불을 질렀다는 소문이 돌았고, 수백 년이 지난 뒤에도 논쟁거리로 남았다. 기독교에서는 이 사건을 로마 황제가 저지른 최초의 박해로 규정했다. 그러나 그것은 방화죄를 전가하려는 속셈이지 종교적 탄압은 아니었다. 대화재 이후 네로가 기독교를 박해한 기록은 없다.

이때 처형당한 기독교인의 수는 얼마나 될까? 기독교 최고(最古)의 저작인 유세비우스의 《교회사》에서는 "네로의 비이성적 광기 때문에 수천 명이 죽었으며, 이때 바울이 로마에서 참수되고 베드로도 십자가에 매달려 죽었다고 전해진다."라고 기록했다. 출처는 불분명하지만 베드로는 "주님과 같은 모습으로 십자가에 매달릴 수 없으니 거꾸로 매달려 죽게 해달라."라고 말했다고 한다. 《교회사》가 최초 출판된 시기는 대화재가 일어난 지 한참 뒤인 312년으로, 대화재 당시 로마에 그렇게 많은 기독교인이 살기는 어려웠기 때문에 이 기록을 액면 그대로 믿기는 힘들다. 로마 외의 지역에 있는 기독교 공동체의 규모 등을 고려하여 현대의 연구자들이 계산한 결과, 당시 로마에는 기독교인이 3000여 명 살았던 것으로 추정된다. 그리고 여러 기록을 종합하면 그 10분의 1인 200~300명이 희생당했다고 짐작할 수 있다.

황제의 비참한 최후

대화재 이후 네로는 인기가 전보다 많이 떨어졌지만 여전히 지지자가 많았다. 그러나 소심한 황제는 떨어진 인기를 만회하려 했다. 예정되었던 제2회 로마 올림픽을 더욱 성대하게 개최했고, 노래 경연 대회에 자신도 참여하겠다고 선언했다. 나폴리에서의 박수갈채를 기억하는 황제는 우승할 자신이 있었다. 원로원은 황제의 권위가 실추되는 것을 방지하기 위해 미리 네로를 우승자로 결정해버렸다. 그러나 네로는 이를 거부하고, 다른 출전자들과 대등하게 겨루어 오로지 실력으로 월계관을 쓰겠다고 선언했다.

3만 명을 수용할 수 있는 폼페이우스 극장은 황제의 참가 소식으로 만원을 이루었다. 황제로서의 모든 특권을 버리고 오직 실력으로 승부하겠다는 네로의 모습에 관객은 큰 박수를 보냈다. 성적은? 역사는 이를 제대로 기록하지 않았지만, '가수' 네로는 "제멋에 겨운 풋내기" 또는 "그렇게 나쁘지는 않았지만 성량이 부족하다."는 평가를 받았다. 그러나 실력을 떠나 네로의 인기가 누구보다도 높았을 것이라는 짐작은 쉽게 할 수 있다. 28세의 네로는 이번 무대에 대단히 만족했다.

비록 평민이나 서민에게는 인기 있었지만 상류층에게 네로는 황제로서의 자질을 의심받기에 충분했다. 마침 로마 제전이 열리던 해에 황제 암살 음모가 발각되었다. 주동자는 귀족과 원로원 의원 20여 명이었다. "폐하를 증오하고 있었기 때문입니다. 폐하가 황제답고 존경할 만한 분이었을 무렵에는 저희만큼 폐하에게 충성스런 부하도 없었을 겁니다. 그러나 폐하가 어머니를 죽이고 운동경기와 가수 노릇에 열중하고 심지어 방화까지 저지른 뒤로는 폐하에게 증오를 느꼈습니다." 반란자들은 암살 이유를 이렇게 밝혔다. 놀랍게도 세네카도 연루되었는데 네로는 그래도 예를 갖추어 스승에게 자결을 명령했다.

65년에 네로에게 또 하나의 불행이 닥친다. 아내 포파이아가 병으로 세상을 떠난 것이다. 짧은 간격을 두고 스승과 아내를 잃은 네로는 극심한 외로움에 시달렸다. 극단적인 탐미적 취향은 더 심해졌고, 그럴수록 네로는 로마가 싫어졌다. 그는 평소 동경하던 그리스로 여행을 떠났다. 황제의 순시가 아니라, 노래하는 가수로서 예술의 본토에서 인정받고 싶은 불같은 욕망에 떠난 길이었다. 응원단을 데리고 가서 원래 올림피아 제전에는 없던 음악 경연 종목을 황제의 이름으로 추가하고, 이 종목에 출전하여 황금 월계관을 썼다. 이를 기념해 그리스 각지의 도시에 '자유 도시'의 특전을 주었다. 내정의 자치를 인정하고, 속주세를 면제해준 것이다. 한편 네로는 그리스에 머무는 동안 라인 강 8개 군단의 사령관 두 사람과 시리아 속주의 총독을 불렀다. 그리고 아무런 설명 없이 그 세 사람에게 자결을 명령했다. 암살 음모에 그들의 이름이 나왔기 때문이다.

네로는 1년 반 만에 귀국하여 개선식을 거행했다. 개선식은 전쟁에서 이긴 자만이 할 수 있었으나 그에게는 대신 음악 경연 대회의 우승이 있었다. 로마 시민에게 자신의 귀향을 알리면서 또 하나의 구경거리를 제공하고자 한 것이었다. 개선식 하이라 이트는 황금 월계관 1808개를 받쳐 든 사람들의 행렬이었다. 이 진귀한 구경거리로 로마는 또 한 번 떠들썩했다. 네로는 개선식 을 마치자마자 다시 나폴리로 갔는데, 갈리아에서 반란이 일어 났다는 소식을 접했다.

반란의 주인공은 가이우스 율리우스 빈덱스라는 갈리아 속주 의 총독이었다. 빈덱스는 "네로는 어머니를 죽이고 제국의 유능 한 인재까지도 국가 반역죄로 죽였다. 게다가 가수로 분장하여 연주와 노래 실력을 뽐내고 있다. 로마 제국의 지도자로는 어울 리지 않는 이런 인물은 한시라도 빨리 퇴위시켜야 한다."라는 격 문을 썼다. 휘하에 병사 10만 명이 삽시간에 운집했다. 빈덱스는 에스파냐 동북부 속주의 총독 갈바에게 서한을 보내 동참할 것 을 호소했다.

하지만 갈바가 답장을 하기도 전에 반란군은 로마 정규군에 게 허망할 정도로 빠르게 진압되었고, 빈덱스는 자결했다. 비록 진압은 했지만 반란의 여파는 컸다. 네로에게는 더 이상 제국의 통치자 자격이 없다는 공감대가 형성되었다. 갈바는 빈덱스가 자결하자 "속주 총독은 황제가 아니라 원로원과 로마 시민에게 충성한다."라고 선언했다. 이에 몇몇 총독들이 동조했다. 빈덱스 와는 달리 갈바는 로마의 정통 귀족 출신이고, 휘하의 병력도 정예군이었다. 상황이 급변하자 네로는 더 이상 나폴리에 머물 수 없었다.

원로원은 갈바를 '국가의 적'으로 규정했다. 그런데 로마 시민들은 다른 사건으로 네로에게 화가 나 있었다. 그해 흉작으로 밀값이 치솟자 시민들은 대화재 때 베풀었던 황제의 선정을 기대했다. 그러던 중 항구의 한 배에서 많은 양의 포대가 하적되었다. 그러나 시민들의 기대와 달리, 그 속은 밀이 아닌 네로의 경기장에 쓰일 모래로 가득 차 있었다. 분개한 시민들은 네로의 동상에 낙서를 하고 그를 조롱했다.

사태의 심각성을 깨달은 원로원은 갈바와 비밀리에 연락을 취했고, 갈바는 병력을 이끌고 로마로 진격했다. 이윽고 1만 병력을 지휘하는 근위병 사령관도 네로 곁을 떠났다. 결정타는 원로원이었다. 그들이 이번에는 네로를 '국가의 적'으로 선언한 것이다. 모든 일이 순식간에 벌어졌다. 시민과 원로원이 네로에게 등을 돌렸고 그를 지켜줄 군대도 없었다. 네로의 신변을 지켜준 사람은 하인 네 명이 전부였다. 네로는 로마에서 북쪽으로 6킬로미터 떨어진 해방노예의 집으로 긴급히 피신했지만, 그곳에서 "이로써 한 예술가가 죽는구나."라는 말을 남기고 칼로 자신을 찔렀다.

네로의 죽음으로 도무스 아우레아도 완공되지 못했다. 인공호수의 예정지에는 콜로세움이 들어서고, 네로의 황금상 머리는 태양신으로 교체되었다. 정원 자리에는 목욕탕이, 본관 자리에는 대목욕탕과 신전이 들어섰다. 그리스 전역의 자유 도시 지정도 폐지되었다.

기독교의 승리

대화재의 희생양이 되었지만, 그것은 오히려 기독교의 교세 확장에 긍정적인 역할을 했다. 방화범이라는 누명을 벗자 기독교인들은 로마 시민에게 더 가까이 다가갈 수 있었다. 잔인한 처형에서 비롯된 동정심으로 로마 시민들은 벽을 허물었다. 좋지 않은 소문은 사실이 아닌 것으로 드러났다. 네로 황제 역시 대화재 이후로는 기독교인들에게 더 이상 신경 쓰지 않았다.

그 후 기독교는 몇몇 황제에게 박해를 받았지만, 306년 콘스탄티누스가 황제에 오름으로써 결국 박해는 끝이 났다. 콘스탄티누스 황제의 어머니 헬레나는 서민 출신으로, 오래전부터 기독교인이었다. 콘스탄티누스는 어머니의 영향을 많이 받아 기독교에 대한 반감이 다른 황제보다 훨씬 적었다. 서부 로마 제국의 패자에 오른 콘스탄티누스 황제는 "모든 로마인은 원하는 방식으로 종교 생활을 할 수 있다."라는 밀라노 칙령을 313년에 발표했다. 형식적으로는 종교의 자유를 인정했을 뿐이지만 실질적으로는 친기독교 칙령이었다. 몰수했던 교회 재산을 돌려주고 황제의 사비를 털어 교회를 지었으며, 기독교 지도자들의 조언에 따라 노예 및 죄수 학대 금지법을 제정했다. 또한 황제는 예수를 신과 동일하게 간주하는 아타나시우스파의 주장을 정통으로, 신에 가까운 인간으로 보는 아리우스파를 이단으로 규정했다.

콘스탄티누스 황제가 기독교를 인정한 배경에는 두 가지 설이 있다. 어렸을 때부터 기독교를 믿었거나, 분열된 로마의 통합을 위한 정치적 선택이었다는 것이다. 당시 기독교인 수가 로마 제국 인구의 10분의 1을 차지했을 만큼 기독교의 영향력은 커져 있었다. 황제는 죽기 직전에 세례를 받아 공식적인 기독교인이 되었다. 그리고 380년에 테오도시우스 황제가 기독교를 국교로 선언함으로써 로마 사회에서 다른 신들은 배척되었다. 이후 다신교적 다양성을 기반으로 한 로마의 종교관과 세계관은 근본적으로 붕괴되기 시작했고, 그 자리를 기독교가 대체했다.

로마의 국교가 되자 기독교는 점점 권위의 외피를 쓰기 시작했다. 황제가 교리와 교회의 내정에 간섭하면서 기독교 내의 자유는 이전보다 축소되었으며, 순교자적인 신앙심도 자취를 감추었다. 또한 헬라어 《성경》을 라틴어로 번역하면서 다른 언어로 해석하는 것은 금지했다. 당시 라틴어를 쓰고 읽을 수 있는 사람은 권력자나 학자 등 소수에 불과했기 때문에, 이는 많은 사람이 《성경》에서 멀어지는 직접적인 계기가 되었다. 이윽고 황제나 왕이 아닌 교황이 세속을 지배하는 시대가 도래하자, 기독교인은 그들의 선조가 맞았던 채찍을 자기 손에 쥐었다.

로마 대화재 당시 기독교인들은 네로 황제의 권력 유지를 위한 제물이 되었다. 이 기독교인 박해 사건은 화재가 권력자들의 위기감을 불러일으켰다는 점이나 그 위기를 돌파하기 위해 외톨이들을 희생양으로 삼은 것 등, 약 2000년 후에 일어난 일본의 관동대지진 당시 조선인 학살 사건(6장 참조)과 놀랄 만큼 그 이유와 배경이 비슷하다.

그러나 네로의 계획은 실패했다. 궁극적으로 로마 시민의 동의와 지지를 얻지 못했기 때문이다. 처음에 시민들은 기독교인에게 반감을 가졌지만, 잔인한 처형 방식과 죽음을 맞는 기독교인들의 순교자적 태도에 생각을 바꿨다. 네로가 좀 더 치밀했다면 그의 의도는 적중했을지도 모른다. 마녀사냥에 성공하려면 아무리 전제 국가라도 권력자 개인의 의지만으로는 부족하다. 동의하는 다수의 존재가 마녀사냥의 성패를 결정짓는 열쇠다.

3

병자호란과
환향녀

살아 돌아온
죄

서울 북한산 비봉능선을 따라가다 보면 '사모바위'를 만날 수 있다. '사모'는 조선 시대 벼슬아치가 관복을 입을 때 쓰는 모자로, 바위의 모양이 그것과 비슷해서 붙은 이름이다. 1968년 1월, 북한에서 남파한 무장간첩 김신조 일행이 이곳에 몸을 숨겨 일명 '김신조 바위'라고 알려지기도 했다. 현대사의 한 단편이 담긴 이 바위는 또한 우리의 가장 아픈 역사를 배경으로 한 전설을 품고 있다.

병자호란 때였다. 한 청년이 전쟁터에서 겨우 살아남아 고향으로 돌아왔으나 사랑하는 여인이 청나라로 끌려갔다는 슬픈 소식을 접한다. 여인은 전쟁이 끝났어도 돌아오지 않았다. 얼마 후 많은 사람이 조선에 돌아올 수 있었고, 그중 여자들은 집안으로 들어가기 전에 북한산 아래의 홍제동에 잠시 머물러 샛강에 몸을 깨끗이 씻었다. 청년은 이 일대를 샅샅이 뒤졌으나 여인을 찾을 수 없었다. 사랑하는 여인을 잊지 못한 청년은 북한산에 올라가 북쪽을 하염없이 바라보며 눈물지었다. 끝내 여인이 돌아오지 않자 청년은 그 자리에서 바위로 변했다.

그렇지만 이 사모바위 전설은 역사적인 사실과 다르다. 병자호란 때 청나라로 끌려갔다 천신만고 끝에 다시 고향으로 돌아온 조선 여인들은 결코 환영받지 못했다. 전설의 주인공과는 반대로 조선의 남정네들은 그녀들을 '환향녀'라며 내치기 일쑤였고, 여인들은 냉대 속에 목을 매거나 절벽에 투신했다. 죽을 용기가 없는 사람은 기생이 되거나, 심지어 그 지옥 같은 청나라로 다시 돌아가는 비운을 겪었다.

조 선 시 대 열 녀 신 화

조선은 개국과 함께 유교를 숭상하고 불교를 억제하는 '숭유억
불' 정책을 폈다. 충과 효를 강조하는 유교는 새로운 국가를 건
설하는 데 안성맞춤인 통치 이념일 뿐 아니라 가부장제를 지탱
하는 가장 중요한 기둥이었다. 신하는 임금에게 충성을 다하고
자식은 부모에게 효를 다해야 한다. 그 연장선에서 여자도 남자
에게 복종해야 했다. 소위 '삼강오륜'이라 일컫는 이 규범은 원
칙적으로는 상호 의무의 개념이었다. 하지만 조선에서 부부의
강령은 사실상 아내만의 일방적인 의무였다.

　어려서 어버이께 순종하고, 시집가서는 남편에게 순종하고,
남편이 죽은 뒤에는 아들을 따르라는 여자의 세 가지 도리는 일
방적 복종의 완결판이었다. 또한 시어머니에게 순종하지 않고,
아들을 낳지 못하며, 바람을 피우는 등의 칠거지악은 남자에겐
해당되지 않았다. '여필종부', '일부종사', '출가외인' 등 여성을
옭아매는 조선의 규범은 셀 수 없이 많았다. 조선의 사대부가 만

든 이 규범들은 평민과 천민에게도 영향을 미쳤다.

조선 시대 이전에 여성의 지위는 그렇지 않았다. 바로 전 시대인 고려에서는 남편이 죽으면 부인은 언제든지 재혼할 수 있었고, 남녀 구분 없이 태어난 순서대로 족보에 올라갔으며, 남자든 여자든 맏이가 제사를 준비했다. 부모의 유산도 똑같이 분배되었다.

뭐니 뭐니 해도 조선 시대 여성이 지켜야 할 최고의 도리는 정절이었다. 남편 이외의 남자에게 몸은 물론 마음도 주어서는 안 된다. 가부장제 사회에서 여자의 정절을 강요하는 것은 일반적인 현상이지만, 조선처럼 국가가 그것을 통제한 경우는 드물었다. 《경국대전》에는 "정절을 잃은 부녀자의 가문은 자손 대대로 문과에 응시하거나 요직에 등용될 수 없다."라고 쓰여 있다. 수절하는 과부에게 주는 토지인 '수신전'은 조선 시대 여성이 받을 수 있는 유일한 밭이었는데 "과부여야 하고, 과부 중에서도 재가하지 않은 사람이어야 하며, 그중에서도 과전을 받았던 관료를 남편으로 둔 사람"으로 조건이 매우 까다로웠다.

정절을 지키다 죽은 여자에게는 '열녀'라는 칭호를 내렸다. '열녀문'은 가문 대대로 이어지는 영광이었다. 조선 시대 이전의 대표적인 열녀에는 도미의 아내, 박제상의 아내, 평강공주 등이 있었는데, 그녀들이 전설로 남을 수 있었던 것은 남편이 죽은 후 아내의 재혼이 일반적이던 사회 분위기에서 특이한 인물들이었기 때문이다. 살아생전 남편을 잘 섬기는 것만으로는 열녀 칭호

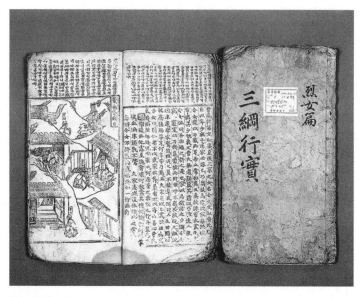

《삼강행실도》 열녀편

《삼강행실도》는 본받을 만한 충신, 효자, 열녀 등을 뽑아 그들의 행실을 소개한 책인데, 임진왜란이 끝난 직후 사대부가 펴낸 《동국신속삼강행실도》에는 열녀가 압도적으로 많았다. 그것은 곧 정절을 목숨을 걸고 지키라는 정언명령이었다.

를 받기에 부족했다. 수신전에서 볼 수 있듯, 남편이 죽었을 때 어떻게 하느냐가 열녀의 잣대였다. 남편이 죽으면 3년 동안 무덤을 지키고 평생 동안 상복을 입게 한 것도 정절을 지키게 하기 위한 방편이었다. 반면에 아내가 죽으면 남편은 1년 정도만 상복을 입고 곧 재혼할 수 있었다. 남자의 충절은 나라를 지탱하고, 여자의 정절은 가정을 지탱하는 근간이었다.

"천하 각국 어디에도 없고 중국도 이것만은 조선을 따르지 못한다."라고 말할 정도로 조선 사대부에게 '조선 여인의 정절'은 대단한 자부심이었다. 임진왜란이 끝나자 사대부는 《동국신속삼강행실도》를 부랴부랴 발행했다. 이 책은 세종의 명에 따라 만든 《삼강행실도》의 속편이었다. 《삼강행실도》는 우리나라와 중국의 서적에서 본받을 만한 충신 112명, 효자 110명, 열녀 94명을 뽑아 그들의 행실을 소개한 책이다. 그러나 《동국신속삼강행실도》에는 열녀 356명, 효자 67명, 충신 11명으로 열녀가 압도적으로 많았다. 그것은 곧 정절을 목숨을 걸고 지키라는 '정언명령'이었다.

절대적 가치를 품은 정절은 조선 16대 왕 인조에 이르러 크게 흔들린다. '환향녀'들이 대거 등장했기 때문이다. 그녀들은 우리나라 여성차별의 역사에서 가장 비극적인 주인공이 되어야 했다.

아홉 번 머리를 조아린 임금

압록강 북쪽에 자리 잡은 여진족의 족장 누르하치가 만주를 평정하고 '후금'을 세운 1616년, 당시 중국 본토의 패권은 명나라가 쥐고 있었지만 이미 국운이 쇠잔해 망하는 것은 시간문제였다. 명나라는 후금에 대항하기 위해 조선에 군대를 요청했지만, 후금의 힘을 간파한 광해군은 중립정책을 폈다. 그러나 사대부들은 임진왜란 때 명나라가 베푼 은혜를 갚아야 한다고 주장했다. 또한 사대주의에 젖어 '오랑캐' 족속인 후금과 타협할 수 없다는 생각도 확고했다. 이런 사대부의 반감은 결국 광해군을 왕위에서 몰아낸 1623년 인조반정의 한 원인이 되었다.

쿠데타로 왕위에 오른 인조는 광해군의 중립외교 노선을 포기하고 '향명배금', 즉 명나라를 따르고 후금을 배척하는 정책을 표명했다. 이에 후금은 명을 치기 전에 배후에 있는 조선부터 제압하기로 했다. 1627년 1월, 광해군 폐위를 이유로 들며 후금은 정예병 3만 명을 몰고 와 조선을 침략했다. 인조는 강화도에 피신하여 장기전에 돌입했다. 대군을 계속 조선에 주둔시킬 수 없었던 후금은 '형제의 나라'라는 정묘조약을 맺고 철수했다. 조선은 비록 정묘호란에서 패했지만, 인조반정에 대한 후금의 묵인과 "후금과 화약을 맺되 명나라와 적대하지 않을 것"이라는 소기의 목적을 달성할 수 있었다.

조선을 굴복시킨 후 누르하치의 아들 홍타이지는 1636년 4월에 후금의 국호를 '대청'으로 변경하며 국력을 키워나갔다. 청태종 홍타이지는 조선에 대청을 형제의 나라가 아닌, 명나라처럼 군신의 나라로 고쳐 대하고, 황금과 군대를 보내라고 요구했다. 그러나 조선 조정은 결사 항전의 의지를 굳히고 이 요구를 묵살했다. 그러자 1636년 12월, 홍타이지는 12만 대군을 직접 이끌고 조선 정벌에 나섰다. 이 전쟁이 곧 병자호란이다.

청군은 파죽지세로 남하하여 불과 15일 만에 한양에 도착했다. 인조는 남한산성으로, 소현세자와 봉림대군은 강화도로 피

1636년에 병자호란을 일으킨 청 태종 홍타이지

신하여 항전을 계속했지만 이미 전세는 기울었다. 청 태종은 남
한산성보다 강화도를 먼저 쳤다. 정묘호란의 전철을 밟지 않기
위해서였다. 강화도는 천혜의 요새였으나 감찰사가 지형만 믿
고 임전 태세를 갖추는 데 소홀하여 결국 변변히 싸워보지도 못
한 채 청의 수군에게 무너졌다.

　함락된 강화도는 그야말로 아비규환에 빠졌고, 조선의 여인들
은 일찍이 경험하지 못했던 능욕을 겪는다. 청나라 군인들은 철
저하게 섬을 유린했다. 조금이라도 반항하면 그 자리에서 목을
베고 어린이는 닥치는 대로 절벽이나 우물에 던졌다. 여자들은

강간하고 포로로 삼았는데, 평생 지아비만을 섬기며 정절을 목숨보다도 귀중하게 여기던 여염집 여인들은 오랑캐에게 능욕을 당하느니 죽음을 택했다. 소현세자의 세자빈 강 씨도 내시들이 급히 잡지 않았으면 자기 목을 찔렀을 것이다. 이긍익은 당시 강화도에서 벌어진 사대부 여인들의 참상을 《연려실기술》에 자세히 실었다.

윤선거의 아내는 스스로 목을 맸다. 이돈오의 아내 김 씨는 시어머니, 동서와 함께 목을 찔렀다. 홍명일의 아내 이 씨와 시어머니는 배를 타고 도망가다가 적병에게 들키자 서로 껴안고 물에 뛰어들었다. 어떤 선비의 아내는 "청나라 군이 죽은 사람을 보면 옷을 모두 벗긴다니 내가 죽으면 서둘러 화장하라."라고 당부한 뒤 목을 매 죽었다. 토굴 안에 숨어 있던 이호선의 아내는 불을 질렀는데도 나오지 않고 그대로 타 죽고 말았다. 유인립의 아내는 끝까지 버티다가 적군이 난사한 총에 살이 다 뜯겨 나갔지만 꼿꼿하게 선 채로 죽었다.

남자들은 자신의 부인과 여동생, 며느리, 딸의 자결을 당연하게 받아들였고 심지어 이를 재촉하기까지 했다. 강화 감찰사 김경징은 혼자 도망가고, 그의 아들 김진표가 할머니와 어머니, 부인을 다그쳐 자살하게 했다. 정선홍의 아내는 청나라 군사가 접근하자 왕족에게 달려가 살려달라고 애원했다. 그러나 남편이 눈을 부릅뜨고 "빨리 죽는 게 낫다!"고 꾸짖자 칼을 들고 방으로 들어가 자결했다. 평민 여성들도 사정은 마찬가지였다.

《연려실기술》은 "적에게 사로잡혀 욕을 보지 않고 죽은 자와 바위나 숲에 숨었다가 적에게 핍박을 당해 물에 떨어져 죽은 자들이 얼마나 되는지 알 수 없다. 사람들은 '(빠져 죽은 여인들의) 머릿수건이 마치 연못물에 떠 있는 낙엽이 바람을 따라 떠다니는 것 같았다.'라며 애도했다."고 기록했다. 병자호란을 배경으로 한 한문 소설 《강도몽유록》은 이러한 여인들의 죽음을 매우 높게 평가했다. "나라가 수치를 맞았으나 의에 죽은 충신은 하나도 없고, 매서운 정조를 보인 것은 부녀자뿐이니 이 죽음은 영광된 것이다." 그러나 자결한 사람보다 포로가 더 많았다. 강화도에서만 1만 명이 포로로 잡혔다.

40일 넘게 남한산성에서 항전을 벌이던 인조는 강화도가 함락되었다는 소식을 접하고 항복하지 않을 수 없었다. 식량도 부족했고 의병과 명나라 원병은 기대할 수 없었다. 주화파와 척화파로 나뉘어 대립하던 대신들도 항복하기로 결론을 내렸다. 청은 조선이 신하의 예를 갖추고, 명의 연호를 폐지하며, 왕자와 대신의 자녀를 인질로 보내고, 황금 100냥과 백은 1000냥을 비롯한 20여 종의 공물을 바칠 것 등을 요구했다. 조선은 이를 수락할 수밖에 없었다.

청 태종은 항복문서로 만족하지 않았다. 인조에게 신하의 예를 갖추라고 명령했다. 1637년 1월 30일, 인조는 왕족과 대신 500여 명을 이끌고 한강 동편의 삼전도(현재 서울시 송파구 삼전동)에 머물고 있는 청 태종을 찾아갔다. 그 자리에서 인조는 세 번 절하고, 아홉 번 이마를 땅에 닿게 하는 삼배 구고두의 예를 올려야 했다. 청 태종은 머리를 조아릴 때 땅에 찧는 소리가 들려야 한다고 말했다. 언 땅에 이마를 박은 인조의 머리에서 흐른 피는 가슴까지 적셨으며, 이를 본 백성과 대신 들은 눈물을 감출 수 없었다. 청 태종은 이렇게 자신들을 오랑캐라고 무시하던 조선의 자존심을 깡그리 뭉갠 후 철군하기 시작했다. 이로써 조선은 명나라와의 관계를 완전히 끊고 청나라에 복속됐다.

청 태종이 승전을 기념하여 세운 삼전도비(왼쪽)와 비석에 새겨진 인조의 항복 장면(오른쪽)
당시 조선 임금 인조는 청 태종에게 세 번 절하고 아홉 번 머리를 조아리는 최고의 예를 올려야 했는데, 언 땅에 찧은 인조의 이마에서 흐른 피가 가슴까지 적셨다.

60만 명이 끌려가다

1636년 12월에 조선을 침략해 1637년 2월에 돌아가기까지, 청군은 온갖 만행을 저질렀다. 저항하지 않는 민간인을 죽이고, 집을 불태우며, 노략질을 일삼았다. 병자년 겨울은 유독 추위가 심해 약탈당한 사람들은 얼어 죽었다. 이와 같은 만행은 황제의 지시였다. 본격적인 명나라 공략에 앞서 조선을 완벽하게 굴복시키고, 무엇보다 자신들을 업신여기는 조선에 본때를 보여줄 필요가 있었던 것이다. 청 태종은 승리한 뒤 안전장치를 추가했다. 강화도를 함락하고 남한산성을 완전히 고립시킨 당시, 전 군대에 포로를 50만 이상 잡아들이라는 명령을 내렸다. 대규모 인질을 잡아두면 조선이 복수를 할 수 없어 명나라와의 전쟁을 안심하고 치를 수 있기 때문이었다.

"우리 청나라가 이제 조선인 포로들을 끌고 갈지언대 만약 포로가 압록강을 건너기 전에 도망가는 데 성공하면 잡지 않을 것이나, 압록강을 건너 한 발자국이라도 만주 땅을 디디면 도망치더라도 조선은 이들을 즉시 만주 땅으로 돌려보내야 한다."

조선 팔도에는 다시 한 번 난리가 났다. 개별적으로 포로를 잡던 청의 각 부대는 목표를 채우기 위해 조직적인 포로사냥에 나섰다. 노인과 어린이를 제쳐두고 젊은 사람만 골랐다. 청군이 특히 선호한 것은 사대부가의 젊은 여인들이었다. 재색을 겸비한 그녀들은 첩으로 인기가 높았으며, 노예로 팔거나 나중에 조선에 돌려줄 때 상대적으로 비싼 몸값을 받을 수 있었다. 많은 여인이 오랑캐에게 끌려가기보다는 은장도로 자신의 목을 찌르거나 우물에 투신했다. 방해하는 자는 그 자리에서 척살했으므로 여인들은 자기 가족을 보호하기 위해 순순히 끌려가기도 했다. 생이별의 곡소리가 방방곡곡에 울려 퍼졌다.

청 태종은 항복문서를 받은 후 인조에게 "우리 청나라가 이제 조선인 포로들을 끌고 갈지언대 만약 포로가 압록강을 건너기 전에 도망가는 데 성공하면 잡지 않을 것이나, 압록강을 건너 한 발자국이라도 만주 땅을 디디면 도망치더라도 조선은 이들을 즉시 만주 땅으로 돌려보내야 한다."라고 말했다. 이와 같은 엄명에 따라 만주에서 탈출한 조선인 포로들이 조선 관청에 붙잡혀 다시 만주로 보내지는 비극적인 장면도 많이 연출되었다.

도대체 얼마나 많은 사람이 청나라에 잡혀갔을까? 최명길의 《지천집》에 의하면 50만 명이 넘었고, 남한산성에서의 저항 기록을 담은 《산성일기》는 60만 명이라고 했다. 후에 정약용은 《비어고》에 60만 명이 넘는다고 기록했다. 당시 조선의 인구가 1000만 명이었으니, 가족이나 친척 중 끌려가지 않은 이가 없었다. 실록에서는 "온 나라 백성 중 태반이 연루되었다."라고 적었다. 포로 중 여자는 20만 명 정도로 추정된다. 이렇게 많은 여인이 포로로 끌려간 적은 일찍이 없었다. 봉림대군 부부와 소현세자, 그밖에 많은 대신, 각료도 인질로 끌려갔다. 척화파 강경론자로, 이른바 '삼학사'라 불리는 홍익한, 윤집, 오달제는 청 태종의 회유를 거절하고 참형을 받았다.

인조는 매우 괴로웠다. 삼전도에서 청 태종에게 예를 올린 후 입궁할 때 청나라 진영에 있는 백성들은 인조를 향해 "임금이시여, 임금이시여, 우리를 버리고 가시나이까!"라며 절규했다. 그는 달포가 넘도록 살려달라는 백성들의 악몽에 시달려야 했다. 왕은 사관에게 "죄 없는 백성을 다른 나라의 포로가 되게 했다."라는 사과문을 넣으라고 지시했다. 그러나 《조선왕조실록》이나 《승정원일기》 같은 공식적인 문서에 포로의 수가 얼마인지는 기록하지 못했다. 청나라가 전쟁 피해의 실태를 일절 조사하지 못하게 했기 때문이다.

조선인 포로들의 종착지는 당시 청나라의 수도였던 심양(현재 중국 랴오닝 성의 성도인 선양 시)으로, 한양에서 1660리 떨어진 곳이었다. 이들은 한겨울에 끌려다니면서 말채찍으로 얻어맞기 일쑤였다. 언 살에 채찍을 맞으니 살갗이 벗겨지고 피가 났다. 추위와 기아로 주검이 수두룩하게 쌓였다. 청 병사가 활쏘기를 연습할 때 과녁으로도 이용당했다. 청군은 모자란 만큼 다시 잡아들였다. 포로의 숫자가 워낙 많아 하루 30리 정도밖에 행군

할 수 없었다. 심양까지 가는 데 60일이 걸렸고, 청나라 사료에 의하면 그들의 몸에는 이가 들끓었다. 청나라는 조선인 포로를 '피로인(被虜人)'이라고 불렀다. 포로와는 다른 개념으로, 민간인 인질을 뜻한다.

끌려가면서 여인네들이 온갖 수모를 당했음은 두말할 나위가 없다. 특히 병영에서 시중을 들며 군인들의 성적 노리개로 전락했다. 이에 항거하면 죽임을 당했고, 스스로 목숨을 끊기도 했다. '오랑캐'에게 붙잡혔으니 수치심은 더욱 컸다. 후세에 정약용은 "사대부의 아내나 첩, 처녀 들은 차마 얼굴을 드러내지 못하고 사람을 보면 더러 옷으로 머리를 덮었다."라고 《비어고》에 적었다. 자신의 잘못이 아니었음에도 포로가 된 것 자체가 창피하고 치욕스러웠던 것이다. 최명길은 인조에게 다음과 같이 보고했다.

"청병들이 돌아갈 때 자색이 아름다운 한 처녀가 있어, 온갖 방법으로 달래고 협박했지만 끝내 들어주지 않자 음식을 주지 않았는데, 사하보에 이르러 굶어 죽었고 이에 청나라 사람들도 감탄하여 묻어주고 떠났다고 합니다."

포로들의 기구한 삶

심양은 1625년 누르하치가 후금의 수도로 삼은 곳이며, 1634년에 홍타이지가 성경(만주어로 '묵던')으로 개칭했다. 청나라로 이름을 고친 후금은 1644년에 명나라를 멸망시킨 후 베이징으로 수도를 옮기고 심양은 제2의 수도로 삼았다.

천신만고 끝에 심양에 도착한 피로인 중 무기를 다룰 줄 아는 남자들은 명나라와의 전쟁에 대비하기 위해 징병되었다. 철을 다룰 줄 아는 기술자들은 상대적으로 대접을 받았다. 재색이 뛰어난 여인들은 궁중에 들어갔다. 그밖에 남자들은 농장 머슴으로, 여자는 첩 또는 창부로 노예시장에서 대부분 팔려 나갔다. 특히 첩의 문제는 청 조정에서도 논란이 되었다. 만주족 본처들이 조선인 첩을 질투하여 펄펄 끓는 뜨거운 물을 부으며 폭행하는 일이 많이 일어났다. 그런 짓을 하는 부인은 남편이 죽을 때 순장시키겠다고 청 태종이 엄포를 놓을 정도였다. 예조좌랑 허박은 "피로인이 겪는 고통은 죽음보다 더 심하다."라고 말했다.

심양에서 탈출하여 압록강을 넘어가는 사람들도 많았다. 청나라는 이들을 '주회인'이라고 불렀다. 조약에 따라 조선은 이들을 책임지고 다시 청나라로 돌려보내야 했다. 잡혀온 주회인들은 발뒤꿈치가 잘리는 끔찍한 형벌을 당했다. 주회인을 잡아오라는 청나라의 요구가 드셀 때는 조선 조정에서 부랑아들을 압송시키기도 했다.

심양이 큰 도시이기는 하지만 한꺼번에 몇 십만 명을 수용하는 것은 불가능했다. 그래서 청 태종은 항복의 '선물'로 강화도에서 잡힌 1600명을 즉시 조선에 송환하고, 바로 속환 절차를

밟으라고 통보했다. 조선 조정도 그들을 고국으로 데려오는 게 급선무였다. 그러나 국가가 나서기도 전에 사대부들은 개인적으로 자신의 가족을 찾아 나섰다.

속환 방침이 발표되자 심양 거리 곳곳에 피로인 매매시장이 열렸다. "피로인의 매매를 허락하니 청나라 사람들이 남녀 포로들을 성문 밖에 모아놓았다. 그 수가 수만이나 되는데 혹은 모자가 상봉하고 혹은 형제가 서로 만나 부여잡고 울부짖으니 곡소리가 천지를 진동했다."라고 《심양일기》는 기록하고 있다. 그러나 그들 중 가족의 품으로 돌아가는 수는 매우 적었다. 요구하는 몸값이 지나치게 높았기 때문이다. 애초에는 그리 높지 않아서 남자는 한 사람당 닷 냥, 여자는 석 냥 정도이고 양반 몸값 역시 아무리 높다 해도 열 냥을 넘지 않았다. 이 가격은 정묘호란을 기준으로 매긴 가격이었다. 그런데 돈 많은 조선 사대부들이 자신의 가족을 하루라도 빨리 빼오려고 높은 값을 치렀고, 이에 따라 매매가가 높아졌다. 좌승지를 지낸 영중추부사 이성구는 아들을 구하기 위해 1500냥, 영의정 김류는 딸을 구하는 데 1000냥을, 병조의 사령 신성회는 첩을 위해 600냥을 냈다.

높은 속환가에 낙담한 피로인 가족들은 세자가 머무는 심양관에 몰려가 이 문제를 조정이 직접 해결해달라고 강력하게 요구했다. 청나라도 조속히 속환 문제를 마무리 짓고자 공인되지 않은 속환은 허락하지 않겠다고 약속했다. 이에 조선은 '속환사'를 두어 속환 절차 및 방법을 강구했다. 속환은 가족이 속환사를 따라가 개인의 재산으로 속환해 오는 사속, 사속을 원하지만 속가가 부족해 그 일부를 나라에서 보조받거나 대여받아 속환하는 반사반공속, 국고에서 속가를 전액 부담하는 공속이 있었다. 공속의 대상은 종실 및 그들의 호위 군사와 처자로, 소수에 불과했다.

다음은 속환가를 정해야 했다. 최명길은 속환 가격이 100냥을 넘지 못하게 규제할 것을 인조에게 건의하여 재가를 받았다. 당시 쌀 한 가마니가 닷 냥이고, 농촌의 하루 품삯이 한 냥이었다. 제법 많은 액수였음에도 불구하고 청나라는 이 속환가를 허락하지 않았다. 자신의 아들을 위해 1500냥을 지불한 이성구가 첫 번째 속환사로 임명되었으니 협상이 지지부진한 것은 당연한 결과였다. 양측의 이견은 좀처럼 좁혀지지 않았다. 결국 공식적인 속환가를 정하지 못하고 시장 논리에 따라 가격을 매겼다. 성인 남녀는 150냥에서 200냥이 제일 많았고, 어린아이는 100냥 미만, 양반의 속환가는 500~600냥 정도에 형성되었다.

공속이든 사속이든 속환 순서는 남자가 먼저였다. 가문을 유지하기 위해서 아무리 높은 몸값이라도 지불해야 했다. 장남들이 제일 먼저 고향으로 돌아왔다. 충효 사상에 충실한 조선인들은 다음으로 부모님의 신주를 돈 주고 샀다. 청나라에서 효심을 이용해 죽은 사람까지도 한 사람 몫으로 쳐서 팔았기 때문이다. 딸이나 부인은 나중에 돈이 마련되는 대로 데려와야 했다. 공속에 해당하는 여인은 아주 적었고 대부분 반사반공속에 의존했는데, 국고가 바닥난 조정에서 완벽하게 지원해줄 수는 없었기 때문이다. 몸값이 없어 고향으로 돌아갈 수 없게 된 여인들이 낙담하여 자결하는 사건도 더러 발생했다.

여자들이 고향에 돌아올 수 없던 또 하나의 이유는 본인의 선택이었다. 인질로 끌려오는 동안 성적 노리개가 되거나, 심양에서 첩이나 창부로 팔린 여인들은 정절을 잃었다는 죄책감에 빠졌다. 더럽혀진 몸을 지아비가 반겨줄 리도 없지만 본인 스스로도 용납이 안 되었다. 그렇다고 죽기도 두려워서 결국 청나라에 주저앉기로 결심한 것이다. 일부는 청나라 사람의 아이까지 낳아서 더욱 돌아갈 수가 없었다. 북한산의 바위가 된 청년의 연인도 어쩌면 이에 해당하지 않았을까?

1645년 3월, 소현세자와 봉림대군이 볼모로 잡힌 지 9년 만에 귀국하면서 청나라와 조선의 관계는 안정적으로 유지되기 시작했다. 비록 공식적인 창구를 통해 충분히 해결하지는 못했지만 속환도 지속적으로 이루어져 어느 정도 진정될 수 있었다. 그러나 그것은 남성 피로인에게만 해당하는 이야기였다. 기록마다 다르지만 10년 동안 조선에 환속한 여인은 2만 5000명에서 5만 명으로 추정된다. 20만 명에 이르는 여성 중 3분의 2 이상이 고국에 돌아오지 못했다.

돌아오는 여인들은 드디어 고향에 갈 수 있다는 사실에 감격하지 않을 수 없었다. 그들 중 1만 명 이상이 스스로 목숨을 끊는 비극이 그토록 그립던 고향에서 일어날 줄 어찌 알았겠는가.

물론 압록강을 건널 때 약간의 불안감이 없지는 않았다. 사대부가 여인일수록 그 불안은 더욱 컸다. 그래도 가족이 기다리는 고향이기에 남쪽으로 향하는 발걸음은 가벼웠다.

개천에서 몸을 씻은 이유

홍제천은 북한산에서 발원하여 지금의 홍제동, 남가좌동, 성산동을 거쳐 한강으로 들어가는 하천이다. 환속한 여자들은 집으로 돌아가기 전에 이곳에서 몸을 씻어야 했다. 조정에서는 한양뿐만 아니라 각 고을의 강과 하천에서 여인들의 몸을 씻게 했다. 유독 여자들에게만 씻으라는 이유는 무엇이었을까?

　전쟁이 끝난 후 가장 대규모로 이루어진 속환은 1638년 2월 말에 있었다. 최명길은 세자의 귀환, 징병, 그리고 피로인 속환 문제를 협상하기 위해 1937년 9월 심양으로 떠났다. 그의 수중에는 국고 2500냥이라는 거금이 있었다. 심양에서 청 태종은 성문 밖까지 나와 최명길 일행을 맞이했다. 최명길은 황제에게 위의 세 가지 문제를 간청했다. 청 태종은 세자의 귀국은 불허했지만, 아량을 과시하려고 나머지 두 가지는 흔쾌히 받아들였다.

　심양에서 새해를 맞은 최명길은 세자와 대군에게 절하고 고국으로 향했다. 이때 거의 3만 명에 육박하는 피로인이 최명길과 동행했다. 이 어마어마한 행렬은 조선 강토를 들뜨게 했다.

영영 볼 수 없을 것 같았던 가족 친지들이 대거 돌아오면서 해후의 기쁨을 누렸고, 그렇지 못한 이들에게도 헤어진 가족을 언젠가 만날 수 있다는 희망을 안겨주었다. 그러나 피로인 중 여성들을 향한 환호는 거의 들리지 않았다.

며느리, 아내, 누이를 맞이하는 조선 남자들의 심정은 매우 복잡했다. 충신은 두 임금을 섬기지 않듯 열녀는 두 남편을 섬기지 않는 법인데, 그녀들은 정절을 지키기 위해 자결하지 않았다. 조선의 예법을 어겼으나 자신들의 잘못으로 희생당했기에 이러지도 저러지도 못했다. 이 불편한 감정을 처음으로 드러낸 이는 장유였다. 최명길의 대규모 속환 행렬 속에는 강화도에서 피랍된 그의 며느리가 있었다. 며느리는 시댁에 들어가지 못하고 친정에 머물고 있었다. 장유는 1638년 3월 11일 인조에게 진정서를 올렸다. "외아들 장선징이 있는데 강도의 변(강화도 참변)에 그의 처가 잡혀갔다가 속환되어 지금 친정집에 있습니다. 그대로 배필로 삼아 함께 선조의 제사를 받들 수 없습니다. 아들이 이혼하고 새로 장가들도록 허락해주십시오." 조선 시대 사대부가의 이혼은 임금의 허락을 받아야 했다.

장유는 조선 17대 임금 효종의 비인 인선왕후의 아버지이자 인조반정의 공신으로, 사대부를 대표하는 명문가 집안의 수장이었다. 이 진정서에 차마 '며느리의 몸이 더러워졌다'는 표현은 쓰지 않았지만, 다른 사대부들의 공감을 얻기에 충분했다. 사실 장유는 최명길과 함께 대표적인 주화파였고, 평소 주자학의

전하, 비록 환향녀들이 절개를 잃고 몸을 망쳤다고는 하
오나, 이는 극심했던 전란과 적지에 인질이 되었던 만부
득한 데서 비롯된 것이라 사료됩니다. 나라가 힘이 있었
던들 어찌 이 같은 일이 있었으리까. …… 만약 이혼해도
된다는 명이 있게 되면 곧 허다한 부녀자들을 영원히 이
역의 귀신이 되게 하는 것입니다.

– 환속한 아내를 이혼시켜달라는 상소에 대해 최명길이 인조에게 한 말

편협한 학문 풍토를 비판하는 데에도 앞장선 유연한 사고의 소
유자였다. 그러나 여인의 정절에 관해서는 한 치 물러섬이 없었
다. 그런데 장유의 진정서와는 반대 내용의 진정서가 비슷한 시
기에 접수되었다. 승지 한이겸이었다. "제 딸이 청군에 사로잡혔
다가 속환됐는데, 사위가 다시 장가를 들려고 합니다. 원통해 못
살겠습니다."

조정에서는 환속한 여인, 환향녀 문제가 화두로 떠올랐다. 사
실 환향녀 문제가 이때 처음 일어난 것은 아니었다. 임진왜란 후
에도 비슷한 상소가 올라온 적이 있었는데, 선조는 "이것은 음탕
한 행동으로 절개를 잃은 것과 견줄 수 없다. (아내를) 버려서는
안 된다."라는 어명을 내렸다. 그러나 선례가 있었음에도 인조는

결정을 주저했다. 신하들의 도움으로 옥좌에 앉은 그의 권위는 여느 역대 왕보다 취약했고, 더욱이 장유는 자신을 임금으로 내세운 공신이었다. 그리고 장유의 주장이 조선 사대부의 속마음을 대변한다는 사실 또한 잘 알고 있었다. 그러나 최명길은 선왕의 교지를 내세워 '이혼 불가'를 강력하게 주장했다.

"전하, 비록 환향녀들이 절개를 잃고 몸을 망쳤다고는 하오나, 이는 스스로 음행을 자행한 것이 아니옵고 극심했던 전락과 적지에 인질이 되었던 만부득이한 데서 비롯된 것이라고 사료됩니다. 신이 차마 입에 담기 민망하오나 나라가 힘이 있었던들 어찌 이 같은 일이 있었으리까. …… 만약 이혼해도 된다는 명이 있게 되면 반드시 속환을 원하는 사람이 없게 될 것입니다. 이것은 허다한 부녀자들을 영원히 이역의 귀신이 되게 하는 것입니다. 한 사람이 소원을 이루고 백 집에서 원망을 품는다면 어찌 화기를 상하게 하기에 충분치 않겠습니까. 신이 반복해서 생각해보고 물정으로 참작해보아도 끝내 이혼하는 것이 옳은 줄을 모르겠습니다."

그러나 최명길의 입장은 소수였다.《인조실록》에서 사관은 최명길의 주장에 대해 다음과 같이 논평했고, 이 논평은 당시 사대부 대부분의 생각을 그대로 반영한 것이었다.

사신은 논한다. 충신은 두 임금을 섬기지 않고 열녀는 두 남편을 섬기지 않으니, 이는 절의가 국가에 관계되고 우주의 동량이 되기 때문이다. 사로잡혀 갔던 부녀들은, 비록 그녀들의 본심은 아니었다고 하더라도 변을 만나 죽지 않았으니, 절의를 잃지 않았다고 할 수 있겠는가. 이미 절개를 잃었으면 남편의 집과는 의리가 이미 끊어진 것이니, 억지로 다시 합하게 해서 사대부의 가풍을 더럽힐 수는 절대로 없는 것이다. 최명길은 비뚤어진 견해를 가지고 망령되게 선조 때의 일을 인용하여 헌의하는 말에 끊어버리기 어렵다는 의견을 갖추어 진달하였으니, 잘못됨이 심하다. 당시의 전교가 사책에 기록되어 있지 않아 이미 증거할 만한 것이 없다. 설령 이런 전교가 있었다고 하더라도 또한 본받을 만한 규례는 아니니, 선조 때 행한 것이라고 핑계하여 오늘에 다시 행할 수 있겠는가. 선정이 말하기를 "절의를 잃은 사람과 짝이 되면 이는 자신도 절의를 잃는 것이다." 하였다. 절의를 잃은 부인을 다시 취해 부모를 섬기고 종사를 받들며 자손을 낳고 가세를 잇는다면, 어찌 이런 이치가 있겠는가. 아, 백 년 동안 내려온 나라의 풍속을 무너뜨리고, 삼한을 들어 오랑캐로 만든 자는 명길이다. 통분함을 금할 수 있겠는가.

조정에서 이 문제가 공전을 거듭하는 동안 환향녀들의 불안은 깊어졌다. 이윽고 버림받은 여인들이 스스로 목숨을 끊기 시작했다는 소식이 궁궐에 전해졌다. 인조도 더 이상 미룰 수 없었다. 최명길의 논리는 반박할 수 없을 정도로 완벽했다. 결국 인조는 장유의 이혼을 허락하지 않았다. 그러나 사대부는 자신들의 생각을 꺾지 않았다.

두 달 후에 다시 이혼 주장이 제기됐다. 특진관 조문수는 "부부는 인간의 대륜입니다. 포로로 잡힌 여자들은 남편의 집안과 대의가 이미 끊어졌습니다. 어찌 다시 억지로 합해 사대부의 기풍을 더럽힐 수 있겠습니까. 우리 동방은 예의의 나라인데……." 라고 상소를 올렸다. 인조는 "포로로 잡혀갔던 여자들은 이미 본심에서가 아니었고 죽을 수도 없었다."라며 "더는 재론하지 말라." 하고 매듭지었다.

임금의 두 번에 걸친 확인에도 불구하고 사대부들은 환속한 부인들을 홀대하고 호된 시집살이를 시키며, 첩을 두기도 했다. 이 와중에 조정에서는 전쟁 중에 자결한 여인의 집안에 열녀문을 내렸다. 이는 다른 사대부들의 마음에 불을 지르는 계기가 되었다. 비록 임금의 엄명 때문에 이혼하지는 못했지만 환향한 부인과 며느리를 대하는 태도는 더욱 쌀쌀맞아졌다.

이를 지켜보던 최명길은 인조에게 궁여지책을 진언했다. 날을 정해, 환향녀들이 각 고을마다 지정된 강에서 몸을 깨끗이 씻으면 심신을 모두 정화한 것으로 보고 각 집안에서 따뜻하게 맞이하도록 전교를 내리자는 것이었다. 나라가 정절을 회복시켜주자는 '면죄부'였다. 인조는 이 의견을 즉각 수용해 다음과 같은 교지를 내렸다.

"도성과 경기도 일원은 한강, 강원도는 소양강, 충청도는 금강, 황해도는 예성강, 평안도는 대동강을 각각 회절강으로 삼을 것이다. 환향녀들은 회절하는 정성으로 몸과 마음을 깨끗이 씻고 집으로 돌아가도록 하라. 만일 회절한 환향녀를 받아들이지 않는 사례가 있다면 국법으로 다스릴 것이다." 환향녀가 많아지자 조정에서는 청천강, 낙동강, 섬진강을 추가로 지정했다.

국법으로 다스리겠다는 전에 없이 추상같은 어명이었다. 한양과 경기도가 고향인 환향녀들은 한강의 지류인 홍제천 깊숙한 곳에서 몸을 씻었다. 홍제천은 모래가 많아 '모래내'라고 불렸으며 물이 맑기로 유명했다. 병자호란 당시 희생이 가장 컸던 곳이 한양과 경기도였던 만큼 홍제천은 발 디딜 틈 없이 몸을 씻는 여인들로 북적였다. 절개를 지키기 못한 '자신의 과오'를 속죄하며 그 어느 때보다도 구석구석 몸을 깨끗이 씻었다. 그녀들은 자신을 구제해준 임금님의 넓은 은혜를 기리기 위해 이곳을 '홍은'이라 했으니, 오늘날 홍은동의 유래다. 장유의 며느리도 홍제천에서 몸을 씻고 부푼 마음으로 비로소 시댁에 들어갔다. 그러나 그것이 끝이 아니었다.

죽어서도 버려진 여인들

국법까지 언급한 왕의 엄명에 사대부는 울며 겨자 먹기 식으로 환향녀들을 받아들일 수밖에 없었다. 그러나 그들의 마음은 이미 떠나 있었다. 돌아온 여인들을 별당에 처박아놓고 모든 식솔의 출입을 금지했다. 그리고 이혼을 허락해달라는 상소문을 집요하게 올려 임금과 최명길을 압박했다.

"저 부인들이 의지할 곳을 잃는 것은 참으로 불쌍하지만 남편의 후사가 끊기는 것은 생각하지 않는단 말입니까. 더구나 부인은 이미 버림을 받았는데 남편도 또 재취하지 못한다면 피차가 모두 홀로된 것을 원망하는 신세가 될 것이니 양쪽 다 막는 것보다는 한쪽이라도 허락하는 것이 낫지 않겠습니까. 또 역적의 딸도 이혼하게 하는 예가 있는데 지금 이 오욕을 입은 부인은 역적 집안의 자손보다 더 심하지 않습니까. 신의 어리석은 생각으로는 정리가 몹시 절박한 자는 사유를 갖추어 상언하여 교지를 내려 이혼하게 하면 중도를 얻을 수 있을 듯합니다."

영중추부사 이성구의 이 같은 상소에도 인조는 뜻을 굽히지 않았다. 반전은 회절강 어명이 있은 지 2년 뒤에 일어났다. 1640년 9월에 장유의 아내, 즉 시어머니가 다시 호소문을 올렸다.

"남편 장유가 살아 있을 적에 아들 선징의 아내가 청나라에 잡혀간 것을 속환금을 내고 찾아왔잖습니까. 그런데 청에 잡혀가 오욕을 당한 며느리와 아들이 그대로 다시 부부가 되어 조상의 제사를 받들 수는 없는 것이지요. 2년 전 남편이 죽기 전에 이런 이유로 이혼시켜 주기를 간청했습니다. 제가 지금 재차 단자를 올리는 까닭은 며느리가 타고난 성질이 못돼서 시부모에게 순종하지 않고, 또 청나라에 끌려갔다 온 뒤로는 더욱 편치 않게 행동해서입니다. 이는 칠거지악에 해당되니 이혼시켜주시기를 거듭 청합니다."

즉, 이번에는 환속한 며느리가 칠거지악에 해당하는 짓을 저질렀으니 이혼을 허락해달라는 것이었다. 누가 봐도 그것은 평계에 불과했다. 그러나 대신들은 시어머니의 본심을 들추어내지 않고 칠거지악만을 강조했다. 이에 인조는 고육지책을 내놓았다. "이혼을 인정할 수는 없지만, 장선징이 훈신의 독자임을 고려하여 특별히 그에게만 허락한다."라는 교지를 내리고, 비슷한 상소가 계속 올라오는 것을 경계하여 "관례로는 삼지 말라."라고 당부했다. 하지만 그 파장은 컸다. 대부분의 사대부 집안은 칠거지악을 이유로 환속한 며느리를 내치고 새로운 며느리를 맞아들였다. 인조에 이어 즉위한 효종은 결국 이혼을 금지한 선대의 지시를 폐기해야 했다. 봉림대군 시절에 인질로 끌려갔던 터라 누구보다 환향녀의 심정을 잘 아는 그였지만, 빗발치는 신하들의 상소문을 더 이상 외면할 수 없었다.

환향녀에 대한 사대부들의 태도는 평민들에게도 큰 영향을 주었다. 그들은 임금의 지시 없이도 이혼할 수 있었으므로 환속한 아내와 며느리를 헌신짝처럼 버렸다. 그리고 그녀들에게 '환향녀'라는 사회적 낙인을 찍었다. 이는 본디 '고향에 돌아온 여자'라는 의미였으나, 오랑캐와 잠자리를 한 더러운 여자라는 악의적인 뜻으로 인구에 회자되었다. 정절을 잃지 않은 여자들도 환향녀의 굴레는 벗어날 수 없었다. 손가락질은 집안에서 시작돼 동네 전체로 번졌다. 환향녀의 이빨에 빨간 칠, 까만 칠을 해서 사람들과 마주할 수 없도록 한 마을도 있다고 한다.

버림받은 환향녀들은 어디로 갔을까? '출가외인'이라 친정에 갈 수도 없는 노릇이었다. 조선에서 정절을 잃은 여자들을 받아 줄 곳은 없었다.

첫 번째 선택은 삶을 끊는 것이었다. 우물에 몸을 던지고, 시댁과 친정이 보이는 동구 밖 언덕 큰 나무에 목을 맨 환향녀들이 즐비했다. 이혼당하지 않고 별당에서 홀로 쓸쓸히 지내던 여인들은 방 천장에 명주실을 내리거나 은장도로 손목을 긋고 가슴을 찔렀다. 아예 집 안에 들어갈 수조차 없는 여인들은 회절강 깊은 곳에 몸을 던졌다. 오랑캐에게 끌려갈 때 자결하지 못한 자신을 원망했고, 조선의 남정네들을 원망하면서 눈을 뜬 채 이승을 떠났다. 그녀들의 '한'은 전설을 낳았다. 원귀가 되어 시댁 식구들을 몰살했다는 내용이 대부분이다. 환속한 지 1년 만에, 죽은 여성은 1만 명이 넘었다고 한다. 공식적인 집계는 아니지만 자결한 환향녀의 기구한 사연이 없는 고을이 없었다.

차마 죽을 용기가 없는 환향녀들은 어디론가 떠났다. 다른 남자와 깊은 밤에 도주하거나, 유객에 머물며 환향녀라는 신분을 숨기고 술과 몸을 팔았다. 홍제천이 가까운 탓인지도 모르지만 서대문 밖에는 집에서 떠나거나 쫓겨난 환향녀들이 집단적으로 살았다고 한다. 심지어 다시 청나라 심양으로 돌아가는 여인들도 많았다. 기억조차 하기 싫은 곳이지만 동병상련을 겪는 사람들이 있고 생지옥 조선보다는 살기 편했다. 스스로 돌아간 것이므로 발뒤꿈치가 잘리는 형벌도 면할 수 있었다. 그렇게 그녀들은 이승과 사람, 혹은 조선을 떠났다.

그러나 떠난 뒤에도 환향녀의 낙인은 지워지지 않았다. 동구 밖에서 죽은 여인들의 주검은 재빠르게 아무도 모르는 임야에 아무렇게나 매장되었다. 별당에서 자결한 여인을 오히려 '열녀'로 둔갑시키는 파렴치한 사대부들도 있었다. 매우 드물게 온전하게 지내는 환향녀들도 있었으나 그 또한 죽은 뒤에 집안에서 내쳐지기도 했다. 숙종 3년(1677년), 사헌부 소속 최선이 자기 어머니의 억울한 사정을 알리는 상소문을 올렸다. 최선의 어머니 권 씨는 최계창의 후처로, 병자호란 때 환속한 여인이었다. 최 씨 집안은 그녀를 전혀 홀대하지 않았다. 시아버지는 도리어 권 씨를 가문의 종부로 들여 제사를 받들게 했다. 전처의 아들인 최관에게도 "네 어미로 섬기라."라고 신신당부했다. 그런데 문제가 생겼다. 최계창이 죽고 이어 권 씨가 사망하자 작은 아버지가 "권 씨의 신주를 우리 집안의 사당에 둘 수 없다."라고 선언해버린 것이다. 죽어서도 버림받은 환향녀들은 조선 시대 여성들의 비극적 운명의 종착역이었다.

조선 시대 남성의 이율배반적인 민낯이 이렇게 적나라하게 드러난 적이 또 있을까? 그들은 자신들의 잘못으로 희생된 여성들을 보듬어주지는 못할망

정 오히려 내쳤다. 사대부들이 떠받드는 유교는 인간의 도리를 추구한다. 삼강오륜은 인간이 지켜야 할 도덕과 윤리를 강조했다. 그중에 하나인 '부부유별'은 남편과 아내에게 각자의 본분이 따로 있으니 이를 잘 헤아리라는 말이다. 그런데도 유교를 이유로 여성들을 거부했으니 이보다 더 극적인 자가당착도 없으리라.

환향녀를 더욱 비극적으로 연출한 것은 시어머니들이다. 여성차별의 이념과 제도가 고착하면서 시어머니의 존재 가치는 '아들의 어머니'로 한정되었다. 여성으로서의 정체성이 거세된 그녀들은 곧 조선 시대의 자화상이었다. 그렇지만 이러한 폐습의 잔병들은 조선이 멸망한 이후로도 사라지지 않았다. "여자니까……"라는 족쇄는 지금도 여전히 유효하다.

4

**중세
마녀사냥**

사회 위기에서
탄생한 마녀들

영국과의 백년전쟁을 승리로 이끈 프랑스의 영웅 잔 다르크는 화형당했다. 죽는 순간까지 마녀가 아니라고 절규했지만, 화염이 그 목소리를 가로막았다. 그러나 그녀는 죽은 지 500년 만에 '성녀'로 추앙받았다. 잔 다르크는 지옥에서 살다가 천당으로 이사한 걸까? 그렇다면 다행이겠으나, 그 당시에 죽은 수십만 또는 수백만 명의 다른 이름 없는 마녀들은 아직도 지옥을 헤매고 있을지 모른다.

악마들은 마녀가 되고자 하는 '예비 마녀'들을 텅 빈 교회로 데려간다. 그녀들은 치마를 벗고 십자가에 궁둥이를 대며 큰 소리로 "나는 구원을 받기 위해 악마를 섬기며 숭배한다!"라고 맹세한다. 그런 다음 악마의 엉덩이에 입을 맞추고, 피로 계약서를 쓰고 서명도 한다. 글을 모르면 열십자(+)나 동그라미를 그렸다. 악마는 사람들의 눈에 안 띄는 신체의 은밀한 곳에 계약 표시를 한다.

이렇게 악마와 계약한 마녀들은 고깔모자를 쓴 매부리코 늙은 할멈이 되어 빗자루를 타고 밤하늘을 날아다닌다. 집회에 참석하여 쥐 고기와 어린이 고기를 삶아 먹고, 마귀들과 온갖 음란한 짓을 벌인다. 악마의 힘을 빌려 전염병을 퍼뜨리고 가축을 죽게 하며 서리와 눈을 내려 흉년이 들게 한다.

중세 유럽인들이 상상한 마녀의 모습들이다. 그러나 그런 마녀를 실제로 본 이는 단 한 사람도 없었다. 그럼에도 불구하고 많은 사람이 '마녀'라는 죄목으로 처형당했다. 막무가내가 아니라 공식적인 재판을 받았고, 재판에 회부된 혐의자 중 일부는 놀랍게도 자신이 마녀라고 고백했다. 고백한다고 죽음을 면하는 것도 아니었는데, 그들이 형벌을 자초한 이유는 무엇일까?

천국과 지옥을 오간 잔 다르크

영국과 프랑스는 왕위 계승과 영토 문제로 1337년부터 1453년까지 100여 년 동안 전쟁을 치렀다. 프랑스 북부에서 소작농의 딸로 태어난 잔 다르크는 16세에 프랑스를 구하라는 천사의 계시를 듣고 참전했다. 그녀는 두려움 없이 맨 앞에서 싸웠고, 헌신적인 신앙심을 보여주었다. 처음에는 업신여기던 프랑스 병사들도 이에 감명받아 용감히 싸웠다. 잔 다르크가 이끄는 프랑스 군은 가는 곳마다 승리했다. 흰색 갑옷을 입은 잔 다르크는 영국에게는 두려움의 대상이었으나 프랑스에서는 성녀로 추앙받았다.

잔 다르크의 활약 덕분에 프랑스의 샤를 왕자는 대관식을 무사히 치렀다. 그러나 왕이 된 샤를 7세와 귀족들은 인기가 높은 잔 다르크를 시기했다. 잔 다르크는 왕에게 승기를 잡았으니 전쟁을 빨리 끝내자며 공격을 제안했으나 왕은 주저했다. 이윽고 전열을 갖춘 영국군이 공격해 오자, 귀족들의 외면 속에서 홀로

영국과의 백년전쟁에서 잔 다르크는 프랑스를 승리로 이끌었다. 하지만 정작 그녀가 영국의 포로가 되자 프랑스 국왕은 그녀를 버렸다. 영국은 잔 다르크가 악마의 힘을 빌려 전투에서 이겼다며 마녀 혐의를 씌워 화형에 처했다.

싸운 잔 다르크는 콩피에뉴 전투에서 포로로 잡혔다. 영국은 샤를 7세에게 그녀의 몸값으로 엄청난 금액을 불렀는데, 프랑스 왕은 그 제안에 침묵했다.

영국은 골치가 아팠다. 잔 다르크를 죽인다면 프랑스 국민의 분노를 사서 앞으로의 전쟁이 더욱 힘들어질 것이고, 그렇다고 풀어줄 수도 없었다. 고민 끝에 그녀를 이단 법정에 세우기로 했다. '마녀'로 판명되면 잔 다르크를 죽일 명분을 얻음과 동시에 프랑스 국민의 사기를 떨어뜨리는 일거양득을 거둘 수 있었다. 영국 심문관들은 성직자가 아니면 신의 계시를 받을 수 없으므로 잔 다르크는 이단이라고 주장했다. 그리고 그녀가 악마의 힘을 빌려 전투에서 이긴 것이라고 결론을 내렸다. 잔 다르크는 이를 부정했지만 영국 법정은 이미 그녀를 마녀로 몰아 처형시키려고 작정했다. 1431년 프랑스 북부 노르망디에 있는 루앙의 광장에서 19세 소녀는 화형을 당했다.

백년전쟁은 결국 프랑스의 승리로 끝났다. 샤를 7세는 백년전쟁이 끝난 후 1456년에 가서야 잔 다르크의 마녀 혐의를 풀어주고 명예를 회복시켜주었다. 살아 있을 때에는 그녀를 버리고, 죽어서야 복권시킨 것이다. 로마 교황청은 1920년에 잔 다르크를 '성인'으로 추대했다.

잔 다르크는 마녀사냥의 위선을 보여주는 대표적인 사례다. 영국과 프랑스의 통치자들은 그녀가 마녀가 아님을 익히 알고 있었다. 그렇지만 중세 유럽의 모든 사람은 정말로 마녀가 있다고 믿었다. 성직자는 물론 왕과 귀족, 평민, 그리고 지식인도 예외는 아니었다. 마녀는 '악마와 계약한 사람'이다. 예수의 재림 이래 초창기 기독교에서 악마는 착한 신에 대적할 힘을 가진 존재였으나, 마녀는 《성경》에 등장하지 않았다. 그러다가 기독교가 지배하는 세상이 도래하자 마녀가 등장했다.

이단에서 시작된 마녀사냥

교황의 권력이 매우 강력했던 12세기 중엽, 프랑스 남쪽에서는 '알비'라는 기독교 집단이 크게 번성했다. 그들은 정신적인 신앙생활을 강조하면서 거창하고 웅장한 교회의 의식은 헛치레이며, 십자가는 예수가 죽은 도구이므로 불태워버려야 한다고 주장했다.

처음에 로마 교황청은 이들의 존재를 대수롭지 않게 여겼다. 그러나 알비파를 따르는 사람이 점점 많아지자 이들을 교화시키기 위해 사절을 보냈다. 알비파는 이를 거부하고 사절까지 죽였다. 이에 교황 인노켄티우스 3세는 알비파를 '이단'이라 선언하고 토벌할 군대를 결성했다. 4차 십자군 원정이었다. 주력부대는 남부 프랑스와 대립하고 있던 북부 프랑스 기사들로, 이들이 "이단자를 어떻게 구별하느냐?"라고 질문하자 교황청은 "모두 죽여라. 하늘에서 주님이 가려내실 것이다."라고 답했다. 그러나 알비파의 저항은 예상보다 거세 20여 년 만에야 진압할 수 있었다.

이때부터 이단을 대하는 교회의 태도가 달라졌다. 교황청이 조사한 결과 독일, 이탈리아, 에스파냐 등 곳곳에서 이단들이 활동하고 있었다. 비록 규모는 작지만 교황청은 그들이 알비파같이 성장하기 전에 그 싹을 없애버리기로 결심했다. 존경받는 신학자 토마스 아퀴나스도 "교회는 이단자를 죽음의 위협에서 구할 필요가 없다."라며 동조했다. 설득과 교화라는 교회의 역할에 분명한 선을 그은 것이다.

이단 문제는 각 지역의 종교 지도자인 주교가 관할했다. 그러나 알비파의 선례를 보면 주교가 주도하는 이단 척결은 효과적이지 않았다. 사법권을 장악한 각 지역의 영주들은 이단과 이해관계가 얽혀 있어 주교에게 협조적이지 않기 때문이었다. 교황청은 전문적인 이단 퇴치 조직을 만들어 유럽 전역에 '이단 심문관'을 파견했다. 그들은 "이단자 처벌을 반대하는 자에 대한 탄압을 허락한다."는 전권까지 부여받았다.

이단 심문관들은 독실한 신앙심으로 무장한 성직자였다. 예외는 없고 원칙만 있었다. 그들은 주로 고발에 의존해서 이단자를 처벌했다. 심문관은 이단 혐의자를 고문해서라도 자백하게 만들어 자신의 권위를 세웠다. 어느덧 이단으로 고발당한 사람은 무조건 유죄로 결정되는 '전통'이 확립되었고, 심문관들의 맹활약으로 이단자들은 점점 자취를 감추었다. 그렇다면 재판도 줄어드는 것이 정상이겠지만, 심문관들은 오히려 더욱 바빠졌다. 수많은 '마녀'들이 법정에 등장했기 때문이다.

유럽의 13~14세기는 혼돈의 시기였다. 십자군 전쟁의 실패로 교황의 권위가 추락했고 세속 왕들의 권력이 강해졌다. 1347년에 창궐한 흑사병은 전체 유럽 인구 3분의 1의 생명을 앗아갔다. 비슷한 시기에 발발한 백년전쟁과 종교전쟁, 독일 농민전쟁, 프랑스의 위그노 전쟁 등이 유럽을 휩쓸었다. 흑사병 이전에는 작은 빙하기로 불릴 만큼 자연재해가 잇따라 일어나는 바람에 흉년도 계속됐다. 이렇게 불안과 공포가 거듭될수록 사람들은 신에게 의지했다. 그러나 기도는 소용없었고, 기댈 데 없는 이들은 점점 이 모든 일이 악마의 소행이라고 믿기 시작했다. 게다가 이단에 대한 종교재판이 열리면서 자연스럽게 이단과 악마를 결합시켰다.

"그들(이단)은 지정한 집에 모인다. 악마의 이름을 부르면 갑자기 동물 모양을 한 악마가 한가운데에 모습을 드러낸다. 그러나 이상한 것은 그 모습이 그들에게만 보인다는 것이다. 만일 아기가 태어나면 커다란 불을 피우고 아이를 태운다. 뼈가 타서 남은 재를 아주 적게 맛보면, 아무리 설득해도 자신이 믿고 있는 이단 종교를 버리지 않는다."

그런데 이런 이단자의 모습과 비슷한 일군의 무리가 있었다. 점쟁이와 민간 치료사 같은 사람들이었다. 그들은 마을 사람들과 어울리지 않았으며, 미래를 예측하고 알 수 없는 주문과 약으로 병도 낫게 했다. 환자들로서는 감사해야 했지만, 어쨌든 그것은 평범한 인간이라면 가질 수 없는 '어떤 힘'이었다. 사람들은 자신의 주변에 악마가 있다고 믿기 시작했고, 이단 심판에서 보았던 '악마'의 이미지를 떠올렸다. 이윽고 사람들은 이단 심문소에 그들을 고발하기 시작했다.

이전까지는 가축을 죽이거나 병들게 한 마녀가 고발당하면, 그녀들은 종교재판이 아닌 영주나 왕이 관할하는 세속 재판정에 섰다. 교황청은 '분명한 이단 행위를 하지 않는 한' 영주들이 다스려야 한다고 지침을 내렸다. 그러나 마녀와 악마의 관계가 분명해지면서 문제는 달라졌다. 얼마 안 있어 교황 요한 22세는 이단 심문관들에게 마녀를 처벌할 수 있다고 명시한 교서를 내렸다. 뒤이어 즉위한 베네딕투스 12세는 악마가 자신의 목숨을 노릴 것이라고 굳게 믿고 '악마와의 전쟁'을 선언했다. '마녀사냥'이 정식으로 개장한 것이다.

　이단 심문관들은 의욕이 넘쳤다. 그들은 고발당한 마녀를 재판하는 데 그치지 않고 세상 속에 나가 마녀들을 색출했다. 이단문제로 골치를 썩이던 남프랑스에서 그 효과가 즉각 나타났다. 교황의 발표 이후 1320년부터 1350년까지 이 지역에서 마녀로 기소된 자는 600명이었으며 그중 400명이 처벌을 받았고 200명이 불태워졌다. 각 지역마다 마녀재판이 수없이 열리자 1484년 교황 이노센트 8세는 마녀를 이단으로 규정하는 공식 칙령을 내렸다. 이제 '분명한 이단 행위'를 하지 않더라도 마녀들을 종교재판에서 처벌할 수 있게 되었다.

마녀사냥의 교과서 《마녀의 망치》

마녀가 사회적 화두로 떠오르면서 성직자와 신학자 사이에서 '마녀 연구'가 활발하게 이루어졌다. 마녀의 정체와 그 구별법,

마녀재판 등 이 연구 결과는 이전에 볼 수 없었던 빠른 속도로 유럽에 퍼져나갔다. 인류 문명의 발전에 크게 기여한 구텐베르크의 인쇄술이 이를 가능하게 했다.

연구의 가장 큰 성과물은 하인리히 크레이머가 써서 1486년에 발행한 《마녀의 망치》였다. 제목에서 알 수 있듯, 이 책의 목적은 마녀재판의 형식과 방법을 정립하는 데 있다. 지역마다 마녀재판의 절차와 처벌이 달라 이를 통일할 필요가 생긴 것이다. 이 책은 '마녀사냥의 교과서'로 여겨질 만큼 큰 영향을 끼쳤다. 총 3부로 구성되었는데, 1부는 마녀가 이단임을 입증하는 데 주력했다. 2부는 하늘을 나는 방법, 악마와 짝짓는 방법, 인간을 짐승으로 바꾸는 방법 등 마녀의 행위를 자세히 설명했다. 3부는 체포부터 판결까지, 재판 절차와 심문에 필요한 조언과 심문관의 태도를 실었다.

만약 자백하려 하지 않는다면 피고를 밧줄로 묶어 고문을 가하도록 관리에게 명령한다. 관리는 그 명령에 따르지 않으면 안 된다. 단, 기쁜 듯이가 아니라 오히려 자신의 임무에 곤혹스러워하는 듯한 태도를 취하라. 그와 동시에 피고의 고문을 면하게 해달라고 누군가에게 열심히 탄원하게 하라. 그러면 고문을 잠시 멈추고 다시 설득을 시도하라. 설득에 응하게 하기 위해서 자백하면 사형은 피할 수 있다고 말하라.

《마녀의 망치》는 인쇄술의 발달과 더불어 유럽 전역에 퍼져나갔고, 마녀사냥의 교과서가 되었다. 이 책에는 마녀의 정체, 마녀를 구별하는 방법과 심문 절차 등 마녀사냥에 필요한 온갖 정보가 들어 있었다. 재판관들은 심문을 하다가 막히면 주머니에서 포켓판 《마녀의 망치》를 꺼내 책장을 넘겼다.

여름에 차가운 강물에서 목욕하지 말라. 하더라도 조심스럽게 하라. 마귀는 숲에서만이 아니라 강에서도 살기 때문이다. 그리고 마녀는 살려두어서는 안 된다. 마귀와 교접한 자는 반드시 죽여야 한다. 다른 신들에게 제사를 지내는 자도 죽여야 한다. 제사는 반드시 야훼에게만 드려야 한다.

– 마틴 루터(1483~1546, 독일의 신학자)

마녀는 악마와 직접 계약했기 때문에 가장 질이 나쁜 이단자이고, 능수능란한 악마가 변호하기 때문에 마녀를 살려주겠다고 거짓말해도 된다고 《마녀의 망치》는 알려주고 있다. 그리고 마녀는 인간의 모습을 한 악마이므로 반드시 죽이라고 권고했다.

교황 이노센트 8세는 이 책을 크게 칭찬하며 추천사를 썼다. 《마녀의 망치》는 인쇄술의 발달에 힘입어 29판 이상 인쇄되었다. 해가 거듭될수록 책의 인기가 높아져 프랑스어, 이탈리아어, 영어 등으로 번역되어 전 유럽으로 퍼졌다. 게다가 이 시대에는 드물었던 18절지의 포켓판이 만들어져 재판관이나 심문관의 주머니에 들어가기에 안성맞춤이었다. 그들은 재판을 진행하다 곤란을 겪을 때 책상 아래에서 이 책의 책장을 넘겼다.

과연 마녀의 정체는 무엇일까? 《마녀의 망치》를 비롯한 서적과 마녀재판이 밝혀낸 마녀들의 정체는 그야말로 인간의 상상력을 총동원한 것이었다.

첫째, 마녀는 악마와 계약을 맺는다. 악마로부터 힘과 능력을 부여받는 대신 악마가 원하는 대로 일해야 한다. 악마는 계약하기 위해 예비 마녀를 아무도 없는 교회로 데려가 세례를 준다. 치마를 벗고 십자가에 궁둥이를 댄 채 큰 소리로 "나는 구원을 받기 위해 악마를 섬기며 숭배한다." 하고 맹세한다. 그런 다음 악마의 엉덩이에 입을 맞춘다. 피로 계약서를 쓰고 서명도 한다. 악마는 마녀가 일을 제대로 하면 황금과 돈을 선물로 주지만, 더 이상 쓸모가 없어지면 그 선물들을 말똥이나 종이 쪼가리로 만

중세 사람들이 상상하던 마녀들의 집회 장면
해가 저문 뒤에 마녀들이 둥글게 모여 춤을 추면, 그 한가운데에 짐승의 모양을 띤 악마가 나타난다. 마녀들은 아이를 제물로 바치고 악마의 엉덩이에 입을 맞춰 충성을 확인한 뒤, 음란한 잔치를 벌인다.

들어버린다. 악마와의 계약은 강제로 이루어진 것이 아니라 마녀 스스로 원했거나 달콤한 유혹에 빠진 것이므로 조금이라도 동정할 필요가 없다.

둘째, 마녀들은 날아가거나 기분을 좋게 만드는 등 다양하게 사용할 수 있는 연고를 만든다. 연고를 몸에 바르면 육신은 집에 머문 채 영혼만의 여행이 가능하다. 연고는 어린아이의 살을 갈아서 짠 것과, 들양귀비, 유대인 교회에서 뗀 돌가루, 흰독말풀, 미나리 종류의 유독식물에서 채취한 기름, 뱀 혓바닥, 들쥐 피 등을 섞어 만든다.

셋째, 성욕을 참지 못하고 마녀는 악마와 짝짓기를 한다. 악마는 생명체를 창조할 수 없으므로 마녀들은 임신하지 않는다. 따라서 악마와의 육체적 관계는 표시가 나지 않는다. 그러나 악마가 여자로 변하여 남성들의 정액을 담은 다음, 마녀와 육체적 관계를 가질 때 그것을 사용하면 임신도 가능하다. 마녀들의 짝짓기는 악마로만 그치지 않는다. 악마의 파티에 참가한 마귀들과, 또는 참가자들끼리 관계를 가지고 여자끼리, 남자끼리, 동물도 가리지 않는다. 마녀에게서 태어난 아이는 대부분 기형이나 불구자이고 못생긴 아이다.

넷째, 마녀들은 자기들만의 모임을 갖는다. 이것을 '사바트(안식일)'라고 한다. 사바트는 해가 저문 뒤에 열린다. 마녀들은 모임에 참석하기 위해 빗자루를 타고 굴뚝이나 작은 창문을 통하여 몰래 빠져나간다. 사람들이 알아채지 못하도록 염소, 개, 고양이, 닭으로 변신하기도 한다. 가정이 있는 마녀들은 가족이 깊이 잠들도록 주문을 외운다. 사바트에서는 만찬이 벌어진다. 어린아이 고기는 별식이며 사바트에서 직접 솥으로 끓여 요리한다. 식사가 끝나면 음악이 흐르고 원형을 이루어 춤을 춘다. 그 한가운데에 악마가 앉아 있다. 마녀들은 악마의 항문에 입을 맞춰 충성을 확인한다. 분위기가 고조되면 참석자들은 온갖 음란한 짓을 한다. 그렇게 놀고 마시고 취하다 보면 어느새 해가 밝아온다. 이때 작은 악마들이 "흩어져라, 닭이 운다!"라고 소리치면서 마녀들을 부랴부랴 깨운다.

악마보다 더 악독한 마녀재판

마녀는 가장 무거운 범죄이므로 유죄를 입증할 확실한 증거가 필요했다. 그러나 하늘을 나는 것, 사바트를 급습하는 것, 악마와 성교 현장을 잡는 것은 애초에 불가능했다. 그러면 어떻게 그 많은 사람이 유죄판결을 받고 화형대에 올랐던 것일까? 마녀재판은 일반적으로 체포-심문-고문-처형 순으로 진행했다.

교회법에 따르면, 이단과 마녀는 고발은 물론 소문으로도 체포할 수 있었는데, 밀고보다 소문에 의한 체포가 많았다. 물론 그 진위 여부는 중요하지 않았다. 입증이 곤란한 '특별한 범죄'여서 일단 체포부터 하고 재판하라고 《마녀의 망치》는 알려주었다. 용의자들은 체포와 동시에 감옥에 갇혔다. 《마녀의 망치》는 미결수라도 '되도록 좁고 어두운 옥방'에 수감할 것을 장려했다. 공포감을 극대화하기 위한 조치였다.

증거는 악마가 마녀를 도와 미리 없었으므로 대부분 증인과 증언에 의존했다. 특히 어린이의 증언은 가장 신뢰도가 높았다. 거짓말을 못하고 마녀들이 종종 사바트에 데리고 가기 때문이다. 악몽을 꾼 아이들은 그것을 현실과 구별하지 못해 어머니를 마녀로 몰았다. 혐의자와 평소 안 좋은 관계에 있던 사람들도 증인으로 법정에 섰다. 그러나 증인 100명보다 한 명의 증언이 더 중요했다. 다름 아닌 마녀 자신의 증언, 즉 자백이었다.

심문은 나이와 가족 관계 등 신상에 관한 것부터 시작했다. 이

어서 악마의 존재 여부를 물어본다. 만약에 없다고 하면 이단이
므로 간단하게 처벌할 수 있다. 있다고 하면 본격적인 심문이 이
어진다.《마녀의 망치》는 구체적인 심문 내용을 다음과 같이 제
시했다.

1. 악마와의 계약에 대해 : 마녀가 된 지 몇 년이 지났는가? 마녀가
   된 이유는 무엇인가? 악마에게 무엇을 서약했는가? 악마와 계약
   을 한 곳은 어디인가?
2. 사바트에 대해 : 사바트에 참석했는가? 1년에 몇 번 개최되는가?
   장소는 어디인가? 무엇을 먹고 마셨으며, 맛은 어떠했는가? 어
   떻게 춤을 추었는가?
3. 마녀 연고에 대해 : 빗자루에 칠하는 연고는 어떻게 만드는가?
   무슨 빛깔인가? 그것을 제조하기 위해 사람의 기름이 필요한데,
   얼마나 많은 사람을 죽였는가? 연고로 무엇을 하는가?
4. 마녀의 해코지에 대해 : 누구에게 저주를 했고, 그때 독약이나
   연고를 썼는가? 어린이와 임신부를 죽였는가? 몇 번이나 나쁜
   날씨, 우박, 서리, 안개를 일으켰는가? 몇 명의 어린아이 고기를
   먹었으며 어디서 조달했는가? 공동묘지에서 시체를 꺼낸 적 있
   는가?

이 질문들은 하나같이 혐의자가 이미 마녀임을 전제로 한 내
용들이었다. 당연히 "모릅니다.", "그런 적 없습니다."라는 대답

이 나오는데, 재판관들은 그럴 줄 알았다는 듯 신속하게 다음 단계인 '마녀시험' 절차를 진행했다. 시험은 사실상 고문인 경우가 많았다.

마녀들은 원래 사악하기 때문에 눈물이 없다. 《마녀의 망치》는 "지금 모든 눈물을 닦아주었던 하느님 앞에 결백하고 순결하다면 너는 네 눈에서 눈물을 쏟아야 한다. 만약에 죄가 있다면 결코 눈물을 흘리지 못할 것이다. 성부와 성자와 성신의 이름으로 아멘!"이라는 예문을 읽는 동안 눈물을 흘리지 않는다면 마녀로 단정해도 좋다고 했다. 악마가 억지로 흘리게 하는 경우도 있으니 신중하라는 충고도 덧붙였다.

물에 빠뜨리기는 마녀시험에서 가장 많이, 가장 오래 사용한 방법이다. 물은 세례를 하는 신성한 도구여서 악마가 감히 접근하지 못하고, 공중을 나는 마녀는 몸이 가볍기 때문에 물에 빠뜨리면 반드시 수면 위로 떠오른다. 그래서 혐의자의 손발을 묶은 뒤 밧줄로 연결해서 물통에 담갔다. 사람이 물에 빠지면 호흡을 하면서 일시적으로 물 위로 떠오르므로 다시 확인하기 위해 장대로 쑤셔 넣었다. 그래도 떠오르면 마녀가 틀림없는 것이다. 때로는 혐의자가 물 시험이 두려워 먼저 스스로 마녀라고 소리칠 때도 있었다. 시험을 받다가 익사하면 그제야 비로소 누명에서 벗어날 수 있었다.

물 시험과 같이 마녀들은 깃털처럼 가벼울 것이라는 데서 실마리를 잡은 게 저울 시험이다. 먼저 벌거벗은 채 몸의 털을 모

'마녀'를 재판하고 고문하는 모습
일단 마녀 혐의를 받아 체포되면 살아서
나가기란 거의 불가능했다. 어떠한 증거
나 알리바이도 '자신이 마녀임을 감추기
위한 것'이라는 말 앞에서 무용지물이었
다. 자백하지 않으면 시험과 고문이 뒤따
랐고, 그러다 죽으면 비로소 마녀 혐의를
벗었다. 마녀라고 자백해 일찍 죽는 것이
차라리 나을 지경이었다.

두 깎은 뒤 저울에 오른다. 헝가리에서 화형당한 부부 마녀는 아내의 몸무게가 22그램, 남편은 8.35그램이었다고 한다. 그러나 이 시험은 널리 사용되지 않았다. 이외에도 버터 빵으로 하는 시험, 피를 흘리게 하는 시험 등 지역마다 다양한 시험 방법이 사용되었다.

'마녀시험'을 통과했다면 마지막으로 고문이 기다리고 있었다. 교회법은 원칙적으로 피를 보거나 죽음에 이르게 하는 고문을 금지했다. 그러나 중세에 이르러 이단과 마녀 혐의자에게는 무차별적으로 실시되었다. '악마를 물리치기 위해 신의 이름으로' 하는 것이므로 아무리 잔인한 고문을 해도 죄책감을 느끼지 못했다. 고문실에는 예외 없이 십자가와 함께 "신에게 영광을"이라는 팻말이 걸려 있었다.

고문은 되도록 죽지 않는 범위에서 최대한 공포심을 심어주는 고통스런 방법을 썼다. 악마가 몰래 마녀의 힘을 북돋워주고, 마녀는 고통을 즐기는 변태이며, 살아서라도 죄의 대가를 받아야 한다는 명분으로 고문을 합리화했다. 마녀사냥 이후 일반 범죄 심문에서도 고문은 크게 확산되었다.

- 1단계 : 혐의자의 옷을 모두 벗기고 고문 도구로 위협한 뒤 채찍질과 손가락 조르기를 한다. 그다음 사다리 모양의 고문대에 눕히고 사지를 사방으로 끌어당긴다. 이 단계에서의 자백은 재판 기록에 '고문에 의하지 않은 자백'으로 적힌다.

- 2단계 : 본격적인 고문을 실시한다. 양손을 등 뒤로 묶어 천장에 설치한 도르래에 걸어 일정 시간 매단다. 발목에는 무거운 추를 단다. 그리고 밧줄을 갑자기 풀어 바닥에 닿을락 말락 한 지점에서 순식간에 멈춘다. 관절이 모두 탈골되고, 세 번 이상 하면 실신하며 자칫 죽을 수도 있다. 그 외에도 정강이에 조임틀을 감고 뼈가 부숴질 때까지 죄는 방법 등이 있다.
- 3단계 : 손발톱에 쐐기를 박거나 빼기, 불에 달군 쇠로 겨드랑이 등 연약한 부분 지지기, 불에 달군 쇠구두 신기기, 망치로 그것을 박살내기, 가시의자에 앉히기, 의자 밑에 불 지피기 등 잔혹한 고문을 동원한다.

고문은 원칙적으로 세 번까지만 해야 했다. 그다음 고문을 받기 전에는 하루를 쉬는데, 건강을 생각해서가 아니라 이어질 고문에 대한 두려움을 느낄 시간을 주자는 취지였다. 고문으로 몸과 마음이 이미 누더기가 된 혐의자는 재판관에게 "원하는 대로 모두 말씀드리겠습니다."라고 하소연했다. 그때부터 혐의자는 재판관의 말에 순종하는 마녀가 된다.

그러나 그것으로 그치지 않았다. 마녀들의 씨를 말려버리겠다고 작정한 재판관은 사바트에 참석한 다른 마녀의 이름을 대라고 요구한다. 고문에 지친 마녀는 재판관이 불러주는 이름을 그대로 따라 부르거나 생각나는 대로 아무나 불렀다. 마녀사냥이 한창일 때에는 한 명을 잡아들이면 평균 20명의 마녀가 '탄생'

했다. 어떤 마녀는 150명 이상을 가리켜서 마을을 발칵 뒤집어 놓기도 했다. 이렇게 고문은 마녀에 마녀를 낳아 마녀사냥을 확대시켰다.

자백 이후에는 한숨을 돌리지만, 마녀들에게는 고문보다 더 무서운 것이 기다리고 있었다. 바로 화형이다. 마녀사냥의 출발점이 되었던 이단죄에 대한 벌은 참회의 고행, 채찍질, 십자군 종군, 큰 배에서 노 젓기, 벌금, 사형 등이었다. 그러나 이단자 심판이 엄격해지면서 대부분을 사형에 처했고, 마녀들도 같은 길을 걸었다. 악마와 맺은 계약은 아무리 뉘우쳐도 용서받을 수 없었다. 처형 방식은 교수형, 수장형, 참수형, 그리고 불에 태워 죽이는 화형이 있었다. 원칙은 화형이었는데, 14세 이하의 어린이는 고통이 가장 덜한 참형이나 교수형에 처했다. 오스트리아에서는 10세 이하의 어린이는 목욕탕에서 동맥을 끊어 과다 출혈로 죽게 함으로써 고통을 줄였다.

산 채로 불에 타는 것은 죽음보다 더 큰 공포였다. 그래서 재판관들은 자백하면 교수형으로 죽여주겠다고 약속했다. 초기에는 산 채로 화형하는 것이 너무 잔인해 집행을 주저했다. 그러나 《마녀의 망치》 이후로는 망설임이 없었다. 책에서는 마녀의 시신이 온전하면 악마의 힘으로 되살아나 재판관들에게 복수할 것이라고 강조했다. 그래서 불로 태운 다음 재까지 완전히 없애야 했다.

화형식이 열리는 날은 축제였다. 곳곳에 화려한 깃발이 꽂히고 집집의 베란다는 꽃다발로 장식되었다. 보통 화형을 집행하기 한 달 전에 예고하는데, 참관하면 40일 동안 죄를 용서받을 수 있다며 참석을 독려했다. 성직자들은 전날 마을을 돌아다니며 화형식을 상기시킨다. 화형장은 죄를 선고하는 식장과는 떨어진 곳에 설치하는 게 원칙이다. 처형당할 마녀의 수만큼 쇠기둥을 세우고 그 주위에 마른 장작을 쌓는다. 장작에는 불이 잘 타오르도록 미리 기름을 바른다.

화형식이 거행되는 날, 여명과 함께 교회 종소리가 울려 퍼진다. 감옥에 있는 마녀의 머리를 빡빡 깎고, 깨끗한 흰옷으로 갈아입힌다. 풍성한 아침 식사에 포도주까지 준다. 밧줄로 꽁꽁 묶인 마녀가 광장에 등장하면 군중은 환호하면서 조롱과 비난, 욕설을 퍼붓는다. 마녀에 대한 미사 후 재판관이 선고한다. 화형이 선고되면 재판관은 마녀를 위해 기도하고 화형 집행관에게 마녀들을 인계한다. 재판관들이 형장에 가지 않는 이유는 신성한 교회는 처벌에 손대지 않기 때문이었다. 군중은 화형장으로 끌려가는 마녀들에게 돌을 던졌다. 집행관들은 마녀들을 쇠사슬로 기둥에 묶은 후 즉각 불을 지핀다. 종종 재판 기록도 같이 불태웠다. 마녀의 기운이 붙은 것들을 완전히 없애고, 조작된 기록물을 남기지 않기 위해서였다. 쇠기둥에 묶였던 마녀는 얼마 후 뼈와 재만 남게 되는데, 집행관들이 이를 빻아 강물에 흘려버림으로써 마녀재판은 마침표를 찍는다. 돈이 많이 들어서 화형은 집단적으로 실시했으며, 고문 중에 죽은 마녀들의 시신도 같이 불태웠다.

화형이 끝나면 재판과 화형에 들어갔던 경비를 정산해야 한다. 이 비용은 누가 댈 것인가? 국왕인가 교황인가? 사실 마녀재판이 급증한 원인 중 하나가 재산이라는 주장도 있다. 정산의 원칙은 죽은 마녀의 돈으로 충당하는 것이었다. 따라서 마녀재판 시작과 동시에 마녀 혐의자의 재산을 파악하는 것은 매우 중요한 절차였다. 마녀 소유의 부동산과 동산 및 채무 관계까지 꼼꼼히 파악했다. 자기 돈으로 자신의 죽음까지 처리해야 하는 것이 마녀의 운명이었다.

마녀재판은 재판관이나 성직자가 부를 쌓는 수단이기도 했다. 부자였던 유대인이 자주 표적이 된 것은 우연이 아니다. 재판관들은 마녀가 생전에 남들에게 준 돈이나 금도 같이 몰수하는 한편, 경매에 나온 마녀의 부동산을 입찰자들과 짜고 가장 낮은 가격으로 샀다. 혐의자에게 빚이 있는 자를 증언대로 불러 거짓 증

———————

마녀사냥의 역사를 통해 우리가 깨달을 수 있는 것은, 절대적인 것처럼 설파되는 이념이나 사고는 어느 시대를 살더라도 조심스럽게 다루어야 한다는 점이다.

– 양태자의 《중세의 잔혹사 마녀사냥》에서

———————

언을 하는 대신 그 빚을 탕감해주는 짓도 했다. 그래서 마녀재판
은 '사람들의 피에서 돈을 만드는 연금술'이라는 조롱을 받았다.

누가 얼마나 희생당했을까

어떤 사람들이 주로 마녀로 처형당했을까? 우선 대다수가 여성
이었다. 기독교에서 악마의 유혹에 넘어간 이브의 후예인 여성
은 신앙적으로 약한 존재였으며, 금욕 생활을 하는 성직자들에
게는 멀리해야 할 대상이었다.《마녀의 망치》는 여성을 지독하
게 경멸했다.

"여성은 돼지 코에 걸려 있는 금테다. 그것은 아름답다. 하지
만 부도덕하고 방탕하다. 그래서 여성은 육체적으로 더 외설스
럽고 음란한 것이 분명하다. 여성은 마녀이고 창녀다."

직업으로 보면 점쟁이, 산파, 요리사, 민간요법 치료사가 많았
다. 요리사와 민간요법 치료사는 특히 전염병이 돌 때 의심받기
제격이었다. 산파는 출산한 아기가 죽거나 기형의 아이가 나왔
을 때 신고당하는 일이 많았다. 점쟁이나 무당은 그들이 가진 예
언 능력을 악마에게서 받았다는 이유로 처형당했다.

마녀의 나이는 대개 50살이 넘은, 당시로서는 노인에 해당하
는 연령이었다. 노망이나 치매가 병이란 것을 알 리 없는 사람들
에게 그들의 정신 이상 증세는 기이하게 보였다. 그리고 육체적

으로 약한 노인들은 건강을 유지하기 위해 마법을 쓴다는 의심
도 받았다.

심신장애인, 떠돌이, 거지, 외국인, 집시 등도 마녀사냥의 표적
이 되었다. 이들은 법적인 보호를 받지 못해 재판 절차를 생략하
고 간단히 처리할 수 있었다. 심신장애인은 악마가 몸속에 들어
간 대표적인 예였다. 부유한 유대인도 그들의 재산을 노린 사람
들의 고발이나 예수를 고발한 민족이라는 이유 때문에 마녀재
판의 단골손님이었다.

얼마나 많은 마녀가 처형당했는지 정확한 집계는 없다. 워낙
오랜 기간에 걸쳐 발생했고, 각 나라마다 규모나 시기가 크게 다
르기 때문이다. 더구나 재판 기록은 화형장에서 마녀와 같이 불
태워서 남아 있는 기록만으로는 파악하기 어렵다. 학자들 사이
에서도 의견이 분분해, 수십만에서 수백만 명까지 추정치에 편
차가 심하다.

마녀사냥의 종식

아메리카 대륙이 영국의 식민지였던 1692년 2월, 매사추세츠
주 세일럼에서 10살 안팎의 소녀 세 명이 갑자기 발작을 일으키
며 헛소리를 질러대는 사건이 벌어졌다. 목사의 기도도, 의사의
처방도 안 듣자 '악마의 짓'이라는 결론을 내렸다. 목사는 소녀

들에게 마법을 건 사람, 즉 마녀가 누구인지 밝히라고 무섭게 윽박질렀다. 겁먹은 소녀들은 여자 셋을 지목했다. 하지만 그 여자들이 감옥에 갇힌 후에도 소녀들의 증세는 멈추지 않았으며 오히려 비슷한 증세를 보이는 다른 소녀들까지 나타났다. 다시 그들을 심문한 결과 다수의 마녀가 등장했고, 이렇게 꼬리에 꼬리를 물어 무려 100여 명이 감옥에 갇혔다. 그중에는 네 살밖에 안 된 어린이도 있었다. 재판 과정에서 마녀 19명이 화형에 처해졌고, 어린이 다섯 명은 감옥에서 죽었다.

세일럼 마녀 사건은 뉴잉글랜드 지역 전체로 확산되었다. 그러나 존경받는 지도층이 연이어 마녀로 지목되면서 비판의 목소리가 나왔다. 하버드 대학 총장인 인크리스 매더는 〈악령에 관한 양심의 사례〉란 글에서, 죄 없는 사람을 마녀로 몰아가는 사태를 공개적으로 비판했다. 비난 여론이 높아지자 총독은 1692년 10월에 재판 중지를 명령했다. 1693년 1월에 열린 재심에서 체포됐던 대다수가 무혐의로 풀려났다. 사실 소녀들은 그전에 이미 재판 과정에서 "빗자루를 타고 갔다는 것은 거짓말"이라고 말했는데, 재판관들이 이를 무시했었다. 이에 재판관과 배심원 들은 자신의 잘못을 인정하며 공개 사과를 했다. 1711년, 식민지 정부는 희생자들에게 배상금을 지급했으며 그 죄를 기록에서 없앴다.

소녀들이 발작을 일으킨 까닭은 무엇일까? 당시 영국과 유럽에서 엄격한 신앙생활을 하던 청교도들은 아메리카 대륙으로 이주하여 그들만의 마을을 건설했다. 항상 기도하고 육체노동을 하는 경건한 생활 속에서 남자들은 여자와 어린아이 들에게 복종을 명령했다. 현대 정신 의학자들은 이때의 어린 소녀들이 아버지와 오빠에게서 받은 스트레스로 인해 정신분열을 일으켰으리라고 본다.

세일럼 재판은 마녀사냥의 종말을 상징적으로 보여주는 사건이다. 마녀사냥은 17세기 말부터 줄어들기 시작했다. 성행하던 당시에도 비판이 없지는 않았다. 가장 많이 비난받은 부분은 고문이었다. 독일의 수도사 프리드리히 폰 슈페는 1631년《마녀재판관에 대한 경고》라는 책을 통해 첫째, 고통을 견딜 수 없어 거짓말하고 둘째, 고문의 목적이 거짓을 강요하는 것이며 셋째, 죄의 유무는 고문으로 밝히거나 결정할 수 없다는 문제점을 정확히 지적했다. 이어 그는 마녀사냥의 책임이 신학자, 재판관, 영주, 백성 등 네 개 집단에 있다고 적었다.

이와 같이 마녀사냥을 비판한 소수의 사람도 악마 및 마녀의 존재에 대해서는 의심하지 않았다. 마녀사냥의 종말은 특별한 계기 없이, 시작과 마찬가지로 여러 가지 요인에 의해 자연스럽게 다가왔다. 변화의 가장 큰 요인은 종교의 영향력이 매우 작아졌다는 점이다. 교황의 권위는 세속을 다스릴 수 없을 만큼 떨어졌다. 갈릴레오, 코페르니쿠스, 뉴턴 같은 과학자들에 의해 '하느님의 창조 신화'는 깨지기 시작했다. 철학자들도 신이 아닌 인간을 중심으로 사고해야 한다고 주장했다.

마녀사냥의 전성기에는 전염병, 흉작, 전쟁 등으로 사회가 매우 불안했다. 그러나 17세기에 이르면서 사정은 이전보다 많이 좋아졌다. 흉성은 줄어들고 기상이변도 없었으며, 인구도 꾸준히 증가했다. 도시가 발전함에 따라 외톨이로 사는 늙은 노파를 두려워하는 사람은 줄어들었다.

사법제도의 변화는 마녀사냥이 급격히 줄어드는 데 결정적인 역할을 했다. 판사는 구체적인 증거를 요구하기 시작했다. 외톨이 노파를 마녀로 고발하기 위해서는 눈에 보이는 증거가 반드시 필요했다. 악마의 표식도 의학의 발달로 설득력을 잃었다. 무엇보다 고문이 크게 줄었다. 고통에 의한 자백은 더 이상 증거로 채택되지 않았다.

1682년에 루이 14세는 칙령을 내려 점치는 행위에 대한 처벌은 체형에 그치도록 했으며, 마녀들의 행위는 악마와의 계약이 아닌 단순한 미신이라고 규정했다. 이 칙령은 프랑스에서 마녀 재판을 종식시키는 계기가 되었다. 영국에서는 1646년에 국가 차원의 마녀사냥이 끝났고, 스코틀랜드에서는 1662년에 끝났다. 마녀사냥이 가장 심했던 독일 지역에서는 1775년에, 스위스에서는 1782년에 마지막 마녀재판이 열린 것으로 기록하고 있다. 그러나 국가적으로는 금지했지만, 지방에서 마녀재판이 바로 사라지진 않았다.

기독교가 인간의 삶을 지배하던 중세 유럽에서 악마와 계약을 맺은 사람, 즉 마녀의 출현은 전혀 이상한 일이 아니었다. 일반인뿐만 아니라 성직자와 지식인도 마녀가 존재한다고 진심으로 믿었다. 그렇지만 마녀는 전염병과 기아 및 전쟁 등 사회가 위기에 직면했을 때 나타나는 경우가 많다. 불안에 떠는 사람들은 마녀를 죽임으로써 위안을 얻고 대리만족을 느꼈다. 마녀사냥은 사회의 통합 기제였다.

사실 무고한 사람을 희생양으로 만드는 마녀사냥은 중세 이전에도 이후에도 있었고 현대에서도 비일비재하다. 특히 인터넷은 근거 없이 개인을 무차별적으로 공격하기에 용이한 환경을 제공한다. 이렇게 마녀사냥은 시대적 환경에 적응하면서 진화한다. 마녀사냥은 현재진행형이다.

5

**드레퓌스
사건**

진실을
외면하지 않는
용기

1894년 9월 말, 프랑스 육군 참모본부 정보부는 파리 주재 독일 대사관 우편함에서 편지 한 장을 몰래 입수했다. 수취인은 독일 대사관에 근무하는 무관인 막스 폰 슈바르츠코펜 대령이었다. 편지에는 120밀리 대포의 사용 및 취급 방법, 국경 수비대 관련 설명서, 포병대 구성의 변경 사항 등 프랑스의 군사기밀이 담겨 있었다. 스파이를 색출하기 위해 프랑스 정보부는 즉각 수사를 개시했다.

정보부는 그런 정보를 취급할 수 있는 인물은 참모본부에 근무하는 장교일 가능성이 높다는 판단 아래 이들을 용의 선상에 올려놓았다. 각 장교들이 작성한 서류와 편지에 적힌 필적을 대조했으나 일치하는 것이 없었다. 이어서 육군사관학교를 졸업하고 참모본부에서 견습했던 신참 장교들로 용의 선상을 넓혀나갔다. 수사 책임자인 뒤 파티 드 클랑 중령은 그중에 한 사람, 알프레드 드레퓌스 대위를 주목하기 시작했다. 뒤 파티 드 클랑은 확신에 찬 반유대주의자였다. 프랑스를 뒤흔든 드레퓌스 사건의 서막이 오른 것이다.

전쟁 패배와 반유대주의

1870년 7월 19일, 프랑스 나폴레옹 3세 황제는 프로이센에 전쟁을 선포했다. 그러나 사실은 통일 독일을 꿈꾸는 재상 비스마르크가 유도한 전쟁이나 마찬가지였다. 그만큼 프로이센은 이미 전쟁에 충분히 대비한 상태였다. 나폴레옹의 신화를 재건하고 싶었던 프랑스 국민은 워털루 전투*의 패배를 복수하기 위해 황제의 전쟁 선포를 열렬히 환영했다.

그러나 전쟁은 허무할 정도로 쉽게 끝났다. 전쟁 개시 두 달도 채 지나지 않아 프랑스 군 주력부대가 섬멸당하고 황제는 포로로 잡혔다. 조국의 군대가 유럽에서 가장 강하다고 믿었던 프랑스 국민은 이 소식을 듣고 큰 충격에 빠졌다. 화난 이들은 나폴레옹 3세를 즉각 폐위시키고 공화정을 세웠다. 파리에 바리케이

● **워털루 전투** 나폴레옹이 다시 집권한 뒤 1815년, 워털루에서 프랑스가 영국·프로이센 연합군과 벌인 전투. 이 전투에서 프랑스군은 처참하게 패배했고, 이 때문에 나폴레옹은 세인트헬레나 섬으로 유배되어 그곳에서 사망했다.

트를 치고, 국민방위군을 설립하여 항전을 선언했다. 그러나 전세는 이미 기울었다. 비스마르크는 파리에 포위망만 구축하고 시내로 진격하지 않았다. 그리고 외부의 물자 반입을 물 샐 틈없이 철저하게 차단했다. 식량과 물, 땔감이 떨어진 파리 시민과 국민방위군은 더 이상 버텨낼 재간이 없어 1871년 1월 28일에 결국 항복했다. 보불전쟁 결과, 유럽에서 주도권을 행사하던 프랑스는 힘을 잃었고 통일에 가속을 붙인 독일은 새로운 강자로 떠올랐다.

패배의 대가는 컸다. 비스마르크는 프랑스의 상징인 베르사유 궁전에서 독일 제국을 선포함으로써 프랑스 국민의 자존심을 여지없이 짓밟았다. 프랑스는 50억 프랑의 배상금을 물고 알자스-로렌 지방을 양도해야 했다. 배상금을 갚는 동안 독일군은 계속 파리에 주둔하기로 했다. 이에 프랑스인들은 금과 은을 자진해서 내놓아 불과 석 달 만에 배상금을 모두 갚았다.

프랑스 국민은 도저히 질 것 같지 않은 전쟁, 하지만 너무나 허무하게 진 이 전쟁의 결과를 액면 그대로 받아들일 수 없었다. 패배의 원인은 둘 중에 하나, 독일 군대가 강하거나 프랑스 군대가 약한 것이겠지만 둘 다 인정하기 싫었다. 오히려 누군가 조국을 배신했을 거라는 강한 의심을 품음으로써 패전을 합리화하고 스스로를 위안하려 했다. 그렇지만 굴욕은 사라지지 않았다. 어느덧 자유·평등·박애라는 프랑스 혁명의 정신보다 유럽의 맹주였던 나폴레옹 제국의 향수가 되살아났다.

조국의 재건과 발전을 염원하는 사회적 분위기를 틈타 유럽 대륙에 깊게 뿌리 내린 반유대 정서가 파리를 중심으로 고개를 들기 시작했다. 혁명 정신에 입각하여 유럽 국가 중 가장 먼저 유대인에게 시민권을 부여할 만큼 개방적이었던 프랑스 사회였다. 그러나 그 태도를 바꾸어놓을 만큼 패전은 치명적이었다. 반유대주의와 극우 보수 단체들의 목소리가 커졌고, 이에 귀를 기울이는 시민들이 점점 많아졌다.

서기 66년부터 70년까지, 유대인들은 종교적인 문제로 로마 제국과 전쟁을 일으켰다. 끈질기게 저항했지만 결국 예루살렘은 정복당했다. 로마군은 유대인들이 다시는 반발하지 못하도록 도시를 파괴하고, 그들을 이 지역에서 내쫓았다. 디아스포라의 역사가 본격적으로 시작된 것이다. 그로부터 300여 년 뒤, 기독교가 로마의 국교가 되면서 유대인들은 예수를 고발한 민족이라는 원죄까지 안아야 했다.

그러나 선민(選民)사상을 가진 그들은 정착한 곳에서 자신의 종교와 문화를 유지하면서 '현지화'를 거부했다. 농경 사회인 유럽에서 이방인이 취할 수 있는 생존 전략은 상업과 금융업이었다. 그 성공과 좌절의 역사에서 유대인은 그들만의 노하우를 축적할 수 있었고 이는 성공으로 이어졌다. 지역 공동체와 어울리지 않으면서 돈은 잘 벌어들이는 유대인들은 곧 질시의 대상이 되었다. 비록 부자이긴 해도 정치적 영향력은 미미했던 유대인은 정치·사회적으로 불안할 때마다 공동체의 희생양이 되기 쉽상이었다. 이즈음 프랑스에서도 예외는 아니었다.

파리에서 반유대주의를 표방한 가톨릭 계열의 극우 보수 신문들이 창간되었다. 이들 신문은 프랑스 민족과 국가의 재건을 외치면서 유대인은 프랑스의 이익을 위해 희생하지 않는다는 기사들을 쏟아냈다. 이들은 특히 프랑스 군대에 있는 유대인 장교들을 위험인물로 간주했다. 군대마저 그들이 장악한다면 프랑스 최후의 보루마저 유대계 인사들이 장악하는 것이라고 경고했다. 그러면서 예수를 배반한 유다처럼 이들 군인이 '조국의 잠재적 반역자'라고 낙인찍었다. 물론 근거가 전혀 없는 기사와 주장이었다. 그렇지만 독일 패배의 주인공이기도 한 프랑스 군부는 극우 보수 신문들의 그런 주장에 솔깃했다.

당신은 반역자여야만 한다

알프레드 드레퓌스는 1859년 프랑스 밀루즈에서 부유한 유대인 방직공의 아들로 태어났다. 그로부터 10년 뒤에 발발한 독일과의 전쟁을 목격한 10대 소년 드레퓌스는 명예로운 군인이 되기로 결심했다. 그는 육군사관학교에 우수한 성적으로 입학했으며, 예비 군인으로서 모범적인 학교생활을 했다. 그는 졸업생 중 상위 열두 명만을 선발하는 참모본부에 들어갔다. 원래는 3등이었으나 유대인이라는 이유로 9등으로 떨어진 것이었다. 드레퓌스는 참모본부에서 2년 동안 견습장교를 거친 후 예하부대에 배속되었다.

군사기밀 사건이 벌어진 후 정보부의 수사 책임자 뒤 파티 드 클랑은 드레퓌스가 유대인이라는 사실을 알고 의심하기 시작했으며 관련 자료들을 수집했다. 그중에는 "성실하며 군에 대한 충성심이 강하다."는 평가가 많았으나 의심을 품은 자의 눈에 그것이 들어올 리 없었다. 그는 드레퓌스가 쓴 문서들을 비교하다가 스파이의 편지와 유사한 필체를 발견했다. 뒤 파티 드 클랑은 흥분해서 이를 상관에게 보고했고, 이 보고는 국방장관 메르시에게까지 올라갔다.

군부의 최고 책임자 메르시에는 보수 신문으로부터 권위와 대담성이 부족하고, 강한 프랑스 군대를 재건할 만한 자질이 없다는 비판을 받고 있었다. 이 비난을 모면할 돌파구가 필요했던 메르시에는 정보부에 보충 수사를 지시했다. 국방장관의 허락 속에 정보부의 수사는 활기를 띠기 시작했다. 이윽고 그들은 드레퓌스의 아버지와 형제가 전쟁 후 독일 땅이 된 알자스 지방에 살고 있음을 알아냈다.

드레퓌스는 그야말로 하늘에서 내려준 용의자였다. 만약에 드레퓌스가 진범임을 밝혀내면 프랑스는 정보 전쟁에서 독일을 이긴 것이 되고, 군부는 다시 국민의 신뢰를 회복할 수 있을 터였다. 그리고 전쟁에서 진 이유가 배신자 때문이라는 '신념'이 틀리지 않았음을 증명하는 것이나 다름없었다. 드레퓌스가 진

알프레드 드레퓌스

드레퓌스가 범인이라면 프랑스는 정보 전쟁에서 독일을
이기는 셈이었다. 그리고 '배신자가 있었기 때문에 전쟁
에서 졌다'는 국민의 신념을 증명할 수 있었다. 드레퓌스
가 범인임을 입증해야 할 이유는 너무나 많았다. 그는 반
드시 스파이여야만 했다.

범임을 밝혀야 할 이유는 너무나 많았고, 그 이후의 시나리오 역시 완벽했다. 뒤 파티 드 클랑과 프랑스 군부의 장교들은 증거로는 불충분한 사실만을 찾아내고도 이미 드레퓌스가 진범이라고 확신했다.

메르시에는 곧바로 최고의 필적감정 전문가 고베르와 접촉했다. 장관이 일개 사건에 직접 관여하는 것은 흔치 않았지만 메르시에가 보기에도 필체가 유사했으므로 직접 확인하고 싶었던 것이다. 그러나 그의 기대는 어긋났다. 고베르는 "문서는 현재 용의자가 아닌 제3자의 것일 수 있다."라고 말했다. 군부는 크게 실망하고 경찰청에 근무하는 다른 사람에게 다시 의뢰했다. 그는 다른 분야의 전문가였으나 상부의 지시로 갑자기 필적을 감정하게 되었다. "동일한 것으로 보임." 모두가 기다리던 결론이 나왔다.

1894년 10월 15일, 드레퓌스는 영문 모를 소환장을 받고 국방부 총감독실에 출두했다. 그 자리에서 참석자들은 드레퓌스에게 문서를 한 장 써달라고 부탁했다. 그는 불러주는 대로 써 내려갔다. 그 내용은 독일 대사관에서 입수한 편지 그대로였다. 나중에 재판에서 필적이 같다는 증거물로 채택하기 위한 연극이었지만, 결국 제출하지는 않았다. 문서를 다 쓰자 감독실에 있던 군인들이 다시 대조해 보더니 나지막이 말했다.

"드레퓌스 대위, 군법에 의거해 당신을 체포하오. 당신은 반역죄로 기소되었소."

드레퓌스 사건의 시발점이 된 편지
편지에는 대포의 사용 및 취급 방법, 국경 수비대 관련 정보 등 프랑스 군사기밀이 담겨 있었다. 드레퓌스는 글씨가 비슷하다는 이유만으로 반역죄로 체포되었다. 독일에 패배한 충격에 빠져 내부의 적이 필요했던 프랑스인들은 이 먹잇감에 광분했다.

연극을 꾸민 자들은 사무실 안의 눈에 잘 띄는 곳에 권총 한 자루를 두고 드레퓌스의 자살을 기대했다. 그러나 드레퓌스가 "나는 무죄요!"라고 외쳐 이 시나리오는 불발했다. 이날 드레퓌스가 문서를 쓰는 동안 가택수색을 실시했으나 아무 소득도 없었다. 그러자 "서류를 다 감추거나 파기한 것으로 보인다."라는 이유를 달았다.

메르시에는 이 사건이 널리 알려지길 원했다. 독일과의 첩보전에서 프랑스가 승리했다는 소식은 훌륭한 선전거리였다. 11월 1일부터 각 신문에 이 사건이 보도되었다. "프랑스 장교, 조국을 배반하다!", "이스라엘계 장교가 기밀문서를 이탈리아에 팔아넘기려 했던 것 같다." 같은 기사가 쏟아져 나오기 시작했다. 참모본부는 반유대계 신문에 사건의 전모를 밝힌 자료를 제공했다. 그러자 이들 신문은 드레퓌스가 범행을 자백했다고 알리면서 "반역자가 진짜 프랑스인이 아니라는 것이 다행이다.", "장관의 의욕적 활동을 치하하고 조국을 위한 헌신을 칭찬한다."라고 썼다. 독일이라면 이를 가는 프랑스 국민도 드레퓌스를 처형하라고 목소리를 높였다.

독일 대사관은 스파이와 문서의 존재를 부정했다. 물론 적국의 말을 곧이곧대로 믿을 프랑스 사람은 아무도 없었다. 사실 독일 대사관은 이 사건의 내막을 가장 정확히 알고 있었다. 1894년 7월 20일, 프랑스 소령 에스테라지가 같은 내용의 문서를 들고 독일 대사관을 몰래 찾아왔기 때문이다. 이때 에스테라지는 슈바르츠코펜 대령과 이 정보를 갖고 흥정했는데, 독일이 이 사실을 밝힌 것은 먼 훗날이었다.

참모본부와 정보부는 드레퓌스를 재판에 회부하기에 증거가 여전히 부족하다는 사실을 알고 있었다. 드레퓌스가 언제, 어디서, 어떻게 독일 대사관과 접촉했는지 밝히지 못한 것이다. 좀 더 객관적인 필적감정이 필요했고, 간첩짓을 할 동기도 아직 찾지 못했다. 집안이 부유했으므로 돈이 필요했던 것도 아니고, 여자 문제 역시 깨끗했다. 알자스에 아버지와 형제가 산다는 사실도 범행 증거는 되지 못했다.

만약 재판에서 그가 무죄로 판명 난다면 국방장관 메르시에는 물론 군대 전체가 신뢰를 잃을 터였다. 정보부는 더 결정적인 증거를 제시하기 위해 해결하지 못한 지난 첩보 사건의 자료들을 뒤지기 시작했다. 그러다 '불한당 D'가 적힌 서류를 발견했다. 이것은 슈바르츠코펜이 베를린 정보부에 보낸 통신문으로, "불한당 D가 귀하에게 전하라고 준 열두 장의 니스 지방 지도를 동봉했습니다."라는 내용이었다. 오래전에 이 통신문을 입수한 프랑스 정보부는 반역자 불한당 D를 잡기 위해 백방으로 노력했지만 실패하고 말았었다. 정보부는 D라는 글자를 보고 회심의 미소를 지었다. 메르시에의 지시로 후임 수사책임자 앙리 소령은 D가 드레퓌스의 이니셜임을 증명하는 서류를 조작했다. 이렇게 하여 드레퓌스는 반역자가 될 준비를 완벽하게 마쳤다.

앙리 소령의 명의로 소장을 제출하여 1894년 12월 19일에 비공개 군사재판이 열렸다. 처음 재판은 드레퓌스에게 유리하게 흘러갔다. 필적감정의 결과가 모두 일치하지는 않았고 동료, 부하, 친구 등 증인들은 드레퓌스가 애국적이고 정직하다고 증언했다. 그러나 재판정의 육군사관학교 동창생들은 상관이 보는 앞에서 진심과 다르게 "그의 수상쩍은 태도는 첩자들의 태도와 상당히 유사하다."라고 말했다. 그리고 참모본부에서 의뢰한 경찰청의 필적감정가 세 명은 독일 대사관에서 나온 편지와 드레퓌스의 필적이 일치한다고 확신에 찬 어조로 증언했다.

그럼에도 불구하고 일시와 장소 등 객관적인 범죄 사실을 입증할 수 없었기 때문에 재판은 드레퓌스에게 유리하게 돌아갔다. 그러자 정보부는 회심의 카드를 꺼냈다. 불한당 D가 드레퓌스라는 사실임을 증명하는 조작된 서류를 재판부에 몰래 제출했던 것이다. 변호인 모르게 증거자료를 제출하는 것은 명백한 불법이었으나 이를 지적하는 재판관은 없었다. 증인으로 나선 앙리 소령은 두 손과 시선을 재판정에 있는 십자가로 향하면서 "맹세합니다!"라고 외쳤다.

드레퓌스 재판은 군뿐만 아니라 프랑스 사회 전체의 관심사였다. 비공개로 열렸으나 법정 밖에서 군중은 사형을 외쳤다. 22

LE TRAITRE
Dégradation d'Alfred Dreyfus

군적을 박탈당하는 드레퓌스

일, 4차 심문으로 모든 절차가 끝나고 판결이 발표되었다. "군사법정은 드레퓌스의 유죄를 만장일치로 선고한다. 피고를 종신유배형과 공개적인 군적 박탈형에 처한다." 정보부는 미소를 지었고, 군중은 환호했다. 사형에 처하지 않았던 것은 이를 폐지한 헌법 때문이었다.

이로써 드레퓌스는 조국의 반역자가 되었다. 그는 마지막으로 군인으로서 가장 치욕스러운 절차를 감내해야 했다. 1895년 1월 5일 육군사관학교 광장, 병사들이 도열한 가운데 건장한 체구의 군인 다섯 명이 대위 정장을 한 드레퓌스를 둘러싸고 연단을 향해 행진해 갔다. 연단 위의 장군은 칼을 뽑았다. "귀관은 무기를 들 자격이 없다. 우리는 프랑스 국민의 이름으로 귀관의 지위를 박탈한다." 거구의 상사가 달려와 어깨 견장과 모자의 계급장을 마구 찢어내고 바지에서 참모본부를 상징하는 붉은 줄을 뜯었다. 차고 있던 칼은 두 동강을 내서 땅에 내팽개쳤다. 처참하게 뜯긴 드레퓌스는 도열한 병사들 사이를 지나갔다. "나는 죄가 없다. 프랑스 만세!"를 외쳤지만 병사들은 그를 냉랭한 눈으로 바라봤다. 담 밖에서 이 광경을 지켜보던 군중은 당장 그를 죽이라고 소리쳤다.

드레퓌스는 남아메리카 북동부에 있는 프랑스령 기아나 앞바다의 살뤼 제도로 이송되었다. 사전에 식민지 사령관은 이 제도를 드레퓌스 단 한 사람의 유배지로 정하는 특별법안을 의결에 부쳤다. 드레퓌스는 과거 나환자 수용소였던 '악마'라는 이름의

디아블르 섬에 유배되었다. 이 사건을 영원히 은폐시키고 싶었던 참모본부의 작품이었다. 그렇게 드레퓌스는 유대인 반역자로 역사에 기록되는 듯했다.

진실을 향한 고군분투

드레퓌스가 체포된 지 8개월 후 참모본부 정보부장에 피카르 중령이 부임했다. 그도 이전까지 드레퓌스가 범인이라는 데 의심을 품지 않았다. 그러나 업무 인수를 위해 자료를 살펴보면서 드레퓌스를 죄인으로 보기에는 고발 자료가 너무나 허술하여 크게 놀랐다. 그래서 드레퓌스 사건을 보강하기 위해 자료를 계속 파헤치다가, 파리 주재 독일 대사관의 무관인 슈바르츠코펜과 프랑스 보병대의 에스테라지 소령이 주고받은 파란 엽서 한 장을 발견했다. 또 하나의 첩보 사건이 터질 것인가?

　피카르는 부하들에게 입단속을 지시하고 개인적으로 에스테라지 소령을 조사하기 시작했다. 때마침 베를린에서 활동했던 첩자가 곤경에 빠지자, 프랑스의 선처를 조건으로 드레퓌스 사건에 대해 털어놓았다. "독일은 드레퓌스를 고용한 적이 없으며, 보병대 소령 한 사람이 슈바르츠코펜에게 포병대 관련 정보를 건네주었습니다." 이 말이 사실이라면 드레퓌스는 누명을 쓴 것이고 진범은 에스테라지 소령이었다.

프랑스 정보부가 일급비밀 편지를 입수하기 석 달 전인 1894년 7월 20일, 제74 보병연대 에스테라지 소령은 독일 대사관을 찾아갔다. 그는 7년 전 참모본부 정보부에서 근무한 적이 있었다. 에스테라지는 슈바르츠코펜 대령에게 아내가 중병을 앓고 있으며 투자를 잘못해서 파산 직전이라고 말한 다음, 프랑스의 중요한 군사전략을 자세히 알고 있다며 협력을 제안했다. 슈바르츠코펜은 이를 거절했지만 베를린 정보부는 그와의 접촉을 지시했고, 에스테라지는 프랑스 군부의 일급비밀을 제공하는 대신 5만 프랑을 받았다.

피카르는 에스테라지 소령의 글이 적힌 다른 서류들을 입수했다. 비전문가가 보더라도 드레퓌스가 작성했다는 문제의 문서와 파란 엽서, 에스테라지가 작성한 다른 서류의 필체는 모두 똑같았다. 피카르는 비공식적으로 필적감정가에게 감정을 의뢰했는데 대답은 한결같았다. "동일인이 쓴 것입니다." 피카르의 집요한 추적에 참모부 고위급 장교들은 당황하여 신경질적인 반응을 보였다. 앙리 소령은 '피카르의 편집증'이라고 비난했다.

그러나 앙리를 비롯한 몇몇은 에스테라지가 범인이라는 사실을 이미 알고 있었다. 그가 반역죄를 저지른 이유도 알고 있었으나 모든 사실을 철저하게 감추었다. 그들이 범인으로 만든 유대인 장교는 이미 프랑스 국민에게 조국의 배신자로 낙인찍혀 있었기 때문이었다. 만약 이 사실이 밝혀질 경우 정보부와 군은 엄청난 비난에 직면할 것이 뻔했다. 이제 드레퓌스는 반드시 범인

이어야 했다. 문제의 파란 엽서를 파기했어야 했는데, 그렇지 못한 것은 수사를 담당했던 정보부 장교의 실수였다.

에스테라지가 진범임을 확신한 피카르는 직속상관에게 수사 결과를 보고했다. 상관은 크게 놀라며 "신중하게 처리하라!"고 했지만, 수사를 계속하라는 지시는 내리지 않았다. 피카르는 다시 공스 참모차장에게 사건을 보고했다. 공스는 파란 엽서와 드레퓌스를 별개의 사건으로 처리하라고 지시했다. 메르시에에 이어 국방장관이 된 비요도 "말썽거리를 만들지 말라."고 말했다. 확실히 군부는 이 문제가 새롭게 다시 불거지는 것을 반대하고 있었다.

피카르는 자체적으로 보강 수사를 하면서, 드레퓌스가 진범이 아닐 뿐 아니라 그에게 누명을 씌우기 위해 국방부 전체가 관여했다는 사실을 알고 더욱 놀라고 괴로웠다. 진실을 밝히면 자신이 희생당할 게 뻔했으나 양심의 가책이 가슴을 짓눌렀다. 결국 그는 진실의 편에 서기로 결심했다. 공스에게 공식적인 필적감정을 허락해달라는 편지를 두 차례 썼으나, 공스는 모두 신중하라고 답변했다. 둘만의 대화에서 공스는 "자네만 아무 말 않는다면 아무도 모를 걸세."라며 침묵을 강요했다. 그러나 피카르는 "이 비밀을 무덤까지 끌고 가지는 않겠습니다."라고 분명하게 말했다.

군부 내에 드레퓌스 사건을 둘러싼 논란이 일자 언론에서도 다시 관심을 가지기 시작했다. 1896년 11월 10일, 《르마탱》이 문제의 편지를 사진으로 싣고 "이 편지와 필체가 비슷하다는 이 유만으로 장교 한 사람을 죄인으로 만들었다."라는 기사를 1면에 크게 실었다. 공스는 피카르가 사본을 유출했다고 지목하고 그를 프랑스 동부로 발령했다. 더 이상 침묵할 수 없었던 피카르는 친구 변호사를 만나 모든 사실을 털어놓았다. 변호사는 자신의 숙부인 상원 부의장 오귀스트 쇠레르케스트네르와의 면담을 주선했다.

쇠레르케스트네르는 군부의 조작 사건에 크게 분개했다. 그는 일단 피카르에게 끝까지 양심을 지켜줄 것을 당부하고 증거자료들을 확보해나갔다. 쇠레르케스트네르가 드레퓌스 사건과 관련해 움직인다는 소문이 돌자 프랑스 정계는 술렁거렸다. 명망 높은 정치인이 이미 반역자로 판명이 난 유대인 편을 드는 것은 예사로운 일이 아니었다.

정치인이 개입했다는 소식을 들은 참모본부는 발칵 뒤집혔다. 즉각 에스테라지에게 긴급 전통을 보내 안심하라고 했지만, 초조해진 그는 이 문제가 계속 확대된다면 모든 것을 발설하겠다고 참모본부를 협박했다. 드레퓌스의 형인 마티외는 쇠레르케스트네르의 협조를 얻어 에스테라지를 고소했다. 참모본부는 기각하려 했으나 오히려 에스테라지가 자신의 명예를 회복할 기회라며 이를 받아들였다. 재판에 앞서 《르피가로》는 에스테라지의 필적과 편지의 사본을 나란히 실었다. 누가 봐도 같은 필적이었다. 프랑스 사회는 다시 한 번 크게 요동쳤다. 그러나 이를 대놓고 말할 수 있는 사람은 없었다. 반유대주의자들은 거리로 쏟아져 나와 이 신문을 불태우고 드레퓌스의 처형을 요구했다. 많은 신문은 근거도 없이 에스테라지의 무죄를 주장했다.

고소당한 이상 참모본부도 에스테라지를 수사할 수밖에 없었다. 그러나 고양이에게 생선을 맡긴 격으로, 제대로 된 수사가 이루어질 리는 없었다. 1898년 1월 11일에 열린 군사재판에서 법정은 에스테라지에게 무죄를 선고했다. 에스테라지는 재판을 통해 자신이 완전히 혐의에서 벗어났다는 사실에 득의양양했다. 피카르가 밝힌 진실도 드레퓌스처럼 그대로 묻히는 듯했다.

"나는 고발한다"

에밀 졸라는 해외에서도 대문호의 칭호를 듣는 대표적인 프랑스 지식인으로, 프랑스인들의 자랑이었다. 그는 프랑스 대혁명의 후예임을 자랑스럽게 여겼고, 전쟁 이후에 불어닥친 반유대주의에 대한 비판을 아끼지 않았다. 에스테라지가 무죄판결을 받자 에밀 졸라를 비롯한 지식인들은 의문을 품었다. 에스테라지의 판결 이틀 후인 1월 13일 수요일, 《로로르》에 언론 역사상 길이 남을 명문이 발표되었다. 제목은 "나는 고발한다", 글쓴이는 에밀 졸라였다.

그는 글에서 "나는 메르시에 장군을 고발합니다. …… 나는 비

《로로르》에 실린 〈나는 고발한다〉

지금 나의 고발 행위는 진실과 정의를 앞당겨 분출시키기 위한 혁명적 조치입니다. 크나큰 고통을 겪어 이제는 행복해질 권리가 있는 인류의 이름으로 진실의 빛을 밝히는 지극한 정열만이 내가 가진 전부입니다. 불타오르는 나의 항변은 내 영혼의 외침입니다. 나를 중죄 재판소에 고발한다 해도, 백일하에 날 심판한다 해도 두렵지 않습니다! 각오하고 기다리겠습니다.

　　　　　　　　 – 에밀 졸라가 쓴 〈나는 고발한다〉의 마지막 부분

요 장군을 고발합니다. …… 나는 세 필적감정가를 고발합니다. …… 나는 국방부의 여러 부서를 고발합니다. …… 나는 1894년 제1차 군사 법정을 고발합니다. ……"라며 드레퓌스 사건에 관련된 인물들의 죄상을 차례로 언급했다.

에밀 졸라의 글은 파리를 통째로 뒤흔들었다. 시민들은《로로르》를 앞다투어 샀고, 신문사가 발행 부수를 열 배로 늘렸음에도 신문은 동이 났다. 다른 나라에서도 그의 글을 크게 소개하며 드레퓌스 사건의 전말을 파헤치기 시작했다. 드레퓌스의 재심을 찬성하는 쪽은 천군만마를 얻은 듯 기뻤고 군부와 우익, 가톨릭 단체들은 대경실색했다. 드레퓌스가 범인이라고 믿어 의심치 않았던 대다수 국민은 크게 당황했다. 에밀 졸라 같은 존경받는 대문호가 허튼 소리를 할 리 없기 때문이었다.

과연 진실은 무엇인가? 대문호의 고발 내용은 사실인가? 프랑스 사회는 이 문제를 두고 드레퓌스파와 반드레퓌스파로 분명하게 나뉘었다. 반드레퓌스파는 신문을 불태우고 졸라의 초상을 목매달았다. 유대인 상점을 약탈하거나 테러를 가하면서 폭동을 일으켰다. 사회는 소용돌이에 빠졌고, 고등학교와 대학교에서는 인간(개인)의 권리와 국가의 이익을 주제로 치열한 논쟁을 벌였다. 토론 참가자들끼리 폭력 사태를 벌이기도 했다.

군부는 가장 신경질적인 반응을 보였다. 국방장관 비요는 에밀 졸라에 대한 고소장을 제출하고 식민지 튀니지에서 근무하던 피카르를 즉각 체포했다. 필적감정사들도 명예훼손으로 고발했다. 대부분의 언론은 에밀 졸라가 반역자 편에 섰다고 비난했다. 그러나 에밀 졸라는 "나는 만인이 보는 앞에서 정정당당하게 그들을 비판했다. 그런데 이들은 뻔뻔하게도 매수된 언론의 모욕적 기사와 가톨릭 단체가 길에 풀어놓은 패거리들의 고함 소리를 통해서만 나에게 답변하고 있다."라며 펜 끝을 더욱 날카롭게 갈았다.

1898년 2월 7일부터 23일까지 진행된 에밀 졸라의 재판은 해외에서도 엄청난 관심을 불러일으켰다. 군인과 기자, 일반인이 법정을 가득 메웠다. 그 자리에서 앙리는 지난 1차 군사재판 당시 변호인 몰래 제출한 비밀문서와 자기는 관련이 없고, 이미 죽은 상관이 보여준 것이라고 발뺌했다. 그러나 비밀문서가 존재했다는 사실을 인정한 셈이었다. 이미 무죄판결을 받은 에스테라지는 어떤 질문도 받지 않겠다고 버텼다. 2월 23일, 배심원들은 8대 4로 에밀 졸라에게 유죄판결을 내렸고, 법원은 금고 1년에 벌금 3000프랑을 선고했다.

에밀 졸라와 피카르는 항소했으나 사회 분위기는 그들에게 호의적이지 않았다. 1898년에 실시된 선거에서 반유대, 반드레퓌스로 구성된 다수파가 승리하고, 에밀 졸라와 《로로르》를 물심양면으로 도왔던 쇠레르케스트네르는 낙선했다. 항소심은 1898년 7월 18일에 에밀 졸라에 대한 원심을 확정했고, 그날 에밀 졸라는 영국으로 망명했다. 레지옹 도뇌르 훈장까지 박탈당한 에밀 졸라의 '고발'도 그렇게 대답 없는 메아리로 끝날 듯했다.

다시 열린 군사재판

새로운 정부의 국방장관으로 정보부장 출신인 카베냐크가 임명되었다. 카베냐크 장관은 드레퓌스 사건에 마침표를 찍고 싶었다. 에스테라지가 무죄판결을 받았지만 논란은 끝나지 않았던 것이다. 그는 부하들에게 자료의 위조 여부를 확실하게 조사하도록 지시했다. 사실을 밝히는 데는 오래 걸리지 않았다. 카베냐크 장관은 즉각 앙리를 소환했다.

처음에는 발뺌하던 앙리도 결국 조작 사실을 털어놓으면서, "저는 조국을 위해 그 일을 했습니다."라고 말했다. 이미 재판이 종결되고 에밀 졸라마저 망명했으므로 진실을 말해도 괜찮으리라 생각한 것이다. 그러나 경악을 금치 못한 카베냐크는 앙리를 일단 군 형무소에 수감했다. 그런데 그날 밤 교도소에서 앙리가 면도칼로 목을 그어 자살하고 말았다. 프랑스는 또다시 격동의 도가니에 빠졌다. 언론과 국회가 앙리의 죽음을 조사하면서 그가 국방장관에게 모든 사실을 자백했음이 밝혀졌다. 국방장관은 돌발 사태에 책임을 지고 사퇴했다. 이어서 앙리의 죽음은 타살이라는 주장이 나왔다. 그가 스스로 죽을 이유가 전혀 없었기 때문이다. 그러나 다른 자백을 막기 위해 제3의 세력이 그를 죽이고 자살로 위장했다는 의혹은 끝내 풀지 못했다.

드레퓌스 재판은 다시 시작해야 했다. 아무리 반드레퓌스파라고 하더라도 앙리가 죽기 전에 국방장관에게 진실을 털어놓

드레퓌스 사건으로 분열된 프랑스 사회를 풍자한 만평
"오늘은 드레퓌스에 대해 이야기하지 맙시다!"(위) "…결국 이야기했다."(아래)

았다는 사실이 드러난 이상 계속 같은 입장을 고집할 수는 없었다. 프랑스 각료 회의가 드레퓌스 사건의 재심 위원회를 구성했다. 그러자 신임 국방장관 쥐를랭당 장군은 즉각 사임했다. 진실을 감추려는 군부는 조직을 보호하기 위해 온몸으로 저항했다. 정황이 불리하게 돌아가자 에스테라지는 영국으로 도피했다.

얼마 뒤 영국에서 경악할 만한 뉴스가 프랑스를 공습했다. 영국 신문《옵서버》에서 에스테라지가 이미 죽은 정보부장에게 자신이 스파이였음을 자백한 바 있다고 폭로한 것이다. 경제적으로 어려웠던 에스테라지는 신문사에게서 돈을 받고 이와 같은 진실을 밝혔다. 프랑스 사회는 다시 요동쳤다. 세계 각지의 언론과 지식인은 프랑스 대혁명의 정신을 잊지 말라고 프랑스 정부를 압박했다. 그러나 반드레퓌스파는 오히려 에스테라지가 돈에 매수된 파렴치한 인간이며 그의 폭로는 진실과는 상관없다고 주장했다. 프랑스 곳곳에서 유대인들에 대한 폭력이 다시 증가했고 인종차별에 대한 의견이 대립했다.

한편 재심이 확정되자 법원은 지난 군사재판의 판결을 무효화했다. 이 소식을 듣자마자 에밀 졸라는 프랑스로 돌아왔다. 그는 "마침내 진실이 드러났고, 마침내 정의를 찾았기 때문"이라고 귀국 이유를 밝혔다. 반드레퓌스파는 극도로 흥분했다. 1899년 2월 23일, 갑자기 사망한 펠릭스 포르 대통령의 장례식에서 '청년 왕당파', '애국자 동맹', '반유대주의 동맹' 등 우파들은 쿠데타를 기도했으나 실패로 끝났다.

드레퓌스 소송의 (사실상 재심이 된) 일심이 열린 곳은 프랑스 북서부의 도시 렌이었다. '악마의 섬'에서 프랑스로 들어오는 항구와 가깝고 파리와는 멀어 비교적 차분하게 재판을 진행할 수 있는 곳이었다. 1899년 8월 7일, 국가기밀을 이유로 군사재판이 비공개로 열렸다. 드레퓌스가 무죄라는 사실을 밝히기는 여전히 어려웠다. 배심원과 판사, 방청객은 여전히 반유대주의의 분위기를 강하게 풍겼다. 진실을 말해줄 당사자는 모두 셋이었는데 앙리는 죽었고, 에스테라지는 영국에 있기 때문에 재판에 소환할 수 없었다. 마지막으로 독일 대사관의 주장을 증거로 채택할 수는 없었다.

메르시에 전 장관을 비롯한 관련자들이 다시 법정에 섰다. 그들은 여전히 자신은 죄가 없으며 드레퓌스가 스파이라고 주장했다. 군사 법정의 판사들은 드레퓌스의 변호사보다 그들의 말을 더 경청했다. 재판이 총 33차례 열리는 동안 증인은 115명 출두했다. 판사들은 5대 2로 드레퓌스의 유죄를 판결하고 정상을 참작하여 금고 10년에 처했다. 프랑스 법정에서 지금껏 반역죄로 기소된 죄인에게 정상을 참작한 예는 없었다.

이 재판 결과에 세계는 크게 분노했다. 각국의 프랑스 대사관과 영사관에는 이에 항의하는 시위대가 밀어닥쳤다. 곳곳에서 프랑스 국기가 불태워졌다. 이듬해 열리는 파리 박람회를 보이콧하려는 움직임도 전개되었다. 미국에서는 군중대회가 개최되어 프랑스 것은 무엇이든 거부한다고 밝혔다. 영국 빅토리아 여왕은 "이 가련한 희생자에게 상고심의 기회가 허용되기를 바란다."는 뜻을 공개적으로 표명했다. 에밀 졸라도 가만히 있지 않았다. 다시 펜을 들어 재심 판결의 부당함을 폭로하면서 여론을 주도해나갔다. 반면 많은 프랑스인은 여전히 이 판결을 만족스럽게 받아들였다.

결국 진실이 승리하다

새로 입각한 왈덱루소 총리는 대외적인 여론을 고려해서 대통령에게 특별사면을 요청했다. 대통령 역시 같은 마음이었다. 특별사면 제도는 언도받은 형 집행을 정지하는 대통령의 통치행위다. 그런데 드레퓌스가 판결에 불복하여 항소할 경우 형이 확정되지 않았으므로 특별사면의 자격도 없어진다. 다시 열린 일심에서 받은 죄를 인정하여 대통령의 특별사면을 받을 것인가, 아니면 항소하여 법정에서 진실을 밝힐 것인가? 드레퓌스 진영에서는 이 문제로 갈등이 심했다.

처음에는 국내외 여론도 호의적이었고, 진실은 반드시 법정에서 밝혀내야 한다며 끝까지 싸우자는 의견이 우세했다. 그러나 악마의 섬에서 몇 년 동안 유배 생활을 한 드레퓌스의 건강이 매우 안 좋았고, 그의 가족도 싸움에 지쳤다. 결국 드레퓌스는 항소를 포기했다. 1899년 9월 19일, 루베 대통령이 약속대로 특별사면을 실시해 드레퓌스는 4년 만에 가족의 품으로 돌아갔다. 반역죄의 멍에를 짊어진 채 자유를 찾은 것이다.

사건이 일단락되었다고는 하지만 불완전연소에 불과했다. 특별사면은 무죄가 아니라 형의 집행정지이기 때문이다. 그러나 참모본부의 후임 장교들이 새로운 증거들을 발견하자, 지식인들의 지속적인 격려에 힘입어 1904년 3월에 드레퓌스는 형 마티외의 도움으로 재심을 청구했다. 최고재판소는 새로운 증거

자료를 첨부한 드레퓌스의 항소를 받아들였다. 1906년 7월 12일에 최고재판소는 렌 군법회의의 유죄판결을 오판으로 파기하고, 드레퓌스에게 무죄를 선고했다. 드레퓌스와 피카르의 군인 신분은 복권되었다. 그사이 에밀 졸라는 집에서 의문의 죽음을 당했으나 범인은 결국 찾지 못했다.

1906년 7월 22일 사관학교의 작은 연병장, 소령 정장을 한 군인이 사무실에서 긴장을 풀기 위해 담배를 물었다. 이곳은 오래전 그의 아픈 기억이 서린 곳이었다. 곧 그를 부르는 소리가 들렸다. 그는 촉촉한 시선으로 하늘을 바라보며 연병장을 가로질러 나갔다.

"공화국의 이름으로, 그리고 본관에게 부여된 권한에 의거하여 귀관을 레지옹 도뇌르 슈발리에 수훈자로 선포한다."

팡파르가 울리고 행진이 시작되었다. 많은 군인이 드레퓌스에게 몰려가 악수하고 축하했다. 그때 갑자기 어린아이의 목소리가 들려왔다. "아빠!" 사람들이 길을 터주자 아이는 아버지의 품으로 뛰어들었다. 10여 년 동안 참아온 눈물이 뺨에 흘렀다. 무개차에 오르자 군중이 열렬한 환호를 보냈다.

"공화국 만세! 정의 만세! 진실 만세! 드레퓌스 만세!"

비로소 드레퓌스는 12년 만에 군복을 다시 입고 잃었던 명예를 되찾았다. 사람들은 그를 도와 같이 싸운 피카르와 에밀 졸라도 함께 기억하며 연호했다.

복권되기는 했지만 드레퓌스는 많이 쇠약해져 있어서 다음

해에 전역했고, 정규군에서 예비군 소령으로 진급 조치됐다. 그러나 1914년, 제1차 세계대전 발발과 함께 그는 현역에 복귀하여 파리 방위군 포병참모로 참전했고, 굵직한 전투에 다수 참가했다. 이 공적으로 1918년 종전 직전에 레지옹 도뇌르 훈장을 받았고, 종전 후에는 퇴역하여 파리에서 살다가 1935년 7월 12일에 생을 마쳤다.

에스테라지는 런던의 빈민굴에서 구차한 말년을 보내고 있었다. 한 달에 한 번씩 그는 런던 우체국에 가서 등기우편을 수령했다. 그 안에는 돈이 들어 있었다. 송금자가 누구인지는 적혀 있지 않았다. 그는 영국에서 장 드 부알르몽 백작이라는 가명을 쓰며 살다가 1923년에 죽었다.

진실을 밝히는 데 결정적인 역할을 한 피카르는 나중에 국방장관의 자리에 올랐다. 그러나 1914년 1월 19일, 아프리카에서 급작스런 낙마 사고를 당해 졸지에 세상을 하직했다. 그리고 끝내 드레퓌스를 외면할 수밖에 없었던 독일 대사관의 무관 슈바르츠코펜은 1917년, 죽기 직전에 "프랑스인들아, 들어봐라. 드레퓌스는 죄가 없다. 모두가 가짜이고 모략이다. 그에겐 터럭만큼의 잘못도 없다."라는 유언을 남겼다. 1930년 그의 부인은 남편이 쓴 일기를 드레퓌스에게 우편으로 보냈다.

이로써 드레퓌스 사건은 완전히 끝난 것일까? 아니다. 드레퓌스를 유죄로 몰고 간 사람들은 처벌받지 않았기 때문이다. 군이 조작에 개입했다는 사실도 정식으로 인정하지 않았다. 그러나

1995년 9월, 무뤼 장군은 한 신문과의 인터뷰에서 드레퓌스 사건이 "반유대주의 정서에 편승해 무고한 군인을 간첩으로 몰아세운 군사적 음모"라고 인정했다. 이어 1998년 1월에 자크 시라크 대통령은 에밀 졸라의 〈나는 고발한다〉 발표 100주년을 맞아 드레퓌스와 졸라 가족에게 공식 사과 서한을 전달했다. 정부가 잘못을 인정하는 데 자그마치 100년이나 걸린 것이다.

■

■

드레퓌스의 유일한 죄는 유대인이라는 것뿐으로, 그는 뿌리 깊은 반유대주의의 희생양이었다. 자유·평등·박애라는 위대한 가치를 경험한 곳이라도 마찬가지였다. 개인이 국가 같은 거대한 권력과 싸우기 위해서는 자신뿐만 아니라 주위의 희생이 뒤따라야 했다.

회유와 협박에 굴하지 않은 드레퓌스의 신념에 피카르와 에밀 졸라 같은 양심적인 인물들의 노력이 더해져 결국 '진실과 정의는 승리한다'는 역사적 교훈을 낳았다. 그렇지만 진실과 정의는 언제나 승리할까? 인류의 역사를 살펴볼 때 반드시 그렇지는 않았으며 오늘날에도 알려지지 않았을 뿐, 이와 같은 일은 너무 많다. 그래서 우리는 거듭 드레퓌스 사건을 되새김해야 한다. 어쩌면 진실이 밝혀진 드레퓌스는 운이 좋았던 것이다.

6

관동대지진
조선인 학살

조작된
유언비어가 낳은
집단 광기

지진과 화재로 인한 대혼란 속에 "조선인이 폭동을 일으키고 방화를 했다."는 유언비어가 난무했고, 정부도 계엄령을 공포하여 군대와 경찰을 동원하는 한편, 주민에게 자경단을 조직하게 했다. 간토 지역에서 철저한 '조선인 사냥'이 자행되었고, 공포심에 사로잡힌 일본 민중과 일부 관헌에 의해 조선인 수천 명과 중국인 300여 명이 살해당했다.

— 《상설 일본사 B》(야마카와 출판사, 2006)에서

위에서 보듯 현재 일본의 역사교과서 대부분은 관동대지진 당시의 조선인 학살을 인정하고 있다. 각종 역사와 영토(독도) 문제를 일삼아 왜곡하는 일본 정계나 학계의 태도에 비하면 이례적이다. 이는 관동대지진 당시의 조선인 학살이 그들조차 부정하거나 왜곡할 수 없을 만큼 명백한 사실임을 반증한다. 관동대지진은 일본 역사상 피해가 가장 큰 자연재해였다. 일본 교과서의 내용대로라면 대지진 이후의 참극은 유언비어 때문에 화가 난 평범한 일본인들이 벌인 일이었다. 이를테면 혼란기에 흔히 볼 수 있는 인간의 폭력적 본성 탓에 당시 일본에 거주하던 조선인들이 희생당했다는 것이다.

이 역사적 진단은 과연 옳은가? 혹시 누군가 악의적인 목적을 가지고 그 소문을 퍼뜨린 것은 아닐까? 이러한 가정이 사실이라면 일본 교과서는 그 배후의 실체를 거명해야 한다. 이 부분은 '관동대지진 조선인 학살 사건'을 조명할 때 가장 민감한 문제다. 당시 여러 정황상 그 사건이 우발적으로 벌어졌다고 보기에는 아귀가 맞지 않는다. 그렇다면 "국가적 위기를 모면하기 위한 수단으로 조선인 학살을 획책하고, 진행했다."는 섬뜩한 음모론으로 귀결될 수밖에 없다.

일본 역사상 최악의 재해

1923년 9월 1일 아침, 제국의 수도 도쿄를 중심으로 하는 관동 (간토) 지역에는 축축한 비가 내렸다. 오전 10시경에 비가 그치면서 다시 늦여름의 찌는 더위가 시작됐다. 사람들은 변덕스런 날씨에 툴툴대며 점심을 준비하려고 화덕에 불을 지피고 있었다. 오전 11시 58분 24초. 동경 139.3도, 북위 35.2도 사가미 만 북부를 진앙으로 진도 7.9의 지진이 발생했다. 사람이 서 있을 수 없을 만큼 강력한 지진이었다.

건물과 집, 나무 들은 춤을 추듯이 쓰러졌다. 도로는 붕괴되고 다리는 끊어졌다. 모든 것이 순식간에 무너졌다. 가족을 챙길 시간도 없이 자신이라도 빠져나오면 천만다행이었다. 지진에 익숙한 그들은 뒤이어 올 여진을 피하려 개활지를 향해 뛰기 시작했다. 그러나 다른 재앙이 그들을 기다리고 있었다. 가정과 음식점의 화덕에서 시작된 불은 쏟아지는 목재를 먹이 삼아 더욱 거세졌다. 이날따라 풍향도 시시각각 변하고, 풍속도 매우 빨랐다.

불은 시간당 800미터로 번져 도시 전체는 화염에 휩싸였다. 안전지대로 피신한 사람들은 무너진 건물과 폐기물 더미 속에서 불타고 있을 가족을 떠올리며 발만 동동 구를 뿐이었다. 그러나 얼마 뒤 화염은 그들마저 삼켜버렸다.

도쿄에서 무너진 목조 가옥만 4만여 채였고, 연와조 건물의 85퍼센트, 석조건물 84퍼센트, 철근 콘크리트 건물의 8퍼센트가 무너졌다. 1000만 관동 인구 가운데 이재민만 310만 명에 이르렀고, 14만 2000명 이상이 사망하고 3만 7000명이 실종되었다. 진도 7.9의 지진은 1881년 이후 처음 겪는 대지진이었고, 진앙이 도시 근처여서 피해는 더욱 컸다. 워낙 강력해서 미리 알고 대비했어도 결과는 마찬가지였을 것이다. 불과 13초간의 지진으로 관동 지역은 그야말로 초토화되었다. 여진도 계속되었다. 최초 발생 후 3일 동안 무려 1700여 회의 지진이 기록되었다. 진도의 차이는 있지만 일본에서는 지진이 매년 끊임없이 일어난다. 그러나 이때 일주일 동안 발생한 지진 횟수는 그 전 3년간 일어난 지진을 모두 합친 것보다 많았다.

그렇지만 정작 지진보다 화재로 인한 피해가 더 컸다. 깔려 죽은 사람보다 불에 타 죽은 사람이 훨씬 많았다. 압사자는 1만 명도 안 되었다. 파악된 발화지점은 도쿄에 136개소, 군부에 40개소, 요코하마에 60개소이지만 알려지지 않은 곳이 많았다. 특정 지역에서 큰불이 번진 게 아니라 사방에서 동시에 발생한 것이다. 대부분 화로가 불씨였다. 그 당시 일본인은 밥을 지을 때 화

덕을 사용했고, 집과 음식점은 대부분 목조여서 불이 잘 붙었다. 그 때문에 지진이 발생한 지 불과 두 시간도 못 되어 도시 전체는 불에 휩싸였다. 혼조구에 있는 육군 피복 야적장은 피난민으로 북적거렸는데 거기서만 4만 명이 열기에 떼죽음을 당하는 대참사가 벌어졌다. 밤 11시에 재앙은 절정에 이르렀다.

   가장 피해를 많이 본 곳은 수도 도쿄로, 사망자와 실종자의 75퍼센트를 차지하고 도시 3분의 2가 완전히 소실되었다. 시내를 가로지르는 다리는 료고쿠바시 하나를 제외하고 모두 무너졌다. 그다음으로 피해가 심한 곳은 요코하마였다. 대형 건물이 무너져 압사한 사람이 수천 명에 이르고 해군의 중유 탱크가 폭발하여 대화재가 났다. 지방에서 수학여행을 왔던 여학생 200명이 그 자리에서 몰살당하기도 했다. 해안에서는 방파제가 가라앉는 바람에 수재민이 발생했고, 시골에 있던 공장은 지진에 취약해서 노동자 수백 명이 동시에 압사하거나 출입구가 무너져 산 채 불에 탔다.

이와 같이 엄청난 피해를 입힌 관동대지진을 일본에서는 공식적으로 '간토대진재(大震災)'라 부른다. 지진으로 인한 재앙이 그만큼 심했다는 뜻이다. 1995년에 고베를 강타한 '한신대진재'가 발생하기 전까지 '대진재'는 관동대지진 단 하나뿐이었다. 도쿄는 5일 동안 불에 휩싸였다. 그리고 이 기간 동안, 그곳에 거주하고 있던 조선인들에게 전혀 예기치 못한 비극이 닥쳤다.

"조선인들이 폭동을 일으키고 있다"

도시의 기능은 완전히 마비되었고, 먹을 물과 식량은 부족했다. 부두는 파괴되고 도로는 끊겨 지원은 원활하지 않았다. 가족과 재산을 잃은 사람들은 예민해져 있었다. 누가 조금 건드리기만 해도 폭발할 것 같은 일촉즉발의 분위기였다. 민심이 요동치면서 정부를 향해 "물과 음식을 달라!"고 외치는 사람들의 원성은 더욱 높아져갔다. 그런 가운데 일본인들을 혹하게 만드는 유언비어가 난무했다.

혼돈 속에 유언비어가 퍼지는 것은 자연스러운 현상이긴 한데, 그 내용이 매우 고약했다. 후지 산이 폭발하고 쓰나미가 재발하는 등의 재앙이 관동 지역에 사는 조선인들과 관련이 있다는 것이었다. 자신들이 당한 불행을 남의 탓으로 돌림으로써 위안을 받으려는 군중심리의 전형이므로 이마저 전혀 없을 법한 일은 아니었다. 더욱이 조선인에 대한 차별 의식은 당시 일본인 대부분이 갖고 있었다. 피지배 식민지인인 조선인을 일컫는 '불령선인'이라는 말은 어린이들도 입에 달고 살 정도였다. 그곳에서 조선인은 '불온하고 불량한 존재'였다.

대지진 당일에 퍼진 유언비어의 골자는 형무소를 탈옥한 죄수들의 폭동, 사회주의자들의 불순 행동, 그리고 불령선인들의 폭동과 방화였다. 이 중 불령선인과 관련된 소문은 도쿄 전역에 폭탄을 투척하고, 일본인을 습격하며, 우물에 독약을 탔다는 것 등이었다. 사회주의자나 죄수와 관련한 유언비어는 그다음 날 연기처럼 사라졌다. 그러나 조선인과 관련한 소문들은 더욱 확대되었고 그 내용에도 더욱 '사실적'으로 살이 붙었다.

• 선인 약 200명이 가나가와 현 데라오 산 방면에 있는 부락에서 살상, 약탈, 방화 등을 자행하며 점차 도쿄 방면으로 이동함.
• 조선인 30명이 화재로 소란한 틈을 타 옷감을 강탈하고 점원을 폭행함.

- 신원 미상 선인이 다이너마이트, 뇌관, 도화선을 가지고 있다가 체포됨.
- 요코하마 방면에서 습격해 온 선인 약 2000명이 총포와 도검을 휴대하고 이미 롯코 철교를 통과함. 육군은 롯코 강 언덕에 기관총을 설치했고 선인의 입경을 막으려 재향군인, 청년단원 들도 출동하여 군대와 공조함.

이외에도 약탈과 방화, 강간, 살인 등 피해를 입은 곳의 주소와 피해자 이름이 구체적으로 나돌았다. 조선인은 일본인 어린이들을 벌벌 떨게 만들었다. 대지진이 발생하고 1년 뒤 잡지《삼천리》는 일본 어린이들이 관동대지진을 상기하며 쓴 수기를 실었다. "관음상 있는 곳까지 도망했는데 불령선인이 소동을 일으켰다." "날이 밝자 불령선인이 온다고 하여 모두 건너편 언덕으로 올라갔다." "조선인이 혼쿄 구에 들어와 불을 지른다는 것을 듣고, 나는 이제 죽나 보다 하고 생각했다." "조선인에게 죽을 바에는 차라리 혀를 깨물고 죽자고 사람들이 결의했다." 어린이들은 이런 식으로 조선인을 언급하며 두려움을 드러냈다.

혹시 조선인들의 범죄행위가 실제로 있었던 것은 아닐까? 1923년 11월 10일자 상해 임시정부의 기관지《독립신문》은 일본 사법성 발표를 근거로 당시 조선인 범죄의 현황을 보도했다. 사법성이 주장하는 조선인 범죄는 총 23건이고 범인 수는 80명이 넘었다. 약탈 4건, 방화 2건, 구타 상해 3건 등 범죄 행각은 다양했다.

　그러나 사법성이 기술한 범죄 내용은 대부분 허술했다. 범인 이름을 거의 '미상', '김 모 씨', '한인' 등으로 표시하고 단 두 건만 이름을 밝혀놓았는데, 해당 범죄는 이재민 구호품 약탈과 부녀자 강간 미수였다. 그렇지만 그 범행 장소는 당시 불이 치솟아 접근하기 어려운 곳이었다. 조선인 노동자들이 총기나 폭탄 등 살상 무기를 소지했다는 것도 당시 일본의 치안 환경을 고려해 볼 때 거의 불가능에 가깝다. 게다가 조선인 대부분은 막노동이나 잔심부름에 종사했고 폭탄 근처에도 갈 수 없었다.

　조선 강제합병 후 일본은 조선인들의 본국 출입을 철저히 통제했다. 제국에 들어갈 수 있는 사람은 관료 및 유학생 등 극소수였다. 그렇지만 지진 직전에 일본에 거주하는 조선인은 10만 명 이상으로 갑자기 늘어나 도쿄에만 1만 2000~1만 3000명, 관동 지역 일대에는 2만~3만 명이 거주했으며, 대부분 노동자였다. 제1차 세계대전이 그 이유였다. 일본에 유럽의 군수품 주문이 증가했고, 미국 경기의 호황으로 수출량은 크게 확대되었다. 생사(生絲), 선박, 화학공업이 단기간 내에 비약적으로 발전했다. 일본은 노동력이 부족해지자 식민지 조선에서 벌충했다. 1922년 12월에 조선-일본 간 자유 도항제가 실시되어 많은 조선인이 '저팬 드림'을 안고 현해탄을 건넜다. 조선의 노동자들은 공장 합숙소나 도시 외곽에 모여 일본인과 떨어져 살았다. 이들은 경찰과 기업의 통제를 받았고, 일본 민간인과 접촉할 기회는 거의 없었다.

지진 당일 오후 7시, 각 지역의 관할 경찰서는 조선인 관련 사건을 경찰청에 긴급 보고하기 시작했다. 조선인이 방화를 일삼았다거나 우물에 독을 탔다, 자경단을 공격했다는 등 시중에 떠도는 유언비어들이었다. 마치 실제 상황 같은 보고도 있었다. 가가 경찰서는 9월 2일에 "불령선인 300명이 호도가야 방면으로 습격, 경찰과 전투 중"이며 "경찰관의 힘이 못 미쳐 불령선인이 이미 니시도베 안으로 침입"했다고 경찰청에 보고했다. 물론 거짓이었다. 공식 보고를 허위로 꾸민 이유는 무엇일까?

가가 경찰서의 보고서는 조선인 유언비어가 혼란 속에 자연적으로 발생한 게 아니라는 실마리를 제공한다. 게다가 또 하나의 결정적인 사실이 나중에 발견되었다. 바로 후나바시 무선소에서 보낸 전문이다. 지진으로 간토 지역 무선소 대부분이 파괴되었으나, 해군 소속의 후나바시 무선소가 유일하게 무사했다. 다른 무선소가 복구되기 전까지 이곳은 정국의 명령을 타전하고, 소식을 수신하는 유일한 공식 채널이었다. 이곳에서 9월 2일부터 5일까지 타전한 전문 중 조선인 관련 내용은 다음과 같다.

- 9월 2일 오후 8시 28분 : 불령선인의 방화로 요코하마 전 시내가 불바다이며, 사상자는 미상임.
- 9월 3일 오전 8시 15분 : 진재를 틈타 조선인이 도쿄 부근 곳곳에 방화하고 불령의 목적을 수행함. 폭탄을 소지하고 석유를 뿌려

방화하는 사례가 있어, 이미 도쿄부 관할에는 일부 계엄령을 시행하고 있으므로 각지에서는 충분하고 치밀하게 사찰하여 선인의 행동을 엄중 단속할 것.

- 9월 3일 오후 4시 30분 : 후나바시 무선소 습격 우려가 있어 급히 지원을 요망함.
- 9월 4일 오전 8시 13분 : 본소 폭파 목적을 띠고 내습하려는 불령단이 접근함. 기병 20명과 청년단, 소방대원 등으로 경계 중. 위병력으로는 도저히 방어 불능. 약 100명 정도의 보병 급파 조치를 요망함. 당 방면의 육군에게는 병력의 여력이 없음.
- 9월 4일 오후 8시 50분 : 선인 300명이 후나바시 해안에 상륙했다는 보고가 있어 위급한 상황. 보병은 언제 도착하는가?
- 9월 5일 오전 9시 30분 : 현재 이상은 없으나 대집단 불령단의 습격 보고가 빈번하여 심히 불안한 상황임.

무선소의 내용은 100퍼센트 거짓이었다. 정부 기관이 허위로 조선인의 범죄행위를 전했던 것이다. 이 내용들은 각 경찰서 및 군부대, 그리고 언론에 긴급 타전되었다. 각 신문들은 이를 근거로 조선인 관련 내용을 연일 기사화했다. "선인, 가는 곳마다 난동", "도쿄에서 폭동 일어나다", "군부대와 충돌, 30명 잡힘", "불령선인 수천 명 조직", "우물에 독을 살포하는 것을 발견", "강간, 살인, 약탈 자행", "불령선인 400명 포박 및 폭탄 압수" 같은 제목이 언론을 장식했다. 심지어 군대에 의해 격파된 조선인들이

1923년 9월 10일자 매일신보
지진 피해 상황과 함께 '조선인들
이 폭동을 일으키고 있다'는 기사
가 크게 실려 있다(중앙).

잠적했다는 호외까지 발간했다.

 이 모든 유언비어의 '진앙'은 다름 아닌 정부였던 것이다. 일본 정부는 이러한 사실에 대해 지금까지도 답하지 않고 있다. 일본의 주류 역사학계 역시 당시의 타전 내용은 긴급한 상황에서 확인할 길이 없는 단순 오보였다고 보고 있다. 그러면서 유언비어의 최초 발원지가 민간이라고 주장한다. 그 말을 수용하더라도 일본 정부가 유언비어를 확대재생산했음에는 의심의 여지가 없다. 그들은 무슨 목적으로 유언비어를 퍼뜨렸을까?

정부가 유언비어를 유포한 까닭

관동대지진이 발생할 당시 일본은 정권 교체 중이었다. 1923년 8월 24일, 수상 가토 도모사부로가 병으로 갑자기 사망하자 후임 수상으로 야마모토 곤베에가 지명되었다. 그러나 인선 작업이 더뎌, 지진이 발생할 때까지 내각은 성립되지 못했다. 대지진은 임시 내각이 감당하기에는 너무나 큰 국가 재난이었다. 또 이 혼란을 틈타 어떤 일이 일어날지 모른다는 불안감으로 국가 수뇌부는 초조했다.

또한 대지진이 벌어지기 전부터 유럽 국가의 전후 복구가 어느 정도 마무리되어 일본의 호황기가 점점 끝나가고 있었다. 그러자 과잉생산된 경사(經絲)와 생사의 가격이 폭락하고, 선박 산업도 갑자기 위축되면서 주가는 폭락했다. 임금 삭감과 대량 해고에 맞서 노동조합이 전투적으로 변해가기 시작했다. 러시아 혁명의 영향으로 '일본사회주의동맹'이 결성되고, 1922년에는 천황제 폐지를 주장하는 일본공산당이 비밀리에 결성되어 학생과 지식인 및 노동자의 호응을 얻었다. 다른 한편으로는 민주주의에 입각한 서양식 대의민주주의에 대한 논의가 활발해지면서, 천황에 기대어 민중 위에 군림하는 각료 및 군부, 귀족원에 대항하는 목소리가 커졌다. 급진주의를 표방하는 잡지와 신문 들이 창간되었고, 기존의 신문들도 정부를 비판하는 목소리를 높였다. 농촌에서도 소작쟁의와 노동쟁의가 증가하는 가운데, 1922년에는 '일본농민조합'이 결성되어 거대한 압력집단으로 성장했다. 여성들도 '신부인협회'를 결성하여 부인들의 참정권을 거세게 요구했다. 이렇게 기득권층에게 여러모로 불리한 상황에서 엄청난 재난이 발생한 것이다.

통상적으로 재난이 발생하면 정부는 비상사태에 돌입해 불길을 잡고, 질서를 회복하며, 구호 활동을 벌이는 게 수순이다. 그러나 당시 일본 당국은 그럴 만한 역량이 없었다. 가장 우려되는 점은 이재민들이 폭도로 변하는 것이었다. 정부에 비판적인 사람들이 이재민과 결합하면 정부가 전복되는 것은 불을 보듯 뻔했다. 혁명이 일어날 수도 있었다. 수세기 동안 왕을 중심으로 점진적인 개혁을 추진하면서 안정적인 발전을 거듭했고, 조선을 지배함으로써 정점에 오른 기득권층에게는 최악의 시나리오였다.

이 상황을 타개할 묘책은 없을까? 이재민의 불만을 잠재우고, 혼란을 틈타 권력을 잡으려 할지도 모르는 불순 세력을 막을 수 있는 방법을 강구하던 그때, 누군가 유언비어와 계엄령, 두 가지 안을 냈다. 유언비어를 퍼뜨리고 이를 빌미로 계엄령을 선포하자는 것이었다.

계엄이 선포되면 해당 지역 주민은 출판·결사·이주의 자유 등 기본권에 제약을 받는다. 따라서 계엄령을 선포하기 위해서는 실질적인 국가 위기가 닥쳐야 한다. 결코 간단한 문제가 아니었다. 아무리 대지진이더라도 내란이나 전쟁 등의 위기와는 다르다. 또 '일어날지도 모른다'는 가정과 예측만으로 국민의 기본권을 제약할 수는 없었다. 1918년의 쌀 소동으로 전국이 소요에 빠졌을 때도 '전쟁 또는 폭동'이 아니라는 이유로 계엄령 선포가 좌절된 적이 있기에 더욱 조심스러웠다. 그러나 유언비어를 퍼뜨려 폭동이 실제로 발생했다고 사람들이 믿는다면 정부는 계엄령 선포의 명분을 얻을 수 있었다.

재앙으로 심신이 지쳐 이성적 판단이 어려운 사람들은 마른 스펀지가 물을 빨아들이듯 너무나 쉽게 유언비어를 받아들였다. 정부에 대한 불만은 조선인을 향한 분노로 돌변했다. 유언비어 작전은 매우 성공적으로 진행되었다.

내각의 결의와 천황의 최종 재가를 맡자마자 정부는 9월 2일 오후에 도쿄 시를 비롯한 주변 지역에 계엄령을 선포했고, 3일에는 도쿄 부를 비롯한 주변 지역, 4일에는 사이타마 현과 지바 현으로 확대했다. "9월 1일 밤, 지진에 의한 민심 불안과 대화재의 혼란에 편승한 일부 불령선인의 습격 소문이 있고, 이외의 방면으로 불꽃이 피어올랐기 때문"이라고 그 이유를 설명했다. 일본 국민은 혼란기의 치안 공백을 틈타 범죄행위를 저지르는 조선인을 진압하기 위해서 계엄은 당연한 조치라고 환영했다.

유언비어를 최초로 공작한 사람은 누구인가? 내무대신 미즈노 렌타로를 정점으로 경시총감 아카이케 아쓰시, 경보국장 고토 후미오 등의 '치안 트리오'가 유언비어를 생산·전파·확대한 것으로 보고 있다. 유언비어가 제일 먼저 경찰에서 유포되기 시작했다는 점, 그 표적이 조선인이었다는 점, 유언비어가 계엄의 선결 조건이었다는 점에서 그들은 유력한 용의자다. 경찰권을 장악한 미즈노는 군부에 상당한 영향력을 행사했을뿐더러 조선총독부 제3대 총독 사이토 마코토를 보좌해 조선인의 항일 투쟁을 경험한 바 있었다.

그들은 왜 조선인을 타깃으로 삼았을까? 무엇보다 당시 일본인들에게는 피식민지인인 조선인에 대한 근원적인 차별 의식이 있었다. 게다가 마침 관동 지역에는 조선인 노동자가 많았다. 그들은 학력도 보잘것없고, 천박한 직업을 가지고 있으며 온순하기까지 해서 희생양으로 삼기에 적격이었다. 1919년 9월 2일 강우규 의사의 폭탄 사건에서 부상을 입은 미즈노의 개인적인 원한도 작용했다고 한다. 또한 조선에서 격렬히 일고 있던 독립운동이 영향을 미쳤다. 3·1운동 이후 조선의 많은 청년이 만주로 떠났다. 그들은 이전의 독립운동과는 달리 무장독립투쟁 노선을 걸었다. 신흥무관학교 같은 대규모 독립군 양성소가 설립되었고, 청산리대첩과 봉오동전투에서 일본군은 대패했다. 밀양경찰서 폭파 사건, 총독부 폭탄 투척 사건, 그리고 일련의 저격 사건 등 무장투쟁은 일본인들에게 조선인은 위험하다는 인식을 심어주기에 충분했다. 치안 트리오는 이 점을 잘 활용했다. 공작은 완벽하게 성공했다.

"일본말이 서툴면 베어버려라"

관동대지진 때 조선인 학살은 일본 민간인으로 구성된 '자경단'의 소행으로 알려져 있다. 그러나 계엄군의 학살도 엄연히 존재했다. 그런데 군대 스스로가 밝힌 살해 이유 대부분은 믿기 어려운 것으로 가득 찼다. "선인이 폭탄을 던졌기 때문에", "교량을 파괴하는 것을 저지하기 위해", "단도를 휘둘러 스스로를 보호하기 위해", "호송 중 도망가서" 등 대다수가 범죄행위를 했기 때문에 살해했다는 내용이다. 그러나 당시 목격자들은 계엄군이 처음부터 살해 의지를 갖고 있었다고 증언했다.

> 오후 2시, 가메이도에 도착하자 피난민들이 홍수처럼 넘쳐났다. 장교는 기차의 안팎을 조사하며 조선인들을 골라서 모두 열차 밖으로 끌고 나왔다. 그리고 바로 칼날과 총검을 사용해 조선인들을 죽였다. 그 모습을 본 일본인 피난민들은 "원수 조선인을 모두 죽여라, 만세!" 하면서 환호성을 터뜨렸다. 우리 연대는 그날 저녁부터 밤중까지 피의 잔치를 벌이며 조선인을 사냥했다.
> ─《학살의 기억, 관동대지진》에서

자경단은 위급 상황 발생 시 각 마을의 재향군인과 청년 등을 중심으로 모여 주민과 시설을 보호하고, 재난을 수습하는 민간 자치기구였다. 대지진이 발생하자 도쿄 1593개, 가나가와 현

603개, 사이타마 현 300개 등 총 3689개의 자경단이 소집되었다. 불길을 잡고 주민을 보호하는 것이 자경단 본연의 임무지만 이때만은 달랐다. 그들은 오로지 조선인을 학살하는 데에만 혈안이 되었다.

재앙의 두려움, 가족과 재산을 잃은 분노를 부추긴 것은 다름 아닌 경찰이었다. 경찰은 자경단을 긴급 소집하면서 조선인을 주의하라고 일러주었다. 그리고 스스로를 보호하라고 총기를 지급하면서 조선인을 살해해도 좋다고 지시했다. "선인 300명 정도가 불을 붙여 들고 혼마키에 다가왔다. 물어보고 대답 없는 자는 선인으로 간주하고 죽여도 좋다." "선인으로 보이면 살해해도 무방하다는 경찰부장의 통달이 왔다." "선인 2000명이 오자키 방면에서 몰려오고 있는데 시민들은 무기를 들고 이들을 경계할 것이며 살해해도 무방하다." 한 일본군 육군 소장은 "너희 젊은이들은 이것(일본의 장도)을 들고 경계하다가 조선인이라고 생각되면 단칼에 베어버려라."

그러나 기다리던 조선인들은 몰려오지 않았다. 자경단은 경계를 풀었으나 불안을 해소하지 못했다. 그래서 조선인들을 직접 찾아내 처단하기로 작정하고, 색출 작업에 들어갔다. 헌데 일본인과 외양이 비슷한 조선인을 어떻게 구별할 것인가? 그들은 경찰이 알려준 조선인 식별 자료를 숙지했다. 이 자료는 조선총독부가 만든 것이다. "키와 몸무게, 얼굴 모습은 내지인과 다르지 않지만 자세가 바르고 등이 굽은 자가 별로 없음. 모발이 부드럽

고 적음. 머리카락이 아래를 향해 자라는 자가 많고 안면에 털이
적고 구레나룻이 드묾. 뒷머리는 목침을 사용하기 때문에 대체
로 납작함." 그러나 그것만으로는 부족했다. 자경단은 나름대로
조선인을 식별하기 위해 다양한 방법을 동원했다.

가장 쉽고 널리 사용된 식별 방법은 일본어였다. 의심이 가는
사람에게 〈기미가요〉를 부르게 하거나 '15엔 50전' 같은 조선인
에게는 어려운 발음을 시켜봤다. 이 과정에서 발음이 어눌한 일
본인과 중국인도 많이 잡혔는데, 이들 역시 변명할 새도 없이 그
자리에서 죽임을 당했다. 체류한 지 얼마 안 되는 조선인은 대부
분 일본어가 서툴렀다. 상대적으로 일본어가 유창한 유학생들
은 짐짓 태연한 척하면서 위기를 모면했다.

자경단은 10여 명 이상씩 무리를 지으며 거리를 활보했다. 그들의 손에는 총과 긴 칼, 도끼, 낫, 쇠꼬챙이, 죽창, 밧줄 같은 살인 도구가 들려 있었다. 조선인 합숙소 주변을 집중적으로 수색했으며, 이재민이 몰려 있는 아라카와 강변과 우에노 공원에서 색출에 열을 올렸다. 조선인을 신고하는 사람도 많았다. 자경단의 조선인 학살은 날이 갈수록 큰 성과를 거두었다. 요코하마 형무소에서는 지진으로 한쪽 벽이 파손돼 700명 넘는 죄수들이 탈옥했는데, 군과 경찰은 이들을 체포했으나 형무소로 보내지 않고 자경단에 편입시켰다. 그들에게 조선인을 많이 색출하면 죄를 감해주겠다고 약속까지 했다.

학살 현장은 차마 눈뜨고 보지 못할 만큼 처참했다. 부모와 자식을 잃은 증오심이 집단적으로 표출되자 지옥보다 더 지옥 같은 이승이 펼쳐졌다. 조선인임이 드러나면 무조건 죽였다. 여자와 어린이도 가리지 않았다. 두 살 된 아기도 살해할 정도였다. 이 죽음의 제전에 참여하는 사람이 많아질수록 그 수법이 잔인해졌다. 강가에서 조선인이 발견되면 일단 강물에 빠뜨렸다가 갈고리로 건져올릴 때마다 돌멩이를 던지고 창으로 찌르기를 반복하면서 살인을 즐겼다. 석탄 공장 근처에서 발견되면 코크스 불 속에 산 채로 넣었다. 철도와 차도에 눕혀 손발을 잡고 기차나 트럭으로 치어 죽이기도 했다. 벌거벗겨진 채 음부를 난자당한 조선인 여인의 시신도 부지기수였다.

경찰서 안에서조차 학살이 자행되었다. 각 경찰서 유치장에

관동대지진 당시 학살된 조선인들의 시신으로 추정되는 사진
시신은 모두 하반신이 벗겨진 채 배와 사타구니가 부어 있는데, 죽기 전에 음부를 난자당한 흔적
으로 보인다.

는 수상한 조선인으로 분류된 사람들이 수감 중이었다. 자경단
은 경찰서를 포위하면서 조선인들을 내놓으라고 함성을 질렀
다. 겁을 먹은 서장과 순사들은 도망쳐버렸고 유치장에서 끌려
나온 조선인들은 경찰서 마당에서 무참하게 살해당했다. 군마
현, 요리이 정, 가메이도, 혼조 등 많은 경찰서에서 비슷한 학살
이 벌어졌다. 유치장에서 수용소로 조선인을 호송하는 경찰을
습격해 전부 몰살시키는 일도 발생했다.

죽음의 제전은 9월 2일부터 9월 5일 계엄군 사령관의 발표 때
까지 나흘 동안 절정을 이루었다. 그러나 학살을 멈추라는 발표

이후에도 광기는 쉽게 가라앉지 않았다.

한편 군경의 단속에 검거된 조선인들은 수용소에 수감되었다. 계엄군의 경계 덕분에 그곳에선 적어도 목숨만은 부지할 수 있었으므로, 수용소에 자발적으로 들어오는 조선인들이 많아졌다. 나라시노 수용소에 3200여 명, 메구로 수용소에 600여 명, 아오야마 수용소에 1800여 명, 가산마루 수용소에 700여 명이 수용되었다. 그러나 수용소 생활은 비참하기 짝이 없었다. 감시자들은 본보기를 보이기 위해 의심이 가는 조선인을 공개 처형했으며, 죽지 않을 만큼만 물과 음식을 주었다. 그들은 삼엄한 경비 속에 화재 복구를 위한 노역에 강제 동원되었다.

학살의 책임자는 누구인가

자경단은 유언비어 배포자와 계엄령 실시를 계획한 자가 기대한 이상의 역할을 해냈다. 자경단이 조선인을 많이 죽일수록 계엄령의 명분도 축적되었고, 정부를 향한 불만도 그만큼 차단할 수 있었다. '작전'은 며칠도 안 돼 완벽하게 성공했다. 그러나 날로 세력이 커지는 자경단을 계속 방치할 수는 없었다.

한마디로 조선인을 죽여도 너무 많이 죽였다. 이러다가 일본에 거주하는 조선인의 씨가 마를 지경이었다. '내선일체'와 '일선동화'의 식민지 이념과 정면으로 배치되는 행위였다. 자경단의 폭력이 점점 더 거세지고 공권력과 충돌하는 횟수가 많아져 이를 제어할 필요도 있었다. 계엄군 사령관은 조선인 학살을 자제하라는 첫 번째 포고령을 9월 5일에 발표했다.

"불령선인에 대해서는 삼삼오오 무리를 지어 방화를 자행하거나 미수에 그친 사실이 없는 바가 아니나, 이미 군대의 경비가 완전에 가깝게 이루어져 긴급한 조치가 필요한 곳은 없다. 수백, 수천의 불령선인이 습격해 온다는 소문 등 출처 불명의 허망한 유언비어에 현혹되어 경거망동하는 등의 일은 향후 깊이 고려함이 긴요하다."

다음 날 발표에서는 "유언비어를 전하는 자는 치안 유지를 위해 엄중 처분할 것"이라고 경고하고, 7일에는 유언비어 전파자를 10년 이하의 징역과 3000엔 이상의 벌금에 처한다고 발표했다. 그리고 이날부터 자경단이 소지한 무기를 압수하기 시작했다. 그런데도 자경단은 조선인 학살을 그만두지 않았다. 계엄사령부는 자경단에게 재차 경고했으나 실효를 거두지 못했다. 자경단에 의한 조선인 살해가 마지막으로 보고된 것은 9월 15일이었다.

얼마나 죽었을까? 사이토 마코토 조선총독은 신문과의 인터뷰를 통해 두 명뿐이라고 밝혔지만 믿는 사람은 아무도 없었다. 피해자 수는 유언비어 배포자 및 학살의 책임 소재와 함께 논란이 많은 부분이다. 사실 정확히 집계하는 데는 한계가 있었다. 자경단은 명령에 따라 체계적으로 처형한 게 아니라 그저 닥치는 대로 죽였기 때문에 스스로도 얼마나 많이 죽였는지 몰랐다. 사법성은 232명, 극우 집단 흑룡회는 722명, 역사학자 요시노 사쿠조는 2711명, 이재동포위문반은 2613명, 《독립신문》은 6661명으로 조선인 희생자 수를 집계했다. 일본 역사 교과서가 '수천 명'이라고 밝힌 이유도 사법성의 집계가 터무니없거니와 정확하게 파악하기 힘들기 때문이었다.

일본 당국은 이제 이 엄청난 학살 사건을 어떻게 처리할지 고민이었다. 이미 너무 많이 죽여 밖으로 알려질 수밖에 없었다. 군관민이 저지른 조직범죄가 들통 날 경우 국제적인 비난과 조선 반도의 반발은 불을 보듯 자명했다. 그렇다고 자신들에게 올가미를 씌울 수는 없었으므로 새로운 희생양을 찾기 시작했다. '비상설 민간인 집단 자경단이 재난 중 유언비어에 현혹되어 벌인 우발적 범죄'라면 설득력 있는 시나리오였다.

이에 따라 9월 17일부터 10월 1일까지 자경단 검속에 들어갔다. 총 139건에 735명이 체포되었고, 이들 중 603명이 기소되었다. 검거된 자 중 조선인 학살뿐만 아니라 생활 범죄를 일으킨 일본인도 포함되었다. 물론 그들을 단죄하는 것이 목적은 아니었으므로 재판은 대충대충 진행되었다.

재판을 앞두고 자경단 연합회는 "재난 중에 일어난 불가피한 상해에 대해서 은전을 베풀어줄 것"을 선처했다. 재판부는 이 요청을 받아들였다. 검찰은 735명 중 125명만 기소했고, 재판 결과 무죄 2명, 집행유예 91명, 징역(4년) 2명에 기타 실형을 받은 사람은 30명에 불과했다. 그나마도 1924년 1월, 황태자의 결혼으로 사면을 받아 6개월도 지나지 않아 모두 풀려났다. 결국 조선인 수천 명을 죽인 학살자는 법적 책임을 모두 면했고, 누구도 더 이상 책임질 필요가 없었다.

한편 바다 건너에서는 이 사건을 어떻게 바라보았을까? 조선총독부는 관동에 대지진이 일어나 일본 본토가 막대한 피해를 입었다는 사실만 알려줬고, 유언비어 유포 및 조선인 학살은 철저하게 은폐했다. 그러나 조선인 학살 사건이 관부연락선을 통해 점점 알려지기 시작하자 처음에는 사망자가 두 명이라고 했다가 나중에는 830명이라고 실토(?)했다.

이와는 별도로 총독부는 내선일체를 강조하며 관동대지진 피해 수습을 위한 위문품 및 의연금을 모집했다. 친일파가 앞장섰다. 백미 100석, 우산 1238자루, 단무지 64자루, 보리차 1만 5000포, 의류 수만 점 등 위문품을 실은 배가 9월 15일에 부산항을 떠났다. 이완용은 조선 귀족 일동을 대표하여 죽은 일본인들을 위해 제사를 주도하고 막대한 의연금을 내놓았다. 그들이 모은 돈은 무려 132만 6339엔 960전이었다. 반면 일제가 피학살 조선인을 위로한다는 명목으로 지급한 위로금은 1인당 2엔에 불과했다. 임시정부의 《독립신문》이 참상을 알렸지만 이 신문을 조선 땅에서 구독할 수 있는 독자는 없었다.

해방 후 대한민국 정부의 대응

1923년, 학살이 끝난 후 국제적십자에서 조선인 학살에 대한 진상 규명을 벌인 적이 있었다. 이 지역에 살던 외국인들을 통해 참사가 알려지기 시작한 것이다. 그러나 일본 정부는 이 조사 활동을 교묘하게 방해했다. 시신이 매장된 현장을 조사하기 전에, 미리 유골을 파내어 어디론가 이장하는 수법이었다. 국제적십자는 빈손으로 돌아가야 했다.

　1923년 9월, 임시정부는 외무총장 조소앙의 명의로 일본 총리에게 항의 서한을 보냈으나 반응을 보일 리 없었다. 임시정부는 《독립신문》의 많은 지면을 할애해 관동 지역에서 일어난 일제의 만행을 알리는 데 주력했다. 그리고 대외 열강들에게 일본에 의연금을 보내지 말 것을 호소했으나 효과는 없었다. 그해 11월 17일, 상해 교민회는 추모 대회를 열어 동포의 넋을 위로했다.

　지난 9월 원수의 나라 지동될 때, 저들의 독살에 맞아 무참한 여러 동포들의 죽음이여! 그 얼과 넋이 얽혀 있으리라. 어찌하면 삭을 것인가? 하늘이 무너지고 땅이 터져 눈 깜짝할 때 바다와 물이 바뀌었으니 어디 자리 잡을 데가 있나, 온전히 먹을 것이 있나? 온통 붉은 고깃덩이만 뒹굴 뿐이니. 사람이라면 서로 붙들고 서로 가여워하는 것이 정한 이치이거늘 내 것을 다 빼앗고 목숨마저 가져가면서도 무엇이 모자라 싹마저 도려내려 했던가? 말을 지어내어 한

풀이를 하니 쇠몽치는 머리를 때리고 대나무 창은 가슴을 찌르는 구나. 묶어놓고 짓밟으며 몰아놓고 총을 쏘니 피가 솟아 내가 되고 살이 모여 메가 되었네.

— 〈상해 교민회 추도문〉에서

의열단원 김지섭은 《독립신문》 등을 통해 참상을 접하고 치를 떨었다. 일본 잠입에 성공한 그는 1924년 1월 5일, 도쿄의 일본 왕궁 입구(이중교)에 폭탄을 던졌다. 사상자는 없었지만 제국의 수도에서 폭탄이 터지자 일본 당국은 적잖이 놀랐다. 더욱이 조선인 학살에 대한 보복이라는 사실에 더 당황했다. 이미 독립군 사이에서는 일본의 군경이 조선인 학살의 책임자라는 것이 기정사실이었다.

그러나 해방 후 관동대지진은 역사에서 사라진다. 이승만은 언젠가 있을 일본과의 식민지 배상 문제를 위해 학살 상황을 조사했지만 단교된 상태에서는 한계가 있었다. 이때 조사한 기록이 학살당한 조선인 290명의 명부와 함께 2013년 11월에 발견되었다. 이 자료에 따르면 일본 경찰과 소방대 등 공권력이 조선인 학살에 가담했으며, 피살된 조선인 중에는 10세 미만 어린이도 다수 포함됐다. 나이가 확인된 최연소 피해자의 연령은 2세였다.

1965년 한일 국교 정상화 과정은 진상 규명을 위한 좋은 기회였지만, 당시 기록이 없던 한국 정부로서는 문제를 제기할 수가 없었다. 우리나라 국정 역사 교과서에 이를 언급한 것은 1996년에 이르러서였다.

> 1923년 일본 관동 지방에서 발생한 지진으로, 인명과 재산상에 큰 피해를 입어 일본 내 인심은 흉흉해졌다. 이때 일본 당국은 "조선인이 폭동을 일으켜 일본인을 죽이고 있다."는 유언비어를 퍼뜨려 사회 불안의 원인을 한국인 탓으로 돌렸다. 이로 인해 동포 6000여 명이 일본인에게 학살당하는 대참사가 발생했다.
>
> ─《중학교 역사(하)》(교학도서, 1996)에서

관동대지진이 어느 정도 수습된 후 양심 있는 일본인들은 각 고을에 학살당한 조선인을 위한 추모비를 세웠다. 매년 9월 1일이 되면 재일동포 및 일본인 들이 이 추모비 앞에서 고인들의 넋을 기리고 일본 정부의 책임을 규탄하고 있지만, 일본 정부는 지금까지 군경 개입에 대해 침묵하고 있다. 만행이 국제적으로 알려지고, 배상 문제가 새로이 불거지는 것을 막으려는 이유다. 일본 정부의 외면 속에 한국 정부 역시 이 문제에 더 이상 깊이 관여하지 못하고 있다.

2006년 한일 양국의 시민단체 대표가 정부 기구인 '진실·화해를위한과거사정리위원회'에 관동대지진 당시 조선인 학살에 대한 진상 조사를 요청한 적이 있었다. 일본 정부에 책임을 묻기 위한 일이었지만, 위원회가 조사 권한이 없다는 결론을 내려 국가 차원의 조사와 해결은 좌절됐다. 2012년에 국회의원 유기홍은 '관동대지진 조선인 학살 사건 진상 규명 및 희생자 명예 회복에 관한 특별법안'을 대표 발의했다. 이 법안의 골자는 국무총리 소속의 '진상 규명 및 명예 회복 위원회'를 설치해 사건을 조사하고, 희생자들의 명예를 되찾자는 것이다. 하지만 이 또한 2015년 현재까지 통과되지 못한 채 답보하고 있다.

■

■

대지진이 야기한 정치·사회적 위기를 벗어나기 위해 일본 정부는 조선인을 제물로 삼았다. 당시 일본 사회에서 가장 힘없는 존재였던 조선인이야말로 흠잡을 데 없는 번제의 희생물이었다. 일본 군경은 그들이 방화범이고 살인자라는 유언비어를 은밀하고 조직적으로 퍼뜨렸다.

대재난에 망연자실하던 일본인들은 그 소문의 진위를 가릴 여유가 없었다. 더구나 식민지 조선인은 자신들보다 열등한 민족이었으니, 종로에서 뺨 맞고 한강에서 분풀이하기 적합했다. 졸지에 일본 사회는 '전위적 폭력'의 분위기에 집단적으로 빠졌고, 재앙으로 인한 상실감이 클수록 학살의 잔인함과 범위도 커졌다. 오죽하면 학살을 유도한 당사자가 그것을 말렸을까? 관동대지진 조선인 학살 사건은 인간성이 파괴된 호모사피엔스의 모습을 적나라하게 보여준 정부와 민간인의 합작품이었다.

7

매카시즘

빨갱이 사냥에
눈먼 미국

1999년 제71회 아카데미 시상식, 미국 영화 발전에 이바지한 공로로 엘리아 카잔 감독이 호명되었다. 그는 〈욕망이라는 이름의 전차〉, 〈워터 프론트〉, 〈초원의 빛〉, 〈에덴의 동쪽〉 등 주옥같은 작품을 남긴 감독이자 극작가이며 제임스 딘, 말런 브랜도, 내털리 우드 등 전설의 배우들을 배출한 거장이다. 1929년 제1회 아카데미부터 공로상을 시상해왔으니 그의 업적에 비하면 때 늦은 감이 없지 않았다. 영화감독 마틴 스코세이지와 배우 로버트 드니로의 부축을 받으며 단상으로 가는 90세의 거장에게 기립박수로 경의를 표하는 것은 당연했다. 그러나 예기치 못한 상황이 벌어졌다. 객석의 반 이상이 자리에 앉아 침묵하고, 어떤 이는 관심 없는 척 행동했으며 더러는 그를 째려보기까지 했다. 동료와의 연대감이 강하고 칭찬에 인색하지 않기로 유명한 할리우드에서는 보기 드문 장면이었다.

이와 정반대의 현상이 그로부터 27년 전에 있었다. 제44회 아카데미 시상식에서 공로상 수상자로 한 노인을 거명했다. 그는 이 행사에 참여하기 위해 추방당한 지 20년 만에 처음으로 미국 땅을 밟았다. 당시 영화제에 참석한 모든 사람이 일어나 그를 반겼고, 그는 예의 환한 미소로 화답했다. 이

전례 없는 큰 환영을 받은 주인공은 바로 찰리 채플린. 그가 단상에서 수상 소감을 밝히는 12분 동안 단 한 사람도 의자에 앉지 않고 뜨겁게 박수쳤다.

극적 대비를 이루는 이 두 장면은 아카데미의 역사를 조명할 때마다 등장하는 단골 소재다. 엘리아 카잔은 왜 후배들에게 냉대를 받았을까? 찰리 채플린은 무슨 이유로 추방되었고, 그런데도 어떻게 그렇게 뜨거운 환영을 받았을까? 1950년대 초반에 미국 본토를 휘몰아쳤던 '매카시즘'이 두 질문의 답을 품고 있다.

적색 공포의 탄생

미국에서 공산주의에 대한 관심이 커진 것은 제1차 세계대전 이후였다. 미국과 영국의 연합국이었던 러시아에서 1917년에 공산주의 혁명이 성공했다. 인류 역사상 최초의 공산주의 국가였다. 레닌은 제1차 세계대전을 '제국주의 전쟁'으로 규정하면서 발을 뺐다. 연합국은 당혹스러웠지만 어쩔 수 없었다.

전쟁이 연합국의 승리로 끝나면서 미국은 국제 무대에서 새로운 강자로 급부상했다. 그런데 국내에서는 뜻밖의 문제에 마주치게 된다. 1918년 11월 제1차 세계대전 종전 당시에 900만 명이 군수산업에 종사하고 400만 명이 군에 복무하고 있었는데, 전쟁이 끝나자 군수산업의 공장 가동률은 떨어졌고 제대한 군인들의 일자리가 없어졌다. 전쟁 자금을 충당하기 위한 220억 달러의 공채 발행과 막대한 전비 지출로 통화량이 증가해 인플레이션도 발생했다. 1919년 말, 달러의 구매력은 5년 전에 비해 거의 반이나 하락했다. 이 과정에서 임금이 하락하고 상시적으로 해고가 발생하자 노동운동 바람이 거세게 불었다. 1919년 3월 한 달 동안 대규모 파업이 175번 있었다. 그해 전체 파업은 3600건을 넘었고 여기에 참여한 노동자는 400만 명에 달했다. 미국 역사에서 노동운동이 가장 활발하던 시기였다.

미국 내에서 노동조합이 가장 발달한 시애틀 노동자들에게도 사정은 마찬가지였다. 임금 삭감 및 해고에 맞서 노동자 6만 명은 1919년 2월 6일, 일제히 일손을 멈췄다. 공장뿐만 아니라 시민들도 파업에 동참했다. 모든 상점과 식당이 문을 닫았고 시내 전차들도 운행을 멈췄다. 졸지에 도시 기능이 마비되었다. 총파업 지도부는 유혈 사태를 염려하여 2월 11일에 파업을 종료했지만, 시애틀 총파업은 미국 노동운동에 영감을 주어 4월 보스턴 전화노조, 11월 석탄노조의 총파업으로 이어졌다.

미국의 기업가들과 보수층은 일찍이 볼 수 없었던 노동자의 힘을 경험했다. 시애틀처럼 대도시 전체가 아예 멈춰버린 사건은 가히 혁명적이었다. 대규모 파업이 연이어 발생하자 위기감은 더욱 높아졌다. 거세지는 노동운동을 끊을 방도는 없을까? 기업가와 보수층은 총파업 현장에 참여한 공산주의자들을 주목하면서 돌파구를 찾았다. 러시아가 노동운동을 배후 조종하고 있다는 선동이 시작되었다. "파업을 파괴하라, 볼셰비키로부터 이 나라를 구하고 그들과 같은 노동자와 선동가로부터 선량한 노동자들을 구하라!" 기업가들이 제기한 이 논조는 《뉴욕 타임스》를 비롯한 주요 신문을 통해 널리 확산되었다. 자본가와 유착한 보수주의 의원들도 "혁명의 기회를 시험하기 위해 공산주의자들이 파업을 지휘하고 있다."며 표를 호소했다. 물론 러시아의 배후 조종은 거짓말이었고, 노동조합에서 공산주의자의 비중은 미약했다. 그러나 이 전술은 매우 성공적이었다. 사회적 혼란 속에 공산당이 미국을 지배할지 모른다는 '적색 공포'는 이렇게 탄생했다.

이런 분위기 조장에 적극적으로 응답한 것은 재향군인들이었다. 1919년 5월에 창립한 '재향군인회'는 1년 만에 회원 100만 명을 가진 거대 단체로 성장했다. 과거 러시아가 전쟁에서 발을 빼자 그들은 서부전선에서 독일과 더욱 힘든 전투를 치러야 했다. 이 기억이 생생한 재향군인들은 이미 오래전에 공산주의를 악으로 규정했다. 군복 차림에 성조기를 들고 공산주의를 비난하며 거리를 행진한 당시의 모습은 재향군인회의 상징이 되었다. 군 출신답게 공산주의자를 대하는 그들의 전투적인 방식은 대중의 관심을 집중시켰다.

노동자 파업이 갈수록 격해지자 시민들도 기업가와 재향군인의 목소리에 귀를 기울이기 시작했다. '노동운동=공산주의'라는 등식이 점점 넓게 퍼졌나갔다. 대중의 지지를 얻지 못하는 노동운동은 쉽게 진압되었다. 경찰은 여론을 등에 업고 대대적인 체포 작전을 전개해, 파업에 참여한 노동자 대부분이 구속됐고 파업 지도부 중에는 사형에 처해진 인물도 있었다. 1919년 파업을 계기로 미국 노동운동 및 노동조합은 급격하게 위축되고 보수화되었다.

노동계뿐만이 아니었다. 공산주의자는 물론 사회주의자, 아나키스트 등 많은 급진주의자와 인권운동가, 환경운동가가 체포되었다. 지배층은 적색 공포의 분위기를 이용하여 기존의 질서에 반대하는 사람들을 모조리 적색분자에 포함시켰다. 당시 법무부 수사국이 이와 관련된 사건들을 진두지휘했으며, 직원인 에드거 후버가 많은 공로를 세웠다.

채플린이 추방당한 까닭

제2차 세계대전이 끝나면서 미국의 반소 및 반공 감정은 정점으로 치달았다. 미국과 소련은 국제 무대에서 사사건건 부딪쳤다. 공산권을 확대하려는 소련과 이를 저지하려는 미국이 대립했다. 이 긴장 분위기를 트루먼 미국 대통령은 '냉전(cold war)'이라고 불렀다. 특히 1949년에는 '냉전의 기원'이라 불릴 정도로 많은 사건이 발생했다. 소련의 공산화 전략과 대결하기 위해 서방은 4월 '북대서양 조약 기구', 즉 나토(NATO)를 창설했다. 8월에는 소련도 원자폭탄 실험에 성공했다. 그 위력을 누구보다 잘 아는 미국은 당황하지 않을 수 없었다. 누군가 원자폭탄 관련 기밀을 내주지 않은 이상 소련이 그렇게나 빠르게 성공할 수 없다고 생각했다. 또 10월에는 중국이 공산화되었고, 그로부터 6일 뒤 독일민주공화국(구 동독)도 성립되었다.

냉전 체제에 가장 민감하게 반응한 것은 보수주의자들이었다. 그들에게 미국은 제1·2차 세계대전을 승리로 이끈 위대한 조국이었으며, 이는 곧 자유주의의 승리였다. 자유 진영의 최후의 보루로서, 가장 성공한 자본주의 국가로서 새로운 적으로 부상한 공산주의에 대항해야 한다는 의무감이 자연스럽게 잉태되었다. 한편 그들의 정치적 고향인 공화당은 1928년 이후 대통령을 배출하지 못해 절치부심, 기회를 노리고 있었다. 공화당은 공산주의가 미국에 위협적일 수 있다는 메시지를 날리기 시작했다. 공화당의 "이제 민주당의 지배를 받을 만큼 받지 않았습니까?"라는 슬로건은 매우 효과적이어서 선거에서 압승을 거두었다. 공화당 성향이 강한 위스콘신 주의 후보 조지프 매카시도 이렇게 의회에 진출했다. 보수주의 물결에 편승해 매카시는 전쟁 중 자신의 활약상을 과대 포장하고 상대방을 공산주의자라고 밀어붙였다. 1946년 의회 선거에서 공화당은 상·하원 모두에서 다수 의석을 차지했다.

그해 영국에서 원자폭탄 비밀을 넘겨준 소련 스파이들이 적발되자 공화당은 공산주의에 단호하게 대처하라고 트루먼을 강도 높게 공격했다. 트루먼은 자신의 행정부가 나약하지 않다는 사실을 보여주기 위해 1947년에 정부 직원들을 대상으로 하는 '충성심 프로그램'에 착수했다. 충성심 조사위원회는 일제히 조사를 벌여 직원 11명을 전복죄로 기소했다. 1910년대에 만들어진 적색 공포의 그림자가 다시 엄습하기 시작했다.

공화당은 정부의 프로그램에 만족하지 않고 비미활동위원회(HUAC, House Un-American Activities Committee)를 하원의 상임위원회로 격상시켰다. 당초 1938년에 파시스트와 공산주의자의 활동을 조사하는 임시위원회로 조직된 HUAC는 이때부터 미국 내 공산주의가 위험 수준에 도달했음을 증명하기 위해 고도의 조사를 시작했다. HUAC는 이 시기에 FBI와 더불어 공산주의 토벌 기관으로 맹위를 떨쳤다.

HUAC는 증언을 거부하는 사람에게는 위증이나 의회 모독 혐의를 씌워 기소했다. 용감한 지식인들의 "배신을 강요하지 말라."는 비판의 목소리를 알리는 언론은 드물었다. 위원회에 소환되고 기소된 이들 대부분은 과거에 공산주의 활동을 했지만 이미 손을 뗐거나, 공산주의와는 아예 무관한 사람들이었다. 이들은 직장에서 해고되거나 취직이 금지되어 실업자로 전락하고 비참하게 인생을 마쳤다. 날로 험악해지는 국제 정세 속에 미국의 보수주의 물결은 더욱 거세졌다.

HUAC의 첫 번째 칼날이 향한 곳은 대중의 인기를 끌기 시작한 영화계였다. 전통적으로 민주당 성향이 강하고 급진주의자가 많은 분야였다. HUAC는 FBI에게서 공산주의 성향을 띠거나 미국 사회를 비판하는 영화인의 명단을 받아 그들을 청문회에 소환했다. 영화인들은 청문회에서 공산주의에 대한 생각과 활동 경력, 그리고 자신이 아는 공산주의자를 실토하도록 강요받았다. 그중 '할리우드의 10인'은 정치적 신념을 강요받을 수 없다는 이유로 답변을 거부했다. HUAC는 블랙리스트를 뿌려 이들을 할리우드에서 추방했다. 반면 공산주의 동료를 고발한 사람들은 권력의 용서를 받았다. HUAC에 적극적으로 협력했던 월트 디즈니와 로널드 레이건, 엘리아 카잔은 후에 할리우드의 반공주의자로 이름을 알렸다.

영국 출신의 영화배우이자 감독인 찰리 채플린은 작품을 통해 노동자의 참상과 미국 사회의 부조리를 희극적으로 고발했다. 미국을 넘어 전 세계의 각광을 받았으나 보수층 및 기업가에게는 눈엣가시였다. 1948년 미국 의회는 공산주의자라는 혐의를 씌워 채플린을 소환했다. 그는 공산당원이었던 적도, 공산주의 단체에서 활동한 적도 없었다. 아무리 집요하게 조사해도 당연히 아무것도 발견할 수 없었다. 의회는 그에게 공산주의자를 밀고하라고 협박했으나, 채플린은 입을 다물었다. 1952년에 그는 영화를 홍보하기 위해 영국으로 건너갔다. 이때 미국 정부는 그의 귀국을 거부했고, 채플린은 "이런 상황에서는 더 이상 미국에서 영화를 만들 수 없다. 나는 영주권을 포기한다."며 자의 반, 타의 반으로 추방당했다.

반면에 엘리아 카잔은 의회에 출두해서 자신이 과거에 공산당 당원이었음을 고백했다. 그리고 공산주의자로 활동하는 동료 여덟 명을 고발하면서 용서받았고, 할리우드에 계속 남을 수 있었다. 그가 고발한 동료들은 이후 실업자로 전락했고, 심지어

위대한 영화배우이자 감독인 찰리 채플린은 1940년대 후반에 미국에서 공산주의자 혐의로 조사를 받았다. 그 후 1952년에 영화 홍보 차 영국으로 건너갔다가 미국 입국을 거부당한 그는 1971년 아카데미에서 공로상을 받을 때에야 미국으로 돌아갈 수 있었다. 추방당한 지 20년 만이었다.

자살하는 사람도 생겼다. 카잔에게는 평생 '배신자'라는 오명이 뒤따랐다. 아카데미 공로상 수상자로 선정되었을 때에도 논란에 시달렸고, 시상식장 밖에서는 그의 수상을 반대하는 시위까지 벌어졌다. 동료들을 고발하지 않음으로써 희생당한 채플린과 그와는 정반대의 길을 걸었던 카잔. 할리우드의 후배들은 행동으로 선배들을 심판한 것이다.

HUAC가 제일 많이 소환한 사람들은 대학교수였다. 당시 상아탑에서는 공산주의에 대한 연구가 한창이었다. 그들도 영화인과 마찬가지로 동료의 고발을 강요당했다. 입을 다문 교수들은 대학과 재계약을 맺지 못했다. 학문으로서 공산주의를 연구하는 지식인은 순식간에 자취를 감추었으며, 학생들 사이에서는 상대방을 공산주의자라고 비난하는 일이 다반사였다.

HUAC가 세간에서 가장 주목받은 사건은 전 국무성 고위 간부였던 앨저 히스를 간첩 혐의로 청문회에 회부한 일이었다. 과거에 공산주의자였다고 자백한 휘태커 챔버스가 이전에 히스에게서 기밀문서를 넘겨받은 적이 있다고 폭로한 것이다. 국무성은 정부의 심장부와 마찬가지여서 미국 국민도 공산주의의 침투를 우려하기 시작했다. 히스는 무죄를 주장했고, 설령 그에게 죄가 있더라도 HUAC는 공소시효 때문에 그를 기소할 수 없었다. 그러나 공화당의 신참 의원이었던 리처드 닉슨의 끈질긴 노력으로 히스는 위증죄로 기소돼 감옥에 갔다. 간첩 사건과는 무관하게 죄수복을 입었으나, 국민이 민주당인 트루먼 정부에 의

나는 미국 국무부가 공산주의자로 가득 차 있다고 주장하
는 바입니다. 이 손에 그 205명의 명단이 있습니다.

― 1950년 2월, 조지프 매카시의 연설에서

혹의 눈길을 보내도록 하기에는 충분했다. 건국 이래로 '자유'를
최고의 가치로 여기던 미국이었지만, 1940년대 후반부터 불기
시작한 반공산주의 열풍은 자유 중 가장 기본적인 '사상의 자유'
를 완벽하게 억압했다.

매카시즘의 광풍

1950년 2월 9일, 서부 버지니아 주 휠링에서 열린 공화당 당원
집회에서 위스콘신 주 출신 초선 상원의원 매카시는 지지 연설
을 위해 연단에 올랐다.

"나는 주요 정부 부처 중의 하나인 국무부가 공산주의자로 가
득 차 있다고 주장하는 바입니다. 내 손에는 공산당원증을 소지
하고 있거나 틀림없이 공산당에 충성할 사람들이면서도 미국의
대외 정책을 결정하는 데 일조하고 있는 205명의 명단이 있습

니다."

그는 다음 날에도 비슷한 내용의 연설을 하면서 숫자를 57명
으로 줄였다.

HUAC가 전 방위적으로 활동하면서도 밝히지 못한 공산주의
자 명단이 그에게 있고, 미국 행정부의 심장인 국무부에 그들,
즉 소련의 간첩이 암약하고 있다는 사실은 매우 충격적이었다.
숫자가 줄어든 것은 상관없었다. 지표 밑에서 꿈틀꿈틀하던 공
산주의에 대한 두려움과 증오가 솟구치기 시작했다. 미국 사회
에는 공산주의자들을 색출하기 위한 총동원령이 떨어졌다.

매카시의 폭로로 히스의 재판이 국민적 관심사로 떠오르고
그를 유죄로 모는 여론이 형성되었다. 며칠 뒤 영국에서 저명한
핵물리학자가 간첩죄로 체포된 사건이 때마침 알려졌다. 그는
미국과 영국의 원자폭탄 공동 개발을 주도한 '맨해튼 계획'에 참
여했던 인물이었다. 그리고 6월에는 한국에서 전쟁이 발발해 사
실상 미국-소련 간 대리전쟁에 돌입했다. 이때 초기에 미군이
밀렸다는 사실은 매우 충격적이었고, 평범한 미국인까지 공산
주의에 위협을 느끼기 시작했다.

상원에서는 매카시가 내뱉은 발언의 진위를 확인하기 위해
소위원회를 소집했다. 그러나 명단을 확보하지 못한 매카시는
전혀 관련 없는 10명의 이름을 거론했다. 그러자 민주당 소속인
소위원회 위원장은 매카시를 "협잡꾼이자 장난삼아 남을 속이
는 자"라고 규정하면서 그의 행동이 "미국인을 혼돈에 빠뜨리고

분열시키고 있다."라고 결론 내렸다.

그러나 미국인에게 매카시는 어느새 반공산주의의 전사로 각인되고 있었다. 진짜 명단이 있는 것처럼 주머니에서 종이를 꺼내 흔든 그의 쇼맨십은 미국인에게 신뢰감을 주기에 충분했다. 여론의 지지를 확인한 매카시는 명단의 오류를 해명하기보다 오히려 소위원회 조사의 신뢰성을 문제 삼았다. 매카시는 트루먼 대통령이 공산주의자 공무원을 방치하고 있다며 맹공을 쏟았다. 공화당 보수파도 매카시의 주장이 신뢰할 만하지 못하다는 사실을 알고 있었으나, 반사이익을 노리고 그들의 동료를 측면 지원했다.

트루먼은 초조해졌다. "공산주의를 대하는 방식이 물러터졌다."라는 비난은 억울하기 짝이 없었다. 그는 결백을 증명하기 위해 1950년 8월, 충성심 조사위원회에 직원의 해고 권한까지 부여하는 더욱 강력한 조치를 취했다. 그 결과 이듬해에만 2000명이 넘는 직원이 사임했고, 212명이 면직되었다. 해고자 가운데 공산주의자로 명백하게 밝혀진 사람은 소수에 불과했고, 심지어 그들조차 소련과는 관계가 없었다. 나머지는 '공산주의자의 유혹에 이끌릴 위험'이 있는 사회주의자, 동성애자, 알코올중독자, 채무자였다.

의회는 매캐런법을 통과시켰다. 이 법에 의하면 공산주의 단체는 법무부에 의무적으로 등록해야 했다. 그들은 연방정부나 방위산업체에서 근무할 수 없었고, 외국 여행도 금지되었다. 공산주의자를 국가안보를 위협하는 세력으로 규정한 최초의 법이었다. 트루먼은 미국 시민의 기본권을 제한할 소지가 있어 거부권을 행사했으나 의회는 이를 밀어붙였다. 그러나 결국 연방 대법원이 등록을 거부하는 사람을 처벌할 수 없다는 판결을 내려 이 법은 큰 효과를 보지 못했다.

매카시의 인기는 갈수록 높아졌다. 그는 자신을 '협잡꾼'이라고 말한 상원 소위원회 위원장을 공산주의자라고 몰아붙여, 1950년 선거에서 낙선시키는 데 성공했다. 그를 욕하던 민주당 의원들도 비슷한 방법으로 매도당해 낙선했다. '맨해튼 계획' 사건에 미국의 공산주의자들이 연루되었다는 소식도 매카시의 인기를 한층 높여주는 결과를 낳았다. 그 연루자 중 로젠버그 부부는 끝까지 무죄를 주장했지만, 결국 유죄판결을 받고 1953년 6월에 사형당했다. 미국 역사상 민간인을 스파이 혐의로 사형한 첫 번째 사례였다.

1952년 재선에 성공한 매카시는 공화당 지도부의 지원 아래 의회에 특별위원회를 구성할 수 있었다. 그들은 공무원들의 전복 계획을 파헤친다는 명목으로 행정부 전 부서를 조사했다. 매카시의 두 보좌관은 공무원들에게 기피 인물 1순위였다. 그들의 눈 밖에 나면 특별위원회에서 곤혹을 치르고 돌아와야 했기 때문이다. 특별위원회는 큰 소득 없이 끝났으나, 국민은 공산주의를 몰아내려는 '애국자' 매카시의 노력을 높이 평가했다.

1952년 대통령 선거에서 공화당이 승리하면서 매카시는 날개를 달았다. 아이젠하워 후보는 국민적 인기가 높은 매카시를 이용했으며, 매카시 역시 그 보답으로 아이젠하워를 지지했다. 선거 유세에서 매카시가 전쟁 영웅 마셜이 전쟁 중 소련에게 지나치게 관대했다고 비난하자, 아이젠하워가 미리 준비한 원고에서 마셜에 대한 찬양을 빼버릴 정도였다. 이 사실이 알려지자 정계는 다시금 매카시의 힘을 확인했다. 그는 대선에서의 공로를 인정받아 상원 정부감시위원회와 그 산하 상설 조사위원회의 위원장이 되었다. 이 두 위원회를 통해 매카시는 정부에 직접적인 영향력을 행사할 수 있었다. 특히 국무부를 집요하게 물고 늘어졌다. 위세에 눌린 국무부는 각 부서에 '논란이 되는 인물, 공산주의자 및 그 동조자'의 서적, 그림, 음반을 치우도록 지시하기도 했다. 공무원들은 몰래 매카시에게 비밀 정보를 제공하기도 했다.

매카시즘은 1953년에 절정기를 맞았다. HUAC의 활동 반경은 더욱 넓어졌고, FBI 조직은 하루가 다르게 비대해졌다. 1924년 12월부터 FBI를 이끈 애드거 후버도 매카시에 버금가는 인물로 부각되었다. 최고급 정보를 손에 쥔 그는 없는 사실도 만들어내는 탁월한 능력이 있었다. 그의 수첩에 오른 인물은 어떤 식으로든 피해를 봤다. 반공이라면 매카시보다 뒤질 것 없는 후버였다. 그는 불순분자로 의심되는 1만 2000명을 구금할 계획을 세웠으나 트루먼이 거부하면서 무산되기도 했다.

아이젠하워 대통령은 1953년 4월, '행정명령 10450'을 내려 공무원 고용 시 "명백하게 국가 안보에 부합되어야 한다."라는 조항을 추가했다. 충성심 조사위원회의 심사기준을 엄격하게 적용하고 항변 기회를 축소했다. 그 결과 1953년에 1456명이, 이듬해에는 2200명이 해고됐다. 후에 아이젠하워는 회고록에서, 자신의 집권 기간 동안 이런 이유로 좌천당한 공무원이 8800명이었다고 밝혔다.

1954년 8월, 미국 의회는 '공산주의자 단속법'을 제정해 반공의 정점을 찍는다. 공산당 가입을 불법화한 내용으로, 정치결사 및 사상의 자유를 보장한 헌법과는 정면 배치되는 법률이었지만 상원에서는 만장일치로, 하원에서는 단 두 명만 반대할 만큼 매카시즘은 미국 사회를 강타하고 있었다. 이 법은 1960년에 대법원에서 위헌판결을 받아 폐기되었다.

개인의 권리와 자유를 구체적으로 보장하고 이에 대한 중앙정부의 제한을 명시한 것이 미국 헌법 속 권리장전이다. 매카시즘 당시 한 신문사가 이 권리장전을 별도의 문안으로 작성해, 무작위로 뽑은 시민 112명에게 서명을 요청하자 111명이 거부했다. 헌법 조항임에도 불구하고 서명할 경우 공산주의자로 몰릴 것이 두려웠던 것이다.

1953년 4월, 실질적으로 가장 많은 피해를 본 분야는 노동계였다. 1919년 적색공포에서 발생한 '노동운동=공산주의' 등식이 무의식적으로 부활했다. 노조위원장 선거에서는 반대파를 공산주의자로 몰아붙이는 일이 다반사였다. 노동조합 게시판은 파업 소식이나 경찰의 가혹행위를 고발하는 글 대신 노동자의 애국심을 강조하는 내용이 많아졌다. 1949년에 열린 산업별 노조연맹의 대의원대회는 공산주의자들이 장악한 11개 노조를 추방했다. 이에 속한 노조원은 100만 명이 넘었는데, 그들은 연맹의 보호를 받지 못해 상시적인 임금 삭감 및 해고를 당해야 했다.

미국 언론의 흑역사

매카시의 가장 든든한 지원군은 여론이었다. 1954년 갤럽 조사에 의하면 그의 지지도는 50퍼센트, 반대는 29퍼센트였다. 1953년에 조사했다면 지지율은 이보다 훨씬 높았을 것이다. 여론 형성의 일등 공신은 언론이었다. 통신사와 신문에 이어 나중에는 텔레비전 방송까지 가세했다. 휠링에서 매카시가 처음으로 폭로 발언을 던진 이후 두 번째 연설 전까지 129개 신문 중 8개만이 그를 비난하는 기사를 실었다. 매카시의 명단을 확인하려는 언론은 매우 드물었다. 몇 개월 후 명단이 없다는 사실이 밝혀졌는데도 언론은 여전히 공산주의의 유령이 배회한다며 매카시를

매카시즘의 열풍을 타고 출간된 반공 서적들
《이것이 미래인가 : 공산주의에 속박된 미국!》(왼쪽)과 《레드 채널 : 라디오와 텔레비전에 미치는 공산주의자의 영향력에 대한 보고서》(오른쪽)

두둔했다.

당시 미국의 언론 환경은 경쟁이 매우 치열했다. 얼마나 빨리 전달하고 얼마나 자극적인 기사를 싣느냐가 가장 중요했고, 검증 작업은 경쟁에 뒤처지게 만드는 일일 뿐이었다. 통신사는 언론계에서 큰 비중을 차지하고 있었다. 대형 신문사는 그럴 필요가 없었지만, 지방의 영세 신문사는 워싱턴이나 뉴욕의 소식을 다루기 위해 통신사가 공급하는 뉴스에 절대적으로 의존해야 했다. 통신사는 언론사라기보다는 자사의 기사를 많이 팔기 위한 '기사 장사꾼'이었다. 자극적이고 선동적인 기사들이 전송됐으며, 신문사는 이를 무비판적으로 지면에 실었다. 1952년 6월에 《밀워키 저널》이 매카시의 '해병대 영웅' 이미지가 거짓이라고 폭로했지만, 이를 전송하는 통신사는 없었다. 이런 언론 산업의 구조를 명확하게 파악하고 있던 매카시는 특히 통신사를 잘 이용했고, 그들을 위해 별도의 기사거리를 비축해두곤 했다.

매카시와 가장 긴밀하게 협조한 언론사는 윌리엄 랜돌프 허스트가 발간한 20여 종의 '허스트계 신문'과 로버트 매코믹이 발행하는 《뉴욕 데일리 뉴스》, 《시카고 트리뷴》 등이었다. 이들은 전쟁 기간 중에는 히틀러를 찬양하는 기사를 싣던 매체들이었다. 매카시는 자신을 비판하는 신문을 '좌파 신문'으로 몰아세웠다. 당시 영향력이 컸던 잡지 《타임》은 1951년 10월에 비교적 객관적으로 매카시를 다루는 커버스토리를 실었다. 그러자 매카시는 이 잡지를 공산주의 잡지로 몰아세우고 기업가들에게 광고를 내지 말아야 한다고 주장했다. 이 발언은 꽤 효과를 거두어 《타임》은 상당 기간 애를 먹었다. 이런 압력은 가장 큰 신문사인 《워싱턴 포스트》에게까지 영향을 미쳤다. 후에 이 신문 편집인은 "나는 자유주의자였으나 《워싱턴 포스트》를 살리기 위해 보수적인 반공주의자로 변신했다."라고 술회했다.

매카시는 언론계에 침투한 공산주의자 색출을 주장하며 언론을 더 압박했다. 그는 예의 수법대로 신문과 잡지를 장악한 공산주의자들에 대한 정보를 가지고 있다고 강조했다. 이런 매카시와 맞서려면 폐간까지 각오해야 했다. 소수의 매체가 매카시를 은유적이거나 온건하게 비판하는 소극적 자세로 언론의 자유를 수호할 뿐이었다.

텔레비전도 매카시즘을 전파하는 데 앞장섰다. 미국에서 텔레비전은 1947년에 대량생산되기 시작해, 1951년에 1000만 대를 넘어섰다. 방송국 수도 1950년 2월 당시 98개에서 1954년에는 413개로 늘어나 본격적인 텔레비전 방송 시대가 개막했다. 갈수록 영향력이 커지는 텔레비전 뉴스는 매카시의 소식을 간단하게 전하되 하루에도 여러 번 방영했다.

매카시는 언론을 다루는 데 있어 그 누구보다도 천재성을 발휘했다. 그는 상업적인 언론이 좋아하는 요소를 두루 갖추고 있었다. 최대 장기는 거짓말을 진실로 믿게 하는 마력이었다. "공산주의자가 있다."라고 그냥 말하기보다는 205명이라고 구체적으로 제시하는 수법을 썼다. 자신이 연방정부에서 공산주의자 1456명을 쫓아냈다고 발표할 때도 마찬가지였다. 연설할 때는 항상 자료를 꺼내 손으로 흔들었다. "이것이 증거다."라고 외치면 플래시는 더욱 강하게 터졌다. "모든 것이 내 손 안에 있소이다."라고 떠드는 취재원과 멀어지기를 바라는 기자는 없었다.

매카시는 '건수'가 생기면 확인하기 전에 기자부터 먼저 찾았다. 뜨끈뜨끈한 뉴스라며 의심 많은 기자의 벽을 허물었다. 집에 기자를 초청해 손수 요리를 해주고, 취한 척하여 인간적인 정치인이라는 인식을 심어주었다. 워싱턴에 새로 부임한 기자에게 살 집을 물색해주면서 인간적인 우정을 쌓는 데도 매우 부지런

했다. 그리고 중요한 뉴스는 항상 마감 시간 즈음에 주었다. 기사의 가치를 따지거나, 무엇보다 경쟁사가 이를 어떻게 다룰지 확인할 시간이 없었기 때문에 언론사들은 매카시의 의도대로 다음 날 신문에 바로 실었다.

매카시는 이렇게 언론을 최대한 이용했다. 그들은 매카시의 그림자를 좇는 데만 바빴다. "기삿거리가 필요하다."며 접근하는 기자들에게서 직업윤리란 찾아볼 수 없었다. 매카시즘 당시 언론의 이런 행태는 소수가 아닌 언론계 전체를 지배한 '현상'이었다. 매카시즘은 객관성을 생명으로 여기는 언론에 대해 근본적인 의문을 제기하는 사례로 남았다.

순식간에 추락한 반공 전사

매카시가 보유했다는 공산주의자 205명의 명단은 어디서 나왔을까? 전시 기간에 국무장관은 국무성 직원들을 대상으로 예비조사를 실시한 적이 있는데, 이때 285명이 부적격 판결을 받았고 그중 79명이 면직되었다. 이 기록을 본 매카시는 아직도 국무성에 남아 있는 206명에서 실수로 한 명을 빼 205명이라고 발표했다. 57명이라고 나중에 수정했으나 그 출처 역시 1947년 말에 의회가 국무성 관료 중 의문이 남는 사람이라고 작성한 자료에 근거한 것일 뿐이었다. 매카시는 애초부터 명단을 가지고 있지 않았다.

1952년 재선에 무난히 성공한 그는 호랑이 등에 타 내려올 수 없는 처지가 되어 끊임없이 뉴스를 생산했다. 대중은 그의 정열적인 모습에 열광했다. 고공 행진을 계속하던 매카시는 이윽고 1953년 가을, 미국의 역린을 건드렸다. 육군에도 공산주의자가 있다는 제2의 폭탄선언을 한 것이다. 제2차 세계대전의 영웅이자 한국에서도 공산주의자와 싸운 그들이 졸지에 공산주의자로 몰리면서, 육군은 물론 재향군인회도 강한 불쾌감을 표시했다. 육군 장성 출신인 아이젠하워도 더 이상 침묵할 수 없어 적극적인 대결을 모색했다. 그러나 매카시에게 먼저 일격을 날린 것은 그가 그토록 잘 이용해왔던 언론이었다.

1954년 3월 9일 저녁, CBS 시사 프로그램 〈지금 봅시다〉가 방영되었다. 진행자는 전설적인 방송인 애드워드 머로였는데, 그는 매카시의 주장이 허구에 찬 것이며 미국 시민을 기만했다는 사실을 폭로했다. 방송국 사장은 방영을 원치 않았으나 머로가 워낙 거물이어서 모른 척했다. 그가 매카시를 이대로 두면 안 되겠다고 마음먹은 것은 자신의 동료들이 공산주의자로 몰리면서 투신자살하고, 매카시의 보좌관이 머로를 용공적이라고 공격한 데서 비롯했다. 그는 1년 동안 매카시에 대한 모든 자료를 모은 뒤, 반박할 수 없을 정도로 치밀하게 공격했다. 그 방송은 시청자들의 마음을 흔들기에 충분했다. 머로의 작품은 미국 방송사의 한 획을 긋는 사건이었다.

불의의 일격을 맞은 매카시는 반론권을 얻어 4월 6일에 텔레비전 방송에 출연했다. 미국인들은 매카시의 멋진 반박을 기대하며 수상기 앞에 앉았다. 그러나 아니한 만 못했다. 외주 제작사에서 제작한 그 프로그램은 구성부터 조잡했고, 매카시는 오목조목 머로의 주장을 반박하는 대신 공산주의와 미국의 이익을 강조하는 데 많은 시간을 할애했다. 시청자들이 궁금했던 것은 그게 아니었다. 매카시는 실패했다. 그를 쫓아다니던 언론도 머로의 용기에 박수를 보내며 매카시에 대한 비판적인 기사를 다루기 시작했다.

매카시에게 재기 불능의 주먹을 날린 것은 백악관과 육군이었다. 육군은 자체 조사를 실시한 뒤 매카시의 주장이 명백한 허위라고 결론 내렸다. 공화당 지도부는 이대로 계속 방치했다가는 당 전체가 역풍을 맞을 것이라는 우려에 휩싸였다. 아이젠하워의 강력한 지원 속에 육군은 매카시에게 청문회를 열자고 제안했다. 언론은 육군과 매카시의 대결로 조명했다. 매카시는 자신에게 쏟아지는 의심과 비난을 만회할 절호의 기회로 여기며 이를 수락했다. 이렇게 해서 일명 '육군-매카시 청문회'가 1954년 5월 첫째 주에 개최되었다.

매카시는 당초 청문회에 보좌관을 앉히고 자신은 바깥에서 초연하게 대처하려 했다. 그러나 방송 카메라가 돌아가고 많은 기자가 운집한 것을 보자 직접 링 위에 올랐다. 대결은 스포츠 중계 이상의 흥미를 유발했다. 2000만 명 이상이 시청한 이 청

1954년 5월부터 열린 육군-매카시 청문회

매카시(오른쪽)가 미국 전역에 공산주의가 침투했음을 설명하고 있다. 왼쪽
은 육군 측 변호사 조셉 웰치.

문회가 텔레비전과 라디오를 통해 중계되는 동안 전화 통화량
이 급격히 줄었다. 서점에서는 의회 진행에 관한 책이 불티나게
팔렸다. 그러나 대중은 더 이상 매카시의 일방적인 지지자가 아
니었다. 냉정한 태도로 텔레비전에 눈과 귀를 집중했다.

먼저 매카시는 고약한 매너로 점수를 잃었다. 그는 청문회장
에 있는 사람들을 경멸하는 듯한 태도를 보였다. 발언 대부분도
인신공격이었는데, 매우 격렬한 어조로 저속한 단어를 쓰면서
공격하고 청문회와 관련 없는 사람들을 들먹였다. 그러나 육군
은 이에 휘둘리지 않고 객관적인 자료를 들어 반박했다. 매카시
는 육군 내 공산주의자에 대한 자신의 주장을 명확하게 설명하
지 않고 두루뭉술하게 피하려 했지만 육군 측 변호사 조셉 웰치

는 고삐를 늦추지 않았다. 매카시는 자제력을 잃고 있었다. 쉽게 흥분하는 성격과 점점 거칠어지는 독설은 의원으로서의 자질을 의심케 하기에 충분했다. 매카시는 웰치가 한 젊은 변호사의 후원자인데, 그 변호사는 대학 시절 '좌파적'인 법률인 조합에 잠깐 몸담았다고 폭로하며 회심의 미소를 지었다. 웰치는 정중하게 목소리를 높였다.

"의원님, 저는 이제껏 꿈에도 몰랐습니다. 한 무고한 젊은이를 갈가리 찢을 정도로 당신이 그토록 잔인하고, 그렇게나 무지한 사람이라는 것을."

청문회의 모든 과정이 텔레비전을 통해 생중계로 그대로 전달되었다. 웰치를 향한 박수는 청문회장보다 그 밖에서 더욱 컸다. 시청하던 미국인들은 자신이 알던 열정적인 반공산주의 전사가 함량 미달이었음을 비로소 알았다. 그러나 청문회는 진위 여부를 가리지 못했다. 공화당은 갈수록 상황이 불리하게 전개되자 6월에 표결 처리하는 것으로 청문회의 막을 내렸다.

매카시는 더 이상 과거의 매카시가 아니었다. 기자들은 매카시를 찾지 않았고 그의 전화도 받지 않았다. 매카시를 다룬 기사는 온통 부정적이었다. 선거를 앞둔 공화당이 위기감을 가장 크게 느꼈다. 그들의 전통적인 지지자인 보수적인 유권자로부터 거센 비난을 받았기 때문이다. 공화당 정치인들은 지도부에게 "매카시즘은 이제 마녀사냥, 불공정한 법원과 동의어가 되었다. 매카시에 대해 적절하게 조치하지 않으면 우리는 많은 표를 잃게 될 것"이라고 공개적으로 경고했다. 그러나 공화당 지도부는 미련이 남아 별다른 조치를 취하지 않았다. 그 결과, 1954년 의원 선거에서 상하 양원 모두 민주당이 다수 의석을 차지했다. 유세 현장에서 공산주의에 대한 이야기는 신기할 정도로 나오지 않았다.

매카시는 고향에서 가까스로 당선되었다. 그러나 공화당 지도부는 선거 패배 후 매카시와 거리를 두었다. 민주당은 매카시를 단죄하기로 하고 그의 46가지 혐의를 심사할 '왓킨스위원회'를 발족했다. 위원회는 매카시가 동료 의원들을 공산주의 동조자로 몬 혐의 등을 인정하여 그에 대한 규탄 결의안을 상정했다. 매카시는 '모스크바의 음모'라며 반발했지만, 1954년 12월 2일에 찬성 67표, 반대 22표로 결의안이 가결되었다. 민주당과 무소속 의원 전원 및 일부 공화당 의원, 특히 아이젠하워계 의원 다수가 찬성표를 던졌다. 아이젠하워는 "매카시즘은 이제 매카시워즘이다(McCarthyism is now McCarthywasm)."라며 반공산주의의 광풍을 과거의 일로 치부했다.

매카시의 임기는 아직 많이 남았지만 정치생명은 끝난 것이나 다름없었다. 불명예를 씻고자 몸부림쳤지만 모두 외면했다. 아이젠하워를 더욱 난폭하게 공격했으나, 규탄 결의안에 반대표를 던진 의원들조차 그의 행동을 비난했다. 의회에서 매카시는 유령 인간이 되었다. 다혈질인 그는 존재감 없는 자신을 확인할 때마다 괴로웠다. 지병인 편두통이 그를 더욱 괴롭혔고, 자연히 술을 많이 마셨다. 몇 개월 후에는 자폐 증상마저 보였다. 간염이 악화하면서 건강이 심각해지자 병원에 입원했으나, 며칠 뒤 숨을 거두었다. 1957년 5월 2일, 향년 48세였다.

매카시즘은 미국판 '마녀사냥'이었다. 이로 인해 미국에서는 한동안 인문학과 사회과학 연구가 침체되었고 대중문화와 예술이 극도로 위축되었으며, 사회 비판적인 시민운동은 찾아볼 수 없었다. 당시 비교적 조용히 지내던 영화배우 험프리 보가트는 1957년에 죽으면서 이런 말을 남겼다. "그들은 애국가가 흐를 때 건드리기만 해도 잡아넣으려고 할 것이다."

매카시즘은 미국 보수주의를 재편하는 계기가 되었다. 동부의 공화당 의원은 규탄 결의안 통과 후 "이제부터 진짜로 공산주의를 몰아낼 수 있게 되어 기쁘다."라고 말했다. 매카시즘의 몰락은 역설적으로 보수주의 진영에 경종을 울렸다. 아이젠하워부터 레이건 대통령까지 미국의 대내외 정책에서 반공산주의는 공화, 민주를 가리지 않고 더욱 세련되게 추진되었고, 이에 따라 냉전 체제는 더욱 깊어갔다. 매카시즘은 또 민주당을 우파로 선회하도록 만들었다. 사회주의 신념을 가진 정치인은 민주당 내부에서 찾아볼 수 없었고, 유럽의 사민당 등 좌파 정당과도 관계가 멀어졌다. 이는 미국 사회에서 진보주의의 성장을 가로막는 결과를 낳았다.

미국의 보수주의는 '아메리카니즘'으로 표현된다. 청교도적 신념으로 뭉쳐 신대륙을 개척하고 독립 혁명을 이루었으며 자유를 수호했다는 자부심이 아메리카니즘의 정체다. 제1차 세계대전을 통해 미국이 강대국이 되면서 아메리카니즘은 더욱 빛났다. 제2차 세계대전 후에는 '세계의 경찰'이라는 명예스러운 의무감까지 부여받았다.

이 아메리카니즘에 이제껏 보지 못한 도전자, 공산주의가 출현했다. 언젠가 위협이 될 이 도전자로부터 미국을 보호해야 한다는 보수주의자들의 강박관념은 자연스러운 결과였다. 상업주의에 찌든 언론은 그 강박을 확대재생산했고, 매카시는 이 모두를 탁월하게 활용했다. 매카시즘은 역사상 가장 포용력이 넓다는 사회에서조차 마녀사냥이 일어날 수 있다는 증거이기도 하다.

8

**홍위병과
문화대혁명**

권력자의
사냥개가 된
십대들

1950년대 말, 마오쩌둥 치하의 중국에서 3000만 명 이상이 식량이 없어 기아로 죽었다. 전쟁이든 전염병이든 5000년 중국 역사에서 단기간에 이렇게 많은 사람이 죽은 경우는 일찍이 없었다. 동서고금 인민의 먹을거리를 책임지지 못하는 지도자는 그 자리에 앉아 있을 수 없다. 마오쩌둥도 예외 없이 물러났다.

그로부터 10년 뒤 중국에서 광란의 피바람이 불었다. "모든 것을 때려 부숴라! 파괴 없이는 건설 없다!" "악귀를 쓸어버려라!" 지식인이라는 이유로 핍박과 죽임을 당하고, 옛날 것이라는 이유로 많은 문화재와 문화 유적이 파괴되었다. 여자들은 화장과 치마를 금지당했고, 단발머리에 인민복 바지만이 허용되었다. 서점과 극장, 전통 무예 등이 그야말로 연기처럼 자취를 감추었다. 외국 문물은 무조건 배척되어, 심지어 신호등의 빨간불은 정지 신호가 아닌 직진 신호로 바뀌었다.

이 대변혁은 순식간에 그리고 즉흥적으로 일어났으며, 외형적으로는 '혁명'의 모습을 띄었다. 이런 변혁을 주도한 사람들은 놀랍게도 기성세대가 아닌 앳된 청소년이었다. 무엇인가에 홀려 있던 그들은 중국 대륙 전체를 혼란의 도가니에 빠뜨렸다. 어른들은 이들에게 희생당하거나 이들을 피해야 했다. 당과 인민이 장악한 공산주의 국가에서 어떻게 그런 일이 가능했을까?

마오쩌둥의 정책 실패

1949년 10월 1일, 마오쩌둥은 베이징의 천안문 광장에서 '중화인민공화국' 수립을 선포했다. 청나라가 멸망하고 100년 넘게 외세에 시달린 끝에 비로소 스스로 새 국가를 세운 것이다. 중화주의의 유산을 물려받은 중국 국민은 남녀노소 할 것 없이 자부심을 채워준 마오쩌둥에게 열광했고, 중국 역사의 그 어느 위대한 황제보다도 더 뛰어난 건국의 아버지로 추앙했다.

마오쩌둥의 공산주의 정권은 중국의 악습을 과감하게 철폐했다. 지주와 산업자본을 몰수하고 신분제도, 여성차별, 전족 같은 폐습은 시골에서도 자취를 감추었다. 무엇보다 중국 관료들의 고질병인 부정부패를 척결하는 데 앞장섰다. 항일 투쟁을 주도한 팔로군에 대해 좋은 기억을 가지고 있는 인민은 솔선수범하는 당 간부들에게 뜨거운 지지를 보냈다. 공산당은 토지개혁을 단행하여 농민들에게 땅을 나눠 주었고, 문맹을 퇴치하고 의료 시설을 확대했다. 마오쩌둥은 외세를 물리친 영웅으로서만

이 아니라 지도자로서도 절대적인 존경심을 획득하는 데 성공했다.

공산주의 종주국이자 '형제의 나라'인 소련의 원조는 마오쩌둥이 공산주의 정책을 원활하게 추진할 수 있는 밑거름이 되었다. 아직 농경 사회를 벗어나지 못한 중국에는 거의 모든 산업 분야의 선진 기술이 필요했다. 소련의 전폭적인 지원과 인민의 적극적인 참여를 바탕으로 중국은 높은 경제성장률을 달성할 수 있었다. 국가 발전의 맹아가 싹트던 시기임에도 불구하고 1950년에 발발한 한국전쟁에 대규모 병력을 이끌고 참전할 수 있었던 것도, 마오쩌둥으로 대표되는 공산당에 대한 인민의 지지와 소련의 지원 덕분에 가능했다.

국제사회가 자본주의와 공산주의의 대립 구도로 고착되면서 중국은 당시 소련, 동독과 더불어 공산주의 진영의 주요 국가로 급부상했다. 국제 정세의 안정 및 높은 경제성장률로 자신감을 얻은 마오쩌둥은 1958년부터 '대약진운동'을 전개했다. 소련이 미국을 따라잡듯이 중국은 영국을 따라잡겠다는 야심 찬 계획이었다. 마오쩌둥은 인간의 작업 습관을 바꾸면 기계 중심의 공업 생산과정을 탈피해 인간의 노동력만으로 농업과 공업을 동시에 발전시킬 수 있다고 결론지었다. 이는 소련의 산업화 정책 실패를 교훈 삼아 발상한 것이었다.

마오쩌둥은 대약진운동의 전진기지인 '인민공사'를 각 농촌 마을마다 설립했다. 인민공사를 중심으로 공동 생산하고 공동

분배하는 공산주의적 생산체제를 실현하고자 한 것이다. 농민들은 공동 취사를 실시했고, 가사 노동에서 해방된 여성들도 생산 활동에 동원되었다. 또한 강철 생산을 적극 장려하고자 각 가정마다 '뒤뜰 용광로'를 만들라고 지시했다.

그러나 의욕 넘치게 추진하던 대약진운동은 불과 1년여 만에 철저하게 실패로 끝나고 말았다. 공산주의 생산체제를 통한 생산성 향상은 근본적인 한계에 부딪혔으며 무엇보다 용광로가 화근이었다. 생산량을 맞추기 위해 각 가정에서는 철광석이 아닌 냄비, 칼, 수저, 도끼, 삽, 가래를 녹여 철을 생산해야 했다. 이렇게 생산된 철은 너무 약해 농기구의 기능을 전혀 할 수 없었다. 주전자와 냄비가 없으니 물을 끓일 도구가 없어졌고, 음식을 만들 수도 없었다. 공동 식당에서 애써 음식을 만들어도 숟가락과 젓가락이 없으니 음식을 손으로 집어 먹어야 했다. 용광로를 지피느라 나무를 마구 베어 산이란 산은 모두 민둥산이 돼버려서 홍수나 산사태에도 직면했다.

마오쩌둥은 이 밖에도 곡식의 낟알을 먹는 참새를 박멸하라고 지시했다. 하지만 그는 참새가 곡식뿐 아니라 해충도 먹는 생태계의 균형자라는 사실을 간과했다. 마오쩌둥의 지시는 절대적이어서, 한동안 중국 농촌에서는 참새의 자취조차 찾아보기 어려웠다. 그 결과, 천적이 없어진 해충이 기하급수적으로 불어나 곡식을 닥치는 대로 먹어치워 버리고 말았다. 쓸데없는 농기구나 날씨보다도 해충이야말로 흉작의 직접적인 원인이었다고 평가할 정도였다.

엎친 데 덮친 격으로 소련이 경제 원조를 중단했다. 악화된 경제 사정으로 소련은 공산주의 생산방식을 수정하고 미국과 화해하기 시작했다. 중국은 이를 '수정주의'라며 못마땅하게 여겨 인민공사에 더욱 채찍질을 가했다. 중국과 소련의 국경에서는 양측 군대가 자주 충돌했다. 서로의 비방이 증가했고 이윽고 소련은 1960년 7월에 모든 원조를 중단했다. 중국으로서는 큰 타격이 아닐 수 없었다. 마오쩌둥의 오래된 동지인 펑더화이 국방부장은 대약진운동을 중단해야 한다고 말했지만 숙청당했다. 마오쩌둥은 충성을 맹세한 린뱌오를 대신 그 자리에 앉혔다.

생산성 저하와 국고 관리의 실패는 식량 부족으로 이어졌다. 나라 전체가 굶주림에 직면했으며, 이를 해결할 묘책은 없었다. 실패로 끝난 대약진운동의 결과는 비참했다. 식물의 뿌리와 껍질은 남아나지 않았고, 짐승이란 짐승은 모두 닥치는 대로 잡아먹고 인육까지 먹는다는 흉흉한 소문이 돌았다. 이 시기에 2000만~4000만 명이 굶어 죽은 것으로 추정된다. 중국 역사상 이렇게 많은 사람이 단기간에 죽은 적은 없었다. 이 참담한 현실 앞에 아무리 절대 권력자인 마오쩌둥이라도 흔들릴 수밖에 없었다. 그는 이 사태에 책임을 지고 국가주석에서 물러나 베이징을 떠나 상하이로 가야 했다. 그렇지만 마오쩌둥은 여전히 국민에게서 높은 지지를 받고 있어, 그 누구도 그를 숙청하자는 말을 함부로 꺼낼 수 없었다.

의도된 나비효과

류사오치, 덩샤오핑 등 차기 지도자들은 대약진운동 정책을 대대적으로 수정했다. 사유지와 농기구를 농민들에게 돌려주었고 전문 기술을 강조했으며, 인민공사를 폐쇄했다. 이러한 개혁 조치는 공산당 내 혁명 세력의 반발을 불러일으켰다. 마오쩌둥도 대약진운동의 실패 원인이 거짓으로 보고한 관료들과 원조를 중단한 소련에 있다는 의견을 굽히지 않았다.

한편 소련에서는 '스탈린 격하 운동'이 거세게 일어났다. 신격화된 스탈린이 죽은 뒤에 독재자라고 비난하며 그의 업적을 부정했고, 살아생전에 세운 동상과 기념물 들을 치워버렸다. 이를 지켜본 마오쩌둥은 자신도 스탈린과 같은 신세가 될 것이라는 위기감에 빠졌다. 소련에서 그랬던 것처럼 중국의 지식인들도 대약진운동을 비판했기 때문이다. 마오쩌둥으로서는 하루빨리 이 상황을 모면해야 했다.

그는 지난한 세월에 걸쳐 공산주의 혁명을 완수한 혁명가답게 서서히, 그리고 보이지 않게 움직이기 시작했다. 다행히도 인민해방군과 학생들은 마오쩌둥에게 절대적으로 충성했다. 반면 대약진운동의 실패를 날카롭게 지적하는 지식인과 일부 당직자들은 장애물이었다. 이들을 몰아내지 않고서는 공산주의의 완성은 물론 자신도 위협받을 것이 뻔했다.

마오쩌둥은 아직까지 남아 있는 영향력을 최대한 활용했다.

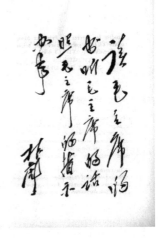

시중에 판매되는 《마오쩌둥 주석 어록》과 린뱌오가 쓴 서문
추정되는 판매량이 총 50억~60억 권으로, 《성경》 다음으로 많이 팔린 책이다. 홍위병들이 집회
때마다 이 빨간 책을 손에 들고 흔들며 마오쩌둥에게 지지를 표하던 장면은 문화대혁명의 상징
이었다.

군인과 학생을 대상으로 공산주의 교육을 강화하고, 그들의 충
성심을 고취했다. 대약진운동의 실패로 위기감에 빠진 것은 마
오쩌둥만이 아니었다. 공산주의 이념을 더욱 철저하게 고수하
자는 교조주의 관료와 군대의 고급장교 들도 마오쩌둥과 같은
배를 탔다. 마오쩌둥은 1964년에 《마오쩌둥 주석 어록》을 발간
하여 학생들을 학습시켰다. 이 책은 마오쩌둥 선집 및 강연, 지
시 사항에서 중요한 말을 뽑아 전 33장으로 나눠 펴낸 책이다.
공산주의 계급투쟁, 인민과 정치, 당원의 자세 등 마오쩌둥 개인의 사상이 고스란히 녹아든 이 책은 학교와 군대에서 필독서가 되었다.

류사오치와 덩샤오핑은 이런 움직임을 불안하게 바라만 봤다. 이를 정면으로 부정하기에는 아직 정치적으로나 군사적으로나 마오쩌둥에 미치지 못했다. 군대와 학생들의 지지를 확인한 마오쩌둥은 반대파들이 눈치채지 못한 엉뚱한 곳에서 작전을 개시했다.

1965년 11월 10일, 상하이 시의 신문 《문회보》에 "〈해서파관〉을 평한다"라는 기사가 실렸다. 〈해서파관〉은 명나라 시대에 황제에게 직언하여 죽음에 이른 충신 해서에 관한 이야기를 각색한 희곡으로, 오랫동안 중국 전역에서 공연되며 큰 인기를 끌었다. 그러나 그 기사를 쓴 야오원위안은 〈해서파관〉은 못된 황제를 마오로, 충신의 대명사인 해서는 펑더화이를 상징하는 것이

폐하는 너무 독단적입니다. 폐하께서는 지나친 편견을 가지고 있어요. 언제나 당신이 옳다고 생각하여 비판을 받아들이려 하지 않으십니다. …… 온 나라 백성들이 황제 폐하께 불만을 품은 지 이미 오래입니다.

— 희곡 〈해서파관〉에서 충신 해서의 대사

라고 비난했으며, 이는 '수정주의자'들의 계략이라고 주장했다. 수정주의자들은 곧 공산주의 사상을 수정하려는 류사오치나 덩 샤오핑을 비롯한 당의 집권파를 지칭했다.

이 기사에 대해 제일 먼저 입을 연 것은 공산당 문예선전부장이자 마오쩌둥의 아내인 장칭이었다. 그녀는 야오원위안의 주장처럼 문예계가 일부 반당, 반공산주의의 불순 세력의 음모에 지배당하고 있다고 주장했다. 그러나 사실 야오원위안은 장칭의 사주를 받아 그 기사를 썼으며, 이 사건 전체가 곧 자작극이었다. 이 사실을 당연히 알고 있었을 마오쩌둥도 "정당하다. 정의로운 지적이다."라고 야오원위안의 기사를 평가했다. 이 기사는 당시 군대 내에서 절대적인 영향력을 가진 매체인 《해방군보》에도 실림으로써 전국적인 이슈로 떠올랐다.

마오쩌둥을 지지하는 공산당 간부들은 이를 기점으로 일제히 수정주의자들을 비난하기 시작했다. 학생과 군인 들은 문예계를 향해 거친 말을 쏟아냈다. "수정주의자들을 몰아내고 마오 주석을 지키자!"는 물결이 일었다. 린뱌오는 인민해방군 소속 군인들에게 충성 서약서를 받았다. 그리고 《해방군보》에 "마오쩌둥의 위대한 깃발을 높이 들고 사회주의 문화대혁명에 참가하자"라는 사설을 실으면서 문화대혁명을 처음으로 언급했다.

여론에 밀린 공산당은 마오쩌둥이 참석한 가운데 1966년 5월 16일 본회의에서 〈중국공산당 중앙위원회 통지〉, 이른바 〈5·16 통지〉를 채택했다. 이는 학술계, 교육계, 언론계, 문화·예술계,

출판계의 반동사상을 철저히 비판할 것, 그리고 문화 영역에서 지식인과 예술인이 아닌 노동자, 농민, 빈민 등 무산계급이 주인공이 되어야 한다는 것 등을 골자로 한다.

이를 어떻게 실천할 것인가? 뜻밖의 곳에서 도화선에 불이 붙었다. 5월 25일, 베이징 대학 교내에 철학과의 젊은 여강사가 쓴 대자보가 붙었다. 총장을 비롯한 교수들이 '반사회주의 반동분자'이며, 이들을 척결해야 한다는 충격적인 주장이었다. 삽시간에 비슷한 내용의 대자보가 1000여 장 붙었다. 캠퍼스를 넘어 베이징 시내가 술렁거리기 시작했다. 마오쩌둥이 이 대자보를 지지한다고 밝히자 흥분한 학생들은 반동주의자로 찍힌 교수와 학자 들을 연구실에서 끌어냈다. 이어 그들의 목에 팻말을 걸고, 얼굴에 먹을 칠했으며 고깔을 씌워 교내에서 끌고 다녔다.

학생들의 과격한 시위가 계속되자 류사오치는 베이징 대학에 '공작조'를 보내 진압하려 했으나, 오히려 심각한 무력 충돌만 일어났고, 이는 더욱 큰 갈등을 야기했다. 마오쩌둥은 "공작조를 보내 혁명 세력을 탄압하고 있다."며 류사오치를 비난했다. 그의 말은 폭력과 테러를 정당화해주었다. 이 비난 이후 베이징 대학의 혼란은 인근 대학교와 중·고등학교로, 이어 전국적으로 걷잡을 수 없이 번졌다.

전국이 들끓자 마오쩌둥은 드디어 벼르던 칼을 뽑았다. 당을 압박하여 1966년 8월 8일, 〈중국공산당 중앙위원회의 프롤레타리아 문화대혁명에 관한 결정〉을 발표하게 했다. 모두 16개 조문으로 구성된 이 문건은 대중에게 공포된 문화대혁명에 관한 당의 최초 입장으로, 문화대혁명의 목적이 문화·예술 분야뿐만 아니라 "자본주의의 길을 걷고 있는 모든 당국자와 투쟁"하는 것이라고 밝혔다. 마오쩌둥이 문화대혁명을 하려는 진짜 이유가 밝혀진 것이다. 중국 대륙은 갑자기 문화대혁명의 광란에 휩싸였다.《문회보》에 실린 〈해서파관〉에 관한 글은 문화대혁명을 위해 준비된 나비였다. 마오쩌둥은 문화대혁명을 결정함과 동시에 당에 복귀했다.

천만 명이 넘는 십대 홍위병

마오쩌둥은 문화대혁명에 군대를 동원하지 않았다. "권력은 총구에서 나온다."라는 자신의 금언을 이번만큼은 지양했다. 개인의 권력을 무력으로 되찾는 게 아니라는 인상을 심어주기 위해, 또 자신이 직접 나서지 않고 국민의 자발적인 움직임을 통해 완벽한 정당성을 확보하기 위해서였다. 이에 어린 학생들이 제일 먼저 화답했다. 마오쩌둥은 이들을 문화대혁명의 전사로 이용하기로 마음먹었다.

　당시 학생들은 중화인민공화국을 수립한 이후에 태어나 공산주의 교육을 받은 세대들이었다. 공산주의 사상으로 무장한 그들에게 마오쩌둥은 살아 있는 영웅이었다. 그들은 "어머니와 아버지의 사랑도 마오쩌둥 주석의 사랑만 못하네!"라는 노래를 입에 달고 다녔다. 이들에게는 영웅이 또 한 명 있었는데, 군인으로서 인민에게 봉사하다 22세에 사고로 죽은 레이펑이다. 이 역시 "레이펑을 배우라!"고 마오쩌둥이 지시한 결과였다. 학생들은 학자나 기술자가 되는 대신 레이펑을 본받아 청소부, 군인, 농민이 되겠다고 맹세했다.

1964년에 처음 발간돼 1967년 12월까지 3억 5000만 부가 인쇄된 《마오쩌둥 주석 어록》은 그들에게 성서나 마찬가지였다. 이 책은 교과서나 선생님의 가르침을 받아들이는 기준이 되었고, 학생들은 포켓판을 항상 가지고 다니며 매일매일 공부하고 토론했다. 이렇게 마오쩌둥은 학생들에게 영웅 이상의 존재로 자리매김했다.

〈해서파관〉 파동은 학생들의 가슴에 불을 질렀다. 1966년 5월, 베이징의 칭화대 부속중학교 학생들은 〈해서파관〉 소식을 듣고 이에 관해 토론을 벌이면서 자신들을 '홍위병'이라 부르기 시작했다. 중국에서는 공산주의 사상이 유입된 이래 '홍'과 '전'의 두 가지 노선이 대립해왔다. '홍'은 공산주의 혁명을 경제 발전보다 중시하는 좌파 노선이며, '전'은 경제 발전의 중요성, 능률적인 행정, 과학적 전문화의 추진, 물질적 유인을 강조하는 실용주의 노선이었다. 항일 투쟁과 장제스와의 권력 투쟁 당시, 마오쩌둥은 자신의 군대에 '홍군'이라는 이름을 붙였다. 학생들은 이때의 기억을 되살려 기꺼이 '마오쩌둥의 병사'가 되고자 했다.

5월 25일, 칭화대 부속중학교 학생들이 베이징 대학의 대자보를 보기 위해 대거 '견학'에 나섰다. 〈해서파관〉 사태로 분노를 삭이던 학생들은 선배들의 격문을 직접 보자 가슴이 터질 듯 벅차올랐다. 이들은 그 자리에서 '칭화부중 홍위병'이라는 조직을 만들었다. 처음으로 탄생한 홍위병 조직으로, 이날이 홍위병의 탄생일이었다. 다른 학교에서도 마오쩌둥 주석을 지키고 공산주의 혁명 정신을 계승하자는 조직이 만들어졌다.

6월 24일, 칭화대 부속중학교에는 홍위병 명의로 〈무산계급의 혁명 조반정신 만세〉라는 대자보가 붙었다. 핵심은 "조반유리(造反有理)"였다. 반항이나 반발에는 나름대로 정당한 이유가 있다는 것으로, 수정주의와 반공산주의에 대항하겠다는 내용이었다. 이 대자보는 베이징 학생들에게 초미의 관심사가 되었다. 칭화부중 홍위병들은 마오쩌둥에게 조반유리에 대해 편지를 보냈고, 며칠 뒤 마오쩌둥은 "열렬한 지지를 보내는 바다."라고 답장했다. 이 답장이 공개되면서 '홍위병'은 빛나는 이름이 됐다. 각학교 학생들은 조직의 이름을 '홍위병'으로 통일했다. 조반유리는 홍위병, 나아가 문화대혁명의 구호가 되었다.

공산당 중앙위원회의에서 문화대혁명을 천명한 지 열흘 뒤인 8월 18일, 베이징 천안문 광장에서 '무산계급 문화대혁명 경축 군중대회'가 개최되었다. 《마오쩌둥 주석 어록》을 손에 들고 '홍위병'이라고 적힌 붉은 완장을 찬 홍위병 100만 명이 참석했다. 이들은 "문화대혁명 만세", "마오 주석 만세 만세 만만세!"를 외

문화대혁명 기간에 발행된 초등학교 교과서 표지 그림
홍위병 완장을 차고 《마오쩌둥 주석 어록》을 든 모습은 당시 홍위병의 전형적인 모습이었다. 왼쪽 위에 연필로 적혀 있는 글자 "好好学习, 天天向上(호호학습, 천천향상)"은 "열심히 공부하고 날마다 향상한다."라는 뜻으로, 마오쩌둥 어록 중 하나다.

쳤다. 한 여학생이 연단에 올라가 마오쩌둥의 왼쪽 팔에 홍위병 완장을 달아주었다. 이 장면을 본 100만 홍위병은 영웅이 자신과 함께한다는 사실에 감격하며 눈물을 흘렸다.

천안문 완장 사건 이후 청소년 홍위병들에게 '마오쩌둥 주석 뵙기 운동'은 반드시 해야 할 의식이 되었다. 8월 한 달 동안 지방에서 올라와 베이징을 방문한 학생은 200만 명이 훨씬 넘었다. 중국공산당은 지방의 학교에 통지를 보내 베이징에서 혁명을 보고 학습하도록 권고했다. 교통비와 여행 경비는 국가재정에서 보조했다. 버스와 기차는 초만원을 이루었다. 정원의 두세 배는 기본으로 실어서 선반 위, 통로, 좌석 아래, 화장실 어느 곳이고 사람으로 가득했다. 학생들은 창문을 깨고 올라탔으며 기차나 버스는 그 무게를 견디지 못하고 주저앉기 일쑤였다.

다롄의 학생 홍위병들은 교통편을 구하지 못해 한 달을 걷는 장정에 나섰다. 그해 10월 22일 《인민일보》는 "홍위병들은 원정의 어려움을 두려워하지 말라"라는 사설을 실었다. 베이징을 향해 행진하는 홍위병들의 행렬이 대륙을 휩쓸었다. 《마오쩌둥 주석 어록》을 들고 "조반유리", "마오쩌둥 주석 만세"를 외치며 걷는 홍위병은 공식적으로 1100만 명에 이르렀다. 그리고 이들은 곧 파괴자로 둔갑한다.

혁명의 이름으로 파괴된 5천 년 중국 문화

홍위병은 문화대혁명이 성공하기 위해서는 네 가지 낡은 것을 없애야 한다는 린뱌오의 주장에 열광했다. '구사상, 구문화, 구풍속, 구습관', 즉 봉건시대의 유물은 곧 낡은 것이었다. 베이징시가 첫 번째 대상이었다. 1966년 8월부터 홍위병은 번화가로 몰려가 골동품 가게와 고서점에서 닥치는 대로 물건을 부수고 불태웠다. 그들은 '전통'과 '낡은 것'을 구분할 수 있을 만큼 침착하지 못했다. 베이징 시에 문화재로 등록된 6843곳 시설 가운데 무려 4922곳이 문화대혁명 기간에 손상을 입었다. 파괴의 자리에는 '영웅'의 초상화가 걸렸다.

사회질서를 바로잡아야 할 군대는 마오쩌둥의 명령에 따라 움직이지 않았다. 중국 최대의 신문이자 공산당 기관지인《인민일보》도 이 난동을 "실로 훌륭한 일"이라며 "도시의 노동자와 농민, 군인 들은 혁명학생들을 지지해야 한다."라고 밝혔다. 홍위병에게 이제 무서운 것은 없었다. 오래된 것은 공산주의 역사의 흐름을 방해하는 반동이며 반마오쩌둥의 온상지여서, 혁명이라는 이름으로 파괴하고 척결하는 것이 당연했다. 베이징에서 홍위병들의 문화대혁명을 '학습'한 지방의 학생들은 고향의 '낡은 것'을 파괴하는 전도사가 되었다.

왕을 비롯한 역사적 인물들의 묘와 기념관, 그리고 사찰이 일차 표적이었다. 중국인의 자부심이었던 공자와 맹자, 노자 등도 홍위병의 눈에는 '봉건주의자'에 불과했다. 인류의 자산이기도 한 수많은 중국 문화재가 파괴되었다. 가보로 내려온 집안의 미술품과 고서 및 고문서가 산더미처럼 쌓여 불태워졌다. 1951년 중국의 식민지가 된 후 독립운동을 하던 불교의 나라 티베트에서는 3700개 사찰 중 불과 13개만 남을 정도였다. 문화대혁명 기간 중에 파괴된 대표적인 문화재는 다음과 같다.

- 중국인에게 농사짓는 법을 알려주었다는 전설 속의 왕 염제의 능 파괴
- 중국 최고의 태평성대를 누렸다는 요순시대의 순제릉 훼손
- 홍수를 다스렸다는 우임금 묘 훼손
- 부처가 직접 눈동자를 그렸다는 등신상 파괴
- 유교의 창시자인 공자의 묘와 그 후손의 시신 훼손
- 도가사상의 창시자 노자의 도관 파괴
- 초나라 영웅 항우의 부인인 우희 묘 파괴
- 양명학의 시조인 명나라 학자 왕양명 묘와 문화재 파괴
- 중국 의학의 성인이라 불리는 한나라 의사 장중경 묘 훼손 및 기념관과 유물 파괴
- 서태후의 여름 별장인 베이징의 이화원 훼손
- 유비의 군사 제갈공명이 살았던 집 제갈초려 파괴
- 동진의 서예가 왕희지 묘 파괴
- 송나라 정치가 포청천 묘 파괴
- 금나라 군대를 저지한 남송 장군 악비 묘 및 유물 파괴, 시신 훼손
- 몽골 칭기즈칸 능원 훼손
- 명나라를 세운 주원장 황릉석비 훼손 및 화성 파괴

  그나마 훼손을 피한 베이징의 유물은 저우언라이가 경비병을 배치해 지킨 덕이었다. 이때 저우언라이의 노력과 1949년에 마오쩌둥에게 패해 타이완으로 피신한 장제스가 문화재를 챙겨가

문화대혁명으로 소수민족의 유적이 특히 피해를 많이 입었다. 티베트의 사찰은 99퍼센트가 파괴·훼손되었다.

지 않았다면 중국의 찬란한 5000년 문화는 통째로 없어졌을 것이라는 평가를 받을 만큼 홍위병들의 문화재 파괴는 상상을 초월했다.

낡은 것은 문화재뿐만이 아니었다. 전통 연극(경극), 전통 음악, 전통 무술 등 무형문화재도 포함되었다. 연극에 필요한 가면과 의상, 대본은 불태워졌으며 무대는 사라졌다. 전통 악기의 울림 대신 마오쩌둥과 공산주의 혁명을 찬양하는 나팔의 합창이 대륙을 덮었다. 소림사에서 전해 내려온 쿵푸는 더 깊은 산속으로 들어갔다. 배우와 가수, 무술인 들은 홍위병의 조롱거리가 되었고, 승려들은 강제로 속환당했다. 세계에서 가장 다양한 음식 문화를 보유한 중국이었지만 홍위병이 보기에는 그 또한 낡은 것에 불과했다. 대표적으로 황실 만찬에 등장하는 요리 비법을 전한 《만한전석》과 요리사들도 한순간에 증발해 오늘날까지 아쉬움을 주고 있다.

생활 습관도 혁명적이어야 했다. 여자들은 긴 머리가 아닌 귀밑머리 단발을 고수하고, 하이힐은 신지 말아야 했다. 전통 의상도, 치마도 입으면 안 되었다. 특히 청바지를 입은 사람을 발견하면 칼로 바지를 찢었다. 제국주의의 옷이기 때문이었다. 이를 단속하기 위해 자와 칼, 가위를 든 홍위병들이 골목 곳곳에서 눈을 번뜩이고 있었다. 거리의 이름과 가게, 건물의 이름도 마오쩌둥 또는 혁명을 뜻하는 이름으로 바뀌었고, 백화점은 '공농병상장'이 되었다. 고급 식당과 의상실 등은 문을 닫거나 다른 것을 팔아야 했다. 정지를 뜻하는 신호등의 빨간불은 혁명을 상징하는 색이므로 전진 신호로 바뀌었다.

학교는 홍위병의 요람이자 사령부였다. 베이징 대학에서 그랬던 것처럼 각 학교의 교사들은 제자들 앞에서 갖은 수모를 당했다. 홍위병 간부들은 자본주의의 상징인 거북이를 교사들의 이마에 그려 넣고, 밧줄로 묶어 운동장으로 끌어냈다. 학생들은 야유와 함께 연필, 지우개, 자 등 학용품을 던졌다. 이런 식의 해코지는 중학교, 고등학교, 대학교를 가리지 않았다. 역사, 문학, 과학, 수학 과목은 폐지되었고, 철학(공산주의)과 체육, 농업 위주로 교과과정이 재편되었다. 이 기형적인 교과과정은 몇 년 동안 지속되어 전대미문의 학력 단절이라는 세태를 낳았다.

홍위병은 사람을 '홍오류'와 '흑오류'로 나누었다. 노동자, 빈농 등의 다섯 가지 출신 계급인 홍오류는 혁명 동지였고, 흑오류는 지주와 부자 등 유산계급이었다. 동네마다 흑오류에 속한 사람들은 홍위병에게 구타와 고문, 모욕을 당했다. 화가와 음악가, 대학교수, 문학가, 과학자 등 문화·예술인과 지식인에게도 홍위병은 일말의 동정심이 없었다. 그들은 문화대혁명을 단행해야만 했던 직접적인 원인 제공자이기 때문이었다. 홍위병들은 이들 지식인을 집회장으로 끌고 나와 '반혁명 분자'로 매도하며 그들의 머리를 깎거나 불에 달군 인두로 지졌다. 문화·예술인과 지식인 들은 "나는 인민 노동자들의 피와 땀을 빨아먹었습니다!"라고 크게 외쳐야 했다. 어린 학생들에게 모욕을 당한 정신적인 충격에 빠져 스스로 목숨을 끊는 이들이 많았다. 자아비판대에 서기 전에 몰래 국경을 넘는 사람들도 많았다. 가족 간에도 예외는 없었다. 조카가, 동생이 신고하고 심지어 아들과 딸이 부모를 고발했다.

'계급 분류'라고 부르는 대규모 운동도 극성을 부렸다. 이 운동의 목적은 인민들 속에 섞여 있는 '계급의 적'을 찾아내 처벌하는 것이었다. 문화대혁명 전부터 낙인찍혔던 사람들과 혁명 과정에서 색출된 모든 희생자를 다시 끌어내 박해를 가했다. 홍위병들은 의심 가는 사람들의 경력과 행적을 면밀히 조사하고 수사하여 새로운 적을 찾아내고, 23가지 기준으로 추방해야 할 사람들을 색출했다. 이 운동으로 인해 박해를 받은 사람들의 수는 수천만 명에 달했다.

마오쩌둥이 '수정주의자'라고 비난했던 공산당 간부에게도 홍위병들이 몰려갔다. 공산당사 또는 집을 수색하여 당 간부들과 관료들을 검거하고 자아비판대 위에 세웠다. 류사오치는 《마오쩌둥 주석 어록》으로 머리를 무수히 맞고 그것을 암송할 때까지 또 구타를 당해야 했다. 그는 홍위병에 의해 체포, 감금되면서 병을 얻었고, 의사들은 '인민의 적'을 치료하기를 거부했다. 결국 1969년 11월에 류사오치는 감옥에서 병사했다. 덩샤오핑은 과거 전쟁에서의 업적을 인정받아 목숨만 간신히 유지했다. 그렇게 수정주의자들은 홍위병에 의해 공산당에서 축출당했다. 그것은 진정 마오쩌둥이 바라는 문화대혁명의 목적이었다.

쓰임이 다한 사냥개들의 몰락

홍위병은 이윽고 '보수파'와 '조반파'로 나뉘기 시작했다. 보수파는 홍위병의 초기 활동을 주도한 학생들로, 대부분 당이나 정부 고급간부의 자녀였다. 이들은 반년이 지나지 않아 자신의 부모가 다른 홍위병들의 공격을 받자 보수파가 되었다. 조반파에는 농민, 노동자 출신이 많았다. 이들은 지식인과 문화·예술인 뿐만 아니라 당의 간부 및 관료를 공격하는 데 서슴지 않았다. 분열된 홍위병은 서로 자기들이 더 혁명적이라고 주장했다. 갈 등은 크고 작은 물리적 충돌을 낳았다. 적게는 수백 명에서 많게 는 수천 명이 집단으로 싸움을 벌였다.《삼국지》적벽대전으로 유명한 후베이 성 우한에서는 한 달 사이에 100명이 넘는 홍위 병 사망자가 나왔다.

무서울 것 없이 해방감에 젖은 홍위병들은 점점 '혁명 정신' 과 멀어졌다. 그들은 점점 권력자면서 동시에 무법자가 되었다. 은행과 창고, 상점이 습격당하고, 교통과 통신이 두절되고 공공 기관이 공격을 받는 등 도시 기능이 마비된 곳이 전역에 속출했 다. 자신들의 마음에 안 들면 '반혁명 분자'라는 낙인을 찍어 살 인도 스스럼없이 저질렀다. 그러던 중 1966년 8월 27일부터 9 월 1일까지, 베이징 근교 다싱 현에서 반혁명 분자로 찍힌 325 명이 홍위병에 의해 집단으로 학살당했다. 이 무자비한 살인 사 건이 알려지면서 인민들은 홍위병에 대해 노골적으로 적개심을 나타내기 시작했다.

급기야 광시 성, 류저우, 난징 등지에서는 홍위병이 군 시설을 습격해 무기와 탄약을 탈취하고 군인들을 사살했다. 1967년 쓰 촨 성 청두에서는 20만 홍위병이 집결하여 도시를 점령하면서 자신들이 이곳을 다스리는, 이른바 '해방구'임을 선언했다. 넘 어서는 안 될 선까지 넘은 것이다. 인민해방군은 더 이상 설득이 통하지 않자 폭격기까지 동원하여 해방구를 초토화시켰다. 이 진압 과정에서 얼마나 많은 홍위병과 시민이 죽었는지는 아무도 모른다. 군인 대 홍위병, 홍위병 대 홍위병, 홍위병 대 노동자, 인민 대 홍위병의 싸움은 중국을 내란 수준까지 몰고 갔다.

홍위병의 광란은 2년 동안 지속되었다. 홍위병의 혼란을 이용해 당을 다시 장악한 마오쩌둥이지만 더 이상 이 내란 사태를 보고만 있을 수는 없는 노릇이었다.

1968년 7월 27일, 마오쩌둥은 홍위병 조직끼리 주도권 싸움을 벌이고 있던 칭화 대학에 '마오쩌둥 사상 선전대' 수천 명을 파견해 해결하려 했다. 양측의 싸움이 그치지 않자 무력으로 진압했지만, 이 과정에서 홍위병들이 맹렬히 저항하여 다섯 명이 사망하고 700여 명이 부상을 당하는 참사를 빚었다. 마오쩌둥은 자신의 이름으로 보낸 선전대에게마저 홍위병이 무력으로 저항하자 충격을 받았다. 다음 날 그는 홍위병 지도자들을 불러 크게 나무라고 "홍위병의 임무는 끝났다. 이제는 노동자 계급이 지도한다."라고 선언했다. 이 질책은 문서로 작성되어 전국으로 전해졌다.

그러나 홍위병들은 마오쩌둥의 지시를 무시하고 8월 22일에는 베이징에 있는 영국 공관에 난입해 불을 질렀다. 자칫 인명 피해라도 발생하면 아무리 공산주의 국가라고 하더라도 외교적으로 심각한 부담을 안을 수밖에 없었다. 마오쩌둥은 이 사건 이후 홍위병들의 무기 반납 조치와 함께 노동자들로 구성된 선전

내가 저지른 짓을 떠올리면 스스로 너무도 수치스럽고 부끄럽다. 그 수치스러움은 남몰래 개인적인 야망을 추구했기 때문이 아니다. 꼬마 혁명가 노릇을 하면서 나는 온갖 잔인한 파괴 활동에 참여했던 것이다. 당시 나는 "적에 대한 행동은 그 어떤 것도 잔인하지 않다."는 가르침을 그대로 따랐지만, 돌이켜보면 스스로 경악을 금할 수 없다. 이는 내 일생에 영원히 치유하지 못할 상처로 남을 것이다.

— 《홍위병 : 잘못 태어난 마오쩌둥의 아이들》을 쓴 션판의 고백

대를 1968년 8월 말에 전국 학교에 파견했다. 인민해방군이 이 선전대를 호위했다. 홍위병 사태에 인민해방군이 공식적으로 개입하는 순간이었다. 무기 반납을 거부하는 홍위병 조직은 군대를 출동시켜 제압했다. 마오쩌둥의 이러한 조치들이 계속되면서 홍위병 활동은 언제 그랬냐는 듯 급속히 위축되었다.

마오쩌둥이 당을 다시 장악함으로써 홍위병의 역할은 끝났다. 이제 문화대혁명은 당과 정부, 그리고 인민해방군이 진행할 것이었다. 그러면 1000만 명이 훨씬 넘는 홍위병을 어떻게 처리할 것인가? 학업을 중단한 홍위병은 다시 학교로 돌아가면 된다.

그러나 문화대혁명을 시작하면서 대학교 입학생 모집이 금지되어 1000만 명이 넘는 고등학교 졸업생이 진로를 정하지 못했다. 도시의 공장에는 그들을 받아줄 일자리가 없었다. 이렇게 해서 나온 정책이 농촌으로 내려가 일하는 '상산하향' 운동이었다. 마오쩌둥은 홍위병들에게 레이펑이 그랬듯이 인민을 위해 봉사하라고 다그쳤다.

이에 따라 1968년 겨울, 갈 곳이 마땅치 않은 수백만 홍위병이 뿔뿔이 흩어졌다. 그러나 지방에서 이들은 성가신 존재였고, 도시에서 자란 홍위병들에게 농촌 생활은 고달팠다. 한 용감한 홍위병이 공산주의 탈퇴를 공개적으로 선언하면서 마오쩌둥에게 편지를 썼으나, 무기징역 판결을 받아 감옥에 갔다. 농촌에서 쫓겨나거나 스스로 도시로 되돌아오는 젊은이들의 행렬이 끊이지 않으면서 홍위병은 그렇게 역사 속으로 사라졌다. 결국 그들은 가해자면서도 피해자였다.

문화대혁명 이후의 중국

2년에 걸친 홍위병의 광란이 끝남과 동시에 문화대혁명도 안정 단계에 접어들었다. 거리는 다시 질서를 회복하고 학생들은 학교로 돌아갔다. 그러나 공산당 내부에서는 피비린내 나는 싸움이 계속 이어졌다. 마오쩌둥은 아직도 남아 있는 류사오치와 덩샤오핑의 잔당을 제거하기 위해 전국의 공산당 간부들에 대해 대대적인 감사를 실시했다. 그 결과 2만 8000명에 이르는 당의 간부가 처벌받았다. 이것으로 문화대혁명은 끝난 것이나 마찬가지였다.

문화대혁명을 완수하는 데 일등공신이었던 린뱌오는 국가 주석 자리를 탐냈다. 그러나 마오쩌둥은 힘이 쏠려 있는 군대를 견제하기 위해 문관인 저우언라이 총리를 중심으로 정부를 꾸려 나갔다. 저우언라이는 마오쩌둥과 둘도 없는 혁명 동지면서 권력욕과는 거리가 먼 사람이었다. 또한 온화한 성격의 소유자이자 국가를 다스릴 줄도 아는 인물이었다. 린뱌오는 배신감을 느껴 쿠데타를 준비했으나, 사전에 발각되었다. 1971년 9월 13일에 린뱌오는 가족을 데리고 소련으로 탈출했지만 몽골 상공에서 비행기가 추락해 죽음을 맞았다. 홍위병의 실질적인 사령관이었던 린뱌오의 쿠데타 시도와 사망 소식이 알려지자 홍위병들은 큰 충격을 받았다. 그들이 설 자리는 더욱 없어졌다.

한편 1970년대 초, 동아시아 국제 정세는 요동을 치고 있었다. 1960년대 후반에 중국과 소련 간의 분쟁이 무력 충돌로까지 격화되자 중국은 소련을 첫 번째 가상의 적으로 간주했다. 저우언라이는 대소련 전략상 미국과의 관계 개선을 시도했다. 그는 중국이 국제사회의 구성원으로 활동하기 위해서는 미국과의 관계 개선이 불가피하다고 전망했다. 미국 또한 리처드 닉슨 대통령과 헨리 키신저 국무장관이 취임한 이후 중국과의 관계 개선에 나섰다. 양국의 이러한 공동 인식에 따라 1972년 2월 28일에 닉슨 대통령은 중국을 방문했고, 이를 계기로 상하이 공동성명이 발표되었다. 평화 공존 원칙에 입각하여 패권 추구에 반대하며, 제3국 대항을 목표로 하지 않는 양국관계의 정상화를 천명한 것이다. 또한 타이완이 중국의 일부이므로 중국 스스로가 타이완 문제를 평화적으로 해결해야 함을 인정하고, 정세 추이에 따라 타이완에 주둔한 미군은 철수하겠다고 밝혔다. 일명 '핑퐁 외교'라 불린 당시의 성명은 1979년 1월 1일에 맺은 양국 수교의 단초가 되었다.

저우언라이는 국가를 회복시키기 위한 내치에도 노력을 기울였다. 교육제도를 부활시키고 지식인, 문화·예술인, 교육자 등 쫓겨났던 많은 이들을 복귀시켰다. 파괴된 문화재는 복원토록 지시했다. 마오쩌둥은 전략적 차원에서 미국과의 관계 개선에는 동의했지만, 형세가 다시 문화대혁명 이전으로 돌아가진 않을까 노심초사하고 있었다. 그렇다고 인민의 존경을 받는 저우언라이를 내칠 수도 없었다. 이 틈을 비집고 문화대혁명을 계속하려는 장칭을 비롯한 네 사람이 당의 권력을 잡기 시작했다. 이들을 '4인방'이라고 부른다.

1973년 초, 저우언라이는 마오쩌둥의 동의 아래 덩샤오핑을 당에 복귀시켰다. 4인방은 즉각 덩샤오핑이 반혁명 분자라고 공격했다. 그러나 인민들은 이제 '혁명'의 '혁'자만 들어도 진저리치며, 정치적 투쟁에 더 이상 관심을 기울이지 않았다. 뇌경색에 걸려 병상에 누운 마오쩌둥 역시 피를 보는 심한 갈등과 대립은 원치 않았다. 그는 양자 사이에서 균형을 유지할 후계자를 물색하려 애썼으나 번번이 실패했다.

1974년 여름부터 저우언라이의 병세도 악화되었다. 이에 따라 덩샤오핑을 중심으로 사람들이 모이기 시작했고, 4인방과의 대립도 깊어졌다. 1976년 1월, 저우언라이가 죽자 그해 청명절을 맞아 베이징 시민들은 천안문 광장에서 그를 추모하기 위한 행진을 했다. 그러나 4인방의 사주를 받은 일군의 군인이 무력으로 해산시키자 성난 시민들은 건물을 부수고 자동차에 불을 붙이는 폭력 시위를 전개했다. 4인방은 시민들을 반혁명 세력으로 간주해 무자비하게 탄압하고, 덩샤오핑이 이 시위를 사주했다며 그 책임을 물어 실각시켰다. 이로서 4인방은 당과 정부, 군대의 권력을 장악했다.

그해 9월 9일, 마오쩌둥도 저우언라이를 뒤따랐다. 대륙은 추모 열기에 휩싸였다. 마오쩌둥은 비록 문화대혁명의 주범이었지만 인민들의 가슴속에는 여전히 살아 있는 영웅이었다. 이어 화궈펑이 당 주석 자리에 올랐다. 마오쩌둥은 사망 직전 화궈펑에게 "당신이 맡는다면, 나는 안심이다."라는 쪽지를 남겼다. 화궈펑은 정치적 야망이 없는 인물이어서 4인방도 크게 반대하지 않았다.

4인방은 화궈펑을 허수아비나 마찬가지라며 철저하게 무시하고 전횡을 일삼았다. 인사에 개입하고 축재에 혈안이 되어 국부

**천안문에 걸려 있는
마오쩌둥 초상**
문화대혁명의 주동자였지만
마오쩌둥은 여전히 중국 국
민에게 존경받고 있다. 이후
의 집권 세력 역시 문화대혁
명의 주된 책임을 그에게 지
우지는 않았다. 중국공산당
의 시조이자 근현대 중국의
문을 연 마오쩌둥을 비난하
는 것은 자신들의 존재마저
부정하는 결과를 낳기 때문
이다.

를 자신의 것으로 만들기 시작했다. 4인방 중 한 명인 장칭이 아
무리 존경하는 마오쩌둥의 아내라고 해도, 이러한 횡포에 대해
서는 비난의 목소리가 높았다. 심지어 마오쩌둥의 그림자나 다
름없던 경호부대장 왕둥싱도 장칭을 비롯한 4인방을 증오했다.

화궈펑도 더 이상 허수아비로 머무르지 않았다. 1976년 10월
10일, 화궈펑은 당의 원로들에게 승인을 받고 왕둥싱과 협력하
여 4인방을 전격 체포했다. 이날 4인방의 체포는 1966년에 시작
된 문화대혁명이 10년 만에 종말을 맞는 상징적인 사건이었다.
4인방은 재판에서 사형이나 종신형 등에 처해졌다. 덩샤오핑은
이듬해 복권되었고 1978년에 국가 주석의 자리에 올랐다.

1981년에 중국공산당은 문화대혁명을 '국가적 재난'이자 '마

오쩌둥 주석의 과오'라는 공식적인 입장을 발표했다. 그러나 그 책임을 장칭을 주축으로 하는 4인방과 린뱌오에게 떠넘겼다. 누가 봐도 마오쩌둥의 책임이 크지만, 그 역시 "'반혁명 분자'들에게 이용당했다."는 게 대체적인 결론이다. 중국공산당의 시조이자 근현대 중국의 문을 연 마오쩌둥을 비난하는 것은 자신들의 존재마저 부정하는 결과를 낳기 때문이다. 그리고 문화대혁명에 대한 공식적인 논의를 금지했다. 마오쩌둥은 중국 현대사 최대 비극인 문화대혁명을 그렇게 비켜 갔다.

중국 당국의 이러한 지시 때문에 문화대혁명 기간 동안 얼마나 많은 사람이 희생당했는지는 제대로 밝혀지지 않았다. 서방 세계에서는 150만 명 정도로 추정한다. 홍위병에게 테러를 당한 사람과 인민해방군의 진압 과정에서 죽은 홍위병, 그리고 공산당에게 숙청당한 사람들 모두가 문화대혁명의 희생자였다.

한편 문화대혁명 기간 동안 자본주의 국가의 진보 진영에서 당시 사태를 두고 내린 평가는 칭찬 일색이었다. 스탈린에 의해 변질된 사회주의가 중국에서는 제대로 꽃피울 수 있다는 기대감이 작용했던 것이다. 사르트르와 프랑스 68세대를 비롯한 유럽의 지식인, 일본의 공산당 및 사회당, 미국의 반전 세력, 그리고 한국의 대표적인 저항 지식인 리영희 교수도 그랬다. 그러나 그 참상이 속속 알려지면서 리 교수는 "당시에는 문화대혁명에 대한 자세한 정황을 알 수 없었다."라며 뒤늦게 반성했다.

‘개인숭배’라는 말을 처음 사용한 마르크스는 “아무리 사회주의 혁명과 사회주의 건설에 커다란 공적을 남겼어도 모든 사업, 모든 지도를 한 개인의 수중에 맡길 수는 없다.”라고 일갈했다. 그런데 공산주의 국가들에서는 개인숭배가 빈번히 발생했으니 땅속에서 마르크스는 어떻게 생각할까?

문화대혁명은 개인숭배가 빚은 참극이다. ‘공산주의 수호’를 짐짓 내세웠지만 실상은 마오쩌둥의, 마오쩌둥에 의한, 마오쩌둥을 위한 각본이었다. 그는 치밀하고 냉정했다. 목표를 달성하기 위해 물러서고 공격할 시점을 정확히 알고 상대편을 철저하게 분쇄했다. 자신의 손에 피를 묻히지 않고 대타를 기용했다. 그로 인해 광란의 홍위병은 역사적 비난을 한 몸에 받았다. 반면 중국에서 마오쩌둥은 지금까지도 여전히 문화대혁명에 대한 비난으로부터 거리를 두고 있다.

9

캄보디아
킬링필드

야수가 된
이념의 노예들

1975년 4월, 캄보디아의 수도 프놈펜이 크메르 루주 군에게 함락된다. 캄보디아 주재 《뉴욕 타임스》 특파원인 시드니 쉔버그와 그의 조력자 디스 프란은 프랑스 대사관을 찾아가 도움을 청한다. 그러나 캄보디아인이라는 이유로 거절당한 디스는 대사관 밖으로 쫓겨나면서 친구들과 아쉬운 작별을 나눈다. 그는 크메르 루주 군에게 붙잡혀 강제수용소에서 인간 이하의 대접을 받으며 하루하루를 연명한다. 본국으로 무사히 돌아간 시드니는 디스의 소재를 파악하고 구출하기 위해 백방으로 노력하지만 허사에 그치고 만다. 강제수용소에서 온갖 고초를 겪던 디스는 우여곡절 끝에 수용소를 탈출해 '킬링필드'를 지나 제3국인 태국의 난민촌에 무사히 도착한다. 1979년 10월, 디스와 시드니는 극적으로 재회한다. 바로 이때 평화를 갈구하는 존 레논의 노래 〈이매진〉이 은은히 흐른다.

1985년에 개봉한 영화 〈킬링필드〉의 줄거리다. 실화를 바탕으로 만든 이 영화는 전 세계에 전쟁의 참화와 크메르 루주의 악명을 알리는 데 크게 기여했다. 1975년에 정권을 잡은 크메르 루주는 4년 동안 캄보디아의 인구 4분의 1을 죽였다. 그들의 살상은 어처구니없게도 완벽한 공산주의 국가를 만들기 위한 것이었다.

그런데 영화 〈킬링필드〉는 또 다른 '킬링필드'가 있었음을 보여주지 않았다. 그 학살의 주범은 다름 아닌 미군이었다. 당시 아무도 몰랐던 '숨겨진 전쟁'을 통해 수십만 명이 목숨을 잃었으며, 이로 인해 크메르 루주가 탄생했다.

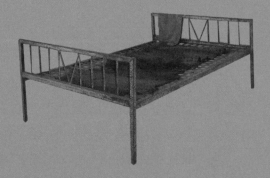

국민의 4분의 1을 '청소'한 해방군

1975년 4월 17일, 캄보디아 수도 프놈펜에 검은색 작업복을 위아래로 입고 빨간 스카프를 매고 샌들을 신은 남루한 차림의 크메르 루주 병사들이 터벅터벅 걸어 입성하기 시작했다. AK소총을 들고 탄띠를 어깨에 두른 그들에게 승자의 환희는 전혀 찾아볼 수 없었다. 오히려 못 올 곳에 왔다는 듯한 표정이었다. 눈동자는 투명한 얼음처럼 차갑게 빛났다. 전쟁이 끝났다는 안도감도 잠시, 프놈펜 시민들에게는 왠지 모를 불안감이 엄습했다. 그 불안이 공포로 바뀐 것은 불과 몇 시간 뒤였다. 크메르 루주 병사들은 곧 저승사자였다.

　그들이 첫 번째로 향한 곳은 병원이었다. 차마 병원이라고 할 수 없을 만큼 불결했으며, 의사도 간호사도 없이 환자들은 침상과 복도에서 신음하고 있었다. 군인들은 수술대와 약병을 개머리판으로 부수고 환자들을 밖으로 내몰았다. 앞을 보지 못하는 사람은 앞사람에게 의지하고 움직일 수 없는 사람은 끌려서 밖으로 나왔다. 갑자기 거리로 쏟아져 나온 환자 수천 명은 어디론가 끌려갔고, 돌아오지 않았다. 죽음의 땅 '킬링필드'는 그렇게 시작되었다.

환자들의 소개(疏開)가 끝난 다음은 프놈펜 시민들 차례였다. 모든 시민은 소지품을 버리고 집에서 나오라는 지시가 떨어졌다. 가족과 떨어져 있던 사람들에게 서로 만날 시간조차 주지 않았다. 거부하면 본보기로 즉각 처형했다. 어디로 가는지 설명도 없었다. 해가 질 무렵, 도시 밖으로 흩어지는 시민으로 거리는 인산인해를 이루었다. 졸지에 수만 명의 이산가족이 발생했고, 걷다가 지친 자들은 4월의 땡볕 아래 그대로 방치되어 길가에서 죽음을 맞았다. 프놈펜 시민들은 목적지를 알 수 없었다. 행렬을 이끄는 군인들은 "당에서 지시한 것"이라는 짤막한 대답만 돌려줄 뿐, 더 이상의 질문을 허용하지 않았다. 성격 급한 이가 불만을 표하면 아무 말 없이 총으로 즉결 처분했다. 250만 명이 살던 프놈펜은 며칠 만에 유령의 도시로 변했다. 집들은 텅텅 비었고 거리에는 주인 잃은 개가 시체를 파먹고 있었으며 잡초가 우거졌다. 적막뿐인 수도에 남은 사람이라고는 크메르 루주 군인들과 그들에게 협조했던 사람들, 그리고 수용소에 갇힌 민간인 수만 명이 전부였다. 그러나 수용된 사람들도 몇 달 안 가 99퍼센트가 살해당했다.

크메르 루주는 미국의 꼭두각시에 불과했던 독재자의 압제에 신음하는 캄보디아 국민을 구하기 위한 '해방군'이었다. 밀림에서 갖은 고생을 겪었으나 자신들에게 비협조적인 농민들도 해코지하지 않았다. 그들의 지도자 폴 포트는 어릴 때 닭 한 마리도 죽이지 못하는 여린 성격이었다. 폴 포트의 동료들도 대부분 프랑스 유학파로, 군인이라기보다는 지식인 출신이었다. 그들은 조국을 모든 사람이 평등하며 자급자족하는 사회로 리모델링하고자 했다. 캄보디아를 완벽한 이상향으로 건설하는 숭고한 꿈을 가진 이상주의자들이었다.

그렇지만 해방군은 국가를 장악하면서 너무나 잔인한 '점령군'으로 변했고, 폴 포트와 그의 친구들은 세계사에 남을 만큼 포악한 독재자가 되었다. 전대미문의 프놈펜 소개 작전은 그 출발점이었고, 집권 4년 만에 인구 4분의 1이 죽임을 당했다. 크메르 루주는 훗날, 프놈펜 소개 작전이 미군 폭격을 대비해 시민들을 보호하기 위한 조치였다고 증언했다. 그러나 이는 거짓말이었다. 1974년 1월에 이미 크메르 루주 중앙위원회는 프놈펜을 비롯한 캄보디아 내 모든 도시가 '해방'되는 즉시 시민들을 소개하기로 결정했던 것이다.

크메르 루주는 본래 작은 공산주의 집단에 불과했지만, 한 사건이 그들을 성장케 했다. 이웃 국가 베트남에서 벌어진 전쟁이 막바지에 이르고 있던 때, 미군이 캄보디아를 전격적으로 공습했다. 백악관과 미국 국방부는 자국 및 국제사회는 물론 캄보디아 당국에도 이를 알리지 않았다. 이른바 '숨겨진 전쟁'이었다. 이 전쟁으로 애꿎은 캄보디아인들만 희생당했다. 어느 날 갑자

1975년 4월 17일에 캄보디아의 수도 프놈펜을 점령한 크메르 루주
그들이 처음 한 일은 프놈펜 시민들을 '청소'하는 것이었다.

기 하늘에서 떨어진 폭탄으로 사람들은 가족을 잃었고, 집과 농토는 파괴되었다. 수십만 명이 영문도 모른 채 졸지에 난민이 되었다. 그리고 이 혼돈의 자양분을 크메르 루주가 고스란히 흡수했다. 미국은 왜 중립국 캄보디아를 몰래 공습했을까?

미국의 '숨겨진 전쟁'

19세기에 프랑스 식민지였던 베트남, 캄보디아, 라오스 3개국은 제2차 세계대전 후 독립 전쟁에 돌입했다. '인도차이나 전쟁'의 첫 번째 포문을 연 곳은 이 지역의 맹주 베트남이었다. 호치민을 중심으로 한 '베트민'이 독립운동을 주도했고, 이들의 전세는 갈수록 우세해졌다. 그러나 1954년 7월, 제네바 회의에서 베트남 남북을 위도 17도선을 기점으로 양분하고 2년 안에 전국 총선거를 실시한다는 협정이 체결되었다. 이에 따라 남쪽에는 응오 딘 지엠을 대통령으로 하는 베트남공화국이, 북쪽에는 호치민의 베트남민주공화국이 수립되었다.

정권의 정통성이 취약한 남베트남 정권은 무능했다. 반면에 1960년 12월에 창당한 남베트남민족해방전선, 즉 '베트콩'은 국민의 지지를 넓혀가고 있었다. 1963년에 남베트남에서는 쿠데타가 발발해 정권이 교체되었으나 베트콩의 지위는 더욱 확고해져갔다. 북베트남에 이어 남베트남마저 공산화될 것이라는 위기감에 휩싸인 미국은 1964년 8월, 통킹 만에서 북베트남 어뢰정이 미 군함을 선제 공격한 것처럼 사건을 꾸며 북베트남을 공격했다. 베트남 전쟁이 시작된 것이다.

그러나 미국은 점점 불리해졌다. 북베트남과 베트콩은 전력의 열세를 딛고 미군을 궁지로 몰아넣었다. 특히 호치민은 1000킬로미터에 이르는 캄보디아 국경선의 울창한 밀림을 효율적으로 이용했다. 1964년에는 북베트남 인민군 1만여 명이 소위 '호치민 루트'를 통해 남베트남을 공격했고, 1965년에는 10만 명에 달하는 인민군을 파견했다. 1968년 1월 31일, 북베트남은 전쟁의 승리를 결정짓기 위한 '구정 대공습'을 감행했다. 이 공습은 실패했지만, 미국은 더 이상 군 병력만으로 이들을 제압할 수 없다는 결론을 내렸다. 한편 미국 본토에서는 반전(反戰) 여론이 높아졌고, 이에 따라 미국 정부는 당시의 분단선을 유지한 평화 체제에 돌입하는 것으로 전략을 수정했다. 한반도의 휴전선과 같은 개념이었다. 닉슨 행정부는 북베트남과 평화 교섭을 시작하면서 유리한 조건을 확보하려 애썼다.

1969년 2월, 미국 합참의장이 항공사진과 전문을 들고 백악관을 찾았다. 남베트남에 주둔한 미군 총사령관이 보낸 것으로, 북베트남 남부전선사령부가 캄보디아 국경 안쪽에 있다는 것이었다. 가시적 성과를 얻기 위해 골몰하던 닉슨과 안보담당 보좌관 헨리 키신저는 그 정보에 솔깃했다. 북베트남과 베트콩은 동지적 관계였지 종속 관계는 아니었다. 그러나 미군은 남부전선사령부가 베트콩을 지휘한다고 판단했다. 그런데 캄보디아는 중립국이었고 더구나 미국과 외교가 단절된 상태였다. 캄보디아 정부 승인 없이 폭격한다면 그것은 '침략'이었다. 그렇지만 미군 총사령관은 "목표 지점을 정확히 공격한다면 캄보디아 주권을 침해할 가능성이 거의 없다."며 공습 허가를 거듭 요청했다.

사실 전(前) 정권인 존슨 행정부도 이 요청을 받았지만 중립국을 침략할 정당성을 확보하지 못해 거부한 바 있었다. 그러나 닉슨과 키신저는 적의 거점이 확실하다면 공습하라고 몰래 지시했다. 의회의 승인을 받아야 하지만 무시했다. 1969년 3월 17일, 대통령의 승인을 확인한 합참의장은 남베트남총사령관에게 공습 명령을 내렸다. 그리고 언론 대처 요령을 전달하고 작전 내용에 대해 외부인과 대화하지 않도록 지시했다. 합참은 작전명을 '브렉퍼스트'로 지었다. '숨겨진 전쟁'의 서막이 오른 순간이었다.

그날 밤늦은 시각, 남태평양 괌에 있는 앤더슨 미 공군기지에서 폭탄을 장착한 60여 대의 B-52 폭격기가 굉음을 내며 이륙했다. 조종사와 승무원에게 하달된 목표 지점은 남베트남의 어느 지역이었다. 고도 3만 피트(약 9.1킬로미터)를 유지하며 5시간을 순조롭게 비행한 폭격기들은 정해진 좌표에 이르렀다. 적기도, 대공포도 없는 평화 속에 가로 약 3.2킬로미터, 세로 약 0.8킬로미터 상자 모양의 지형에 폭탄을 '도장 찍듯' 정확하게 내리꽂았다. 그곳은 문자 그대로 초토화되었다. 중립 노선을 유지하며 조용히 지내오던 캄보디아가 베트남 전쟁에 휘말리는 순간

캄보디아 폭격 임무를 안고 날아갔으나 어디에도 군사 목
표물이 없었다. 그래서 사람들이 모인 결혼식장을 목표
물로 삼을 수밖에 없었다.

– 미국의 캄보디아 불법 폭격을 고발한 도널드 도슨(당시 B-52 부조종사)

이었다. 그리고 그 폭탄들은 6년 뒤 캄보디아에 핀 비극의 씨앗
이 되었다.

　다음 날 아침, 미군은 작전이 실패했음을 알았다. 그곳에는 군
사기지가 없었다. 그러자 미국은 다른 의심스러운 지역까지 공
습을 확대했다. 백악관과 미군은 이 사실을 철저하게 은폐했다.
《뉴욕 타임스》에 공습을 의심케 하는 짤막한 기사가 실렸지만
크게 주목받지 못했다. 하지만 닉슨은 기사의 출처를 조사하기
위해 신문사에 도청 장치를 설치하여 훗날 벌어질 워터게이트
사건*의 단초를 제공했다.

● **워터게이트 사건** 1972년 6월, 닉슨 미국 대통령의 재선을 꾀하는 비밀공작반이
워싱턴의 워터게이트 빌딩에 있는 민주당 전국위원회 본부에 침입하여 도청 장치
를 설치하려다 발각·체포된 사건. 이 사건으로 인해 닉슨 정권의 선거 방해, 정치
헌금의 부정·수뢰·탈세 등이 드러났다. 1974년 여름, 상원에서 탄핵안 가결이 확
실해지자 닉슨 스스로 대통령직을 사임했다. 대통령이 임기 도중에 사임한 것은 미
국 역사상 최초였다.

한편 캄보디아의 지도자 시아누크는 공습을 비교적 조용하게 처리하려 했다. 캄보디아에 있는 베트남 군인들을 몰아낼 좋은 기회였기도 하거니와 나락으로 떨어진 경제 상황을 타개하기 위해 미국과의 화해를 다시 모색하던 차였다. 그러나 1970년 3월, CIA의 협력 속에 캄보디아에서 론 놀이 쿠데타를 일으켜 시아누크는 실각했다. 미군은 '브렉퍼스트' 이후 '런치', '스낵', '디너', '디저트', '서퍼'라는 이름으로 공습을 계속 감행했다. '숨겨진 전쟁'은 통칭 '메뉴' 작전이라 불렸다. 쿠데타가 발발하고 한 달 뒤인 4월 30일, 미 지상군 2만 병력이 캄보디아 국경을 전격

중립국가 캄보디아를 몰래 침공한 미 지상군
이 공습은 베트남 전쟁 당시 캄보디아에 숨어 있는 북베트남 군을 색출하겠다는 명목으로 시작한 이른바 '숨겨진 전쟁'이었다. 미국 본토에서조차 이 사실을 아는 사람은 몇 되지 않았다.

침략했다. 도무지 실체를 파악할 수 없는 북베트남 남부전선사령부를 타격하기 위한 조치였다.

전선은 확대되었지만 미국 본토에서 이 사실을 아는 사람은 매우 드물었다. 캄보디아로 지상군이 투입되기 열흘 전, 닉슨은 베트남에서 미군 15만 명을 철수하겠다고 발표하기까지 했다. 전장의 미군들도 자신이 베트남에 있는지 캄보디아에 있는지 헷갈렸다. 아무런 성과가 없자 지상군은 철수했고 대신 공습은 더욱 격렬해졌다. 그러나 워터게이트 사건을 조사하던 중 '숨겨진 전쟁'이 드러나자 1973년 2월에 닉슨은 8월 15일 이후 캄보디아 공습을 중지하겠다고 발표했다. 그리고 이때부터 미국은 무려 1만 3954차례의 출격을 감행했다. 1969년 3월부터 1973년 8월까지 사용한 폭탄은 모두 약 54만 톤이었는데, 그중 마지막 6개월 동안 사용한 것이 약 26만 톤이었다. 제2차 세계대전 동안 미국이 일본에 퍼부은 폭탄은 16만 톤이었다.

메콩 강을 끼고 있는 캄보디아는 넓고 비옥한 땅과 그 종류를 헤아리기도 힘들 만큼 다양한 수산자원을 보유하고 있었다. 비록 경제 사정이 좋지 않았지만 식량과 물은 넉넉했다. 당시 비중이 가장 큰 수출 상품이었던 쌀은 1년에 삼모작이 가능했다. 그러나 이는 어디까지나 전쟁 전의 이야기였다. 폭격은 밀림에서 경작지로 확대되었다. 그 결과 논 80퍼센트가 불모지로 변했고, 3800만 톤에 달하던 쌀 생산량은 66만 톤으로 줄어들었다.

인명 피해는 상상을 초월했다. 수많은 캄보디아인이 네이팜탄과 고엽제의 희생자가 되었다. 정확한 통계는 없지만 200만 명 이상이 집을 잃고 민간인만 30만에서 60만 명이 목숨을 잃은 것으로 추정된다. 미군과 함께 침공한 남베트남 군인들은 캄보디아 민간인을 상대로 약탈과 강간, 살인을 일삼았다. 숨겨진 전쟁은 또 하나의 '킬링필드'였다. 론 놀 정권은 미군에게 더욱 세찬 폭격을 주문했다. 론 놀에 대한 캄보디아 국민의 적개심은 거세졌고, 많은 사람이 크메르 루주에 가입하기 시작했다. 1973년 8월, '숨겨진 전쟁'은 끝났지만 크메르 루주는 본격적으로 활동을 시작했다.

중립국가 캄보디아

1137킬로미터에 이르는 국경선으로 맞닿은 캄보디아와 베트남은 오랜 갈등의 역사를 가지고 있다. 오늘날 캄보디아의 원류는 크메르 제국으로부터 비롯된다. 13세기까지 캄보디아는 '앙코르와트'가 대표하는 화려한 크메르 문명을 자랑했지만 이후에는 세력을 확장하려는 태국과 베트남의 각축장이 되었다. 19세기 초 프랑스에 점령당하기 전까지 캄보디아의 역대 왕들은 태국의 승인을 받았으며 베트남에 조공을 바쳤다.

프랑스는 아직 영국과 네덜란드의 세력이 미치지 않았던 남아시아 지역으로 눈을 돌려, 태국의 보호령이던 라오스와 베트남의 식민지였던 캄보디아를 점령하고 1887년에 이른바 '프랑스령 인도차이나 연방'을 세웠다. 제2차 세계대전 때 일본이 이곳에 진출하면서 독일 나치의 꼭두각시였던 프랑스 비시 정권은 독일의 동맹국인 일본군의 주둔을 허용하는 조약에 서명했으나, 기존의 '프랑스령 인도차이나 정부'는 존속하기로 합의했다. 이 협정은 전쟁이 끝나면서 프랑스가 다시 인도차이나의 기득권을 주장하는 근거가 되었다.

1941년 4월 23일, 캄보디아 국왕이 사망하자 비시 정권은 국왕의 외손자인 18살의 노로돔 시아누크를 다음 국왕으로 지명했다. 그는 수도 프놈펜에 있는 프랑스계 학교를 다녔고, 프랑스 본토의 기병 육군학교에서 고등교육을 받았다. 왕위 계승 1순위인 시아누크의 아버지가 있음에도 외손자를 왕위에 앉힌 것은 그가 프랑스식 교육을 받았으며, 나이가 어려 꼭두각시로 이용하기 쉬워 보여서였다.

독일의 패색이 짙어지자 일본은 캄보디아가 다시 프랑스 식민지령이 되는 것을 막기 위해 시아누크에게 독립을 선포하도록 부추겼다. 시아누크는 혼란스러운 국제 정세를 이용해 1945년 3월 12일에 캄보디아의 독립을 선언했다. 그러나 1946년에 프랑스 군이 다시 점령함에 따라 독립은 1년여에 그치고 말았다. 하지만 전후 복구와 베트남과의 전쟁으로 여념이 없던 프랑스는 시아누크를 그대로 국왕으로 인정했다. 그렇지만 만만한 시아누크가 아니었다. 그는 식민 통치력의 공백기를 틈타 1947

년에 헌법을 공포했다. 결국 프랑스는 1949년에 캄보디아를 식민지가 아닌 프랑스 연합 내의 한 왕국으로 인정했다. 시아누크는 이에 만족하지 않고 '독립을 위한 대장정 운동'의 지원을 국제사회에 호소했다. 베트남과 같은 처지에 직면할 것을 우려한 프랑스는 1953년, 모든 통치권을 시아누크에게 넘겼다. 시아누크는 캄보디아 국민에게 독립의 영웅이 되었다.

인도차이나 문제 해결을 위한 1954년 제네바 회담에서 미국의 반대에도 불구하고 캄보디아는 중립을 인정받을 수 있었다. 태국과 베트남 등 주변 강대국의 시달림에서 벗어나기 위한 시아누크의 외교 승리였다. 캄보디아는 중립국답게 1957년 베트남 전쟁에 개입하지 않겠다고 선언했다.

시아누크가 중립 노선을 채택한 것은 냉전 체제 아래서 약소국이 할 수 있는 최선의 선택이었다. 그리고 그는 이를 십분 이용했다. 1963년까지 정부 예산의 13퍼센트, 군사비의 30퍼센트를 미국에서 원조받고 있었음에도 소련 및 동구권과도 외교관계를 수립했고, 중국으로부터도 노골적인 지원을 받았다. 국제사회에서는 이를 '극단적인 중립주의'라고 불렀다. 시아누크는 미국이 개입하기 전에는 베트남 전쟁에서 북베트남이 승리할 것으로 예상했다. 게다가 냉전 체제 속에서 소련과 중국의 지원이 가능하다면 굳이 미국에 의존할 필요가 없다고 판단했다. 결국 시아누크는 1963년 11월 20일 "미국이 제공하는 군사, 경제, 기술, 문화 분야의 모든 원조를 거절한다."라고 발표했다. 미국의 원조를 받던 중에 이를 자발적으로 거부한 나라는 캄보디아가 처음이었다.

그러나 대가는 컸다. 당시 국민총생산의 16퍼센트를 차지하던 미국의 원조를 갑작스럽게 중단하면서 기업이 도산하고 외국인 투자도 급격히 줄었다. 캄보디아의 주요 수출품이었던 쌀의 출로가 막혔다. 농민들은 수확한 쌀을 베트민에게 밀매했고, 이에 따라 세금이 현저하게 줄었다. 물가 상승과 화폐가치의 하락은 하루가 멀다 하고 최고치를 갱신했다.

1965년 5월, 미국은 호치민 루트를 봉쇄하기 위해 베트남 국경과 맞닿아 있는 캄보디아의 시골 마을을 폭격했다. 미군은 실수라고 말했지만, 시아누크는 그 말을 믿지 않았다. 이미 1964년 10월에 미 지상군이 베트콩과 교전하던 중 캄보디아 국경을 침범했을 때, 이런 일이 재발할 경우 미국과 단교하겠다고 선언한 바 있었다. 그리고 거의 동시에 《뉴스위크》에 시아누크 일가가 성매매 사업에 관여했다는 기사가 실렸다. 이 두 가지 사건으로 시아누크는 미국과의 외교 관계를 일방적으로 단절했다.

크메르 루주, 캄보디아를 접수하다

1930년 2월, 인도차이나 공산당(베트민)을 창립한 호치민은 베트남을 포함한 인도차이나 반도 전역에서 해방 독립투쟁을 지휘했다. 1951년에 인도차이나 공산당은 독립 투쟁을 효율적으로 수행하기 위해 민족 단위로 조직을 해체했다. 하노이에서는 노동당이, 캄보디아에서는 '캄보디아 공산당'이 결성되었다. 1954년 제네바 협정에 따라 캄보디아 내에서 활동하고 있는 베트민들이 완전 철수하기로 결정했다. 이때 캄보디아 공산주의자 5000여 명이 그들과 동행했다. 공백 상태가 된 캄보디아 공산당은 젊은 혁명가들로 채워졌다.

시아누크는 정권을 잡기 위해 초기에는 온건한 좌익 세력과 손잡아 총선에서 승리했다. 그렇지만 1967년에 지방에서 일어난 농민 폭동을 계기로 공산주의를 탄압하기 시작했다. 프놈펜의 좌익 계열 인사들은 탄압을 피해 밀림에서 활동하던 캄보디아 공산당에 합류하고, 시아누크를 '캄보디아 인민과 혁명의 적'이라고 공개 비난했다. 그러나 시아누크는 이를 대수롭지 않게 여겼다. 오히려 이들을 '빨간 크메르인'이라는 뜻으로 '크메르 루주'라고 부르며 조롱했다.

크메르 루주의 지도자들은 대부분 1950년대에 프랑스에서 '신좌파' 물결을 겪고 돌아온 유학파 청년들이었고, 킬링필드의 주역인 폴 포트도 그중 한 명이었다. 그는 1928년에 농민의 아들로 태어나 프놈펜 공과대학에 입학하고, 1949년에 프랑스로 유학을 떠났다. 조국의 독립을 갈구하던 그는 반제국주의를 주창한 프랑스 공산당에 입당했다. 누온 체아, 키우 삼판, 이엥 사리 등 다른 크메르 루주 지도자들도 비슷한 길을 걸었다. 공부를 마치자 그들은 '혁명 투사'로 탈바꿈했다. 캄보디아를 완벽한 공산 사회로 건설하리라 다짐하면서 공산당에 입당한 뒤, 베트민의 철수로 야기된 공백기를 틈타 빠르게 지도자 자리에 올랐다. 그리고 마오쩌둥이 그랬던 것처럼 철저하게 인민에게 헌신했다. 인도차이나 공산주의의 거두 호치민은 이 순혈적인 젊은이들에게 감명을 받아, 비밀리에 무기를 지원하고 군사훈련을 꾸준히 지도했다.

1970년까지 크메르 루주의 병력은 수백 명에 불과했다. 캄보디아 농민 90퍼센트 이상이 비록 크지는 않지만 자신의 농지를 보유해 공산주의 혁명에 크게 고무되지 않았으며, 시아누크는 시골에서 인기가 높았다.

그러나 상황은 점점 크메르 루주에게 유리한 형국으로 흘러갔다. 미군의 폭격이 계속되는 가운데 쿠데타를 일으켜 시아누크를 끌어내리고 정권을 장악한 군 사령관 론 놀은 철저한 반공산주의자였다. 가족과 농토를 잃고, 존경하던 시아누크마저 실각하자 농민들은 미군과 론 놀 정부에 적개심을 안고 크메르 루주에 가입하기 시작했다. 크메르 루주는 '과일을 따면 나무 아래에 과일 값을 놓아둘 정도'로 모범적으로 행동했다. 또한 "시아누크가 억울하게 희생당했다."라며 농민들의 정서에 호소했다. 크메르 루주는 급성장해 1971년 초쯤에는 전체 3만 5000~5만 명에 군인이 1만여 명인 조직이 되었다.

캄보디아에 친미 정권이 들어서자 북베트남도 크메르 루주를 공식 지원하기 시작했고, 북베트남으로 갔던 캄보디아 출신 공산당원 2000명을 크메르 루주에 다시 배속시켰다. 이들은 전쟁 베테랑답게 크메르 루주를 체계화된 군사 조직으로 탈바꿈시켰고, 폴 포트 중심의 지도부를 인정했다. 중국의 저우언라이 역시 비밀스럽게 그들을 도왔다. 이런 공산국가들의 도움으로 크메르 루주는 어느덧 론 놀 정부군에 정면으로 맞서 싸울 수 있는 군사 집단으로 성장했다.

자신감을 얻은 크메르 루주는 1970년 하반기에 밀림에서 나왔다. 주민들의 환대를 받았고, 대부분 지역에 무혈로 입성했다. 산발적으로 벌어진 전투도 일방적인 승리로 끝냈다. 크메르 루주 지도부는 전투 과정에 일어나는 민간인 피해를 최소화했다. 병사들에게는 정신 무장을 매우 강조했다. 중대 단위마다 정치 장교가 배치되어 사상 교육을 담당했고 개인 생활은 허용하지 않았다. 매일 밤 정치 집회를 열어 론 놀 정부와 미국에 대한 병사들의 적개심을 고취했다.

도시에서는 정부군과의 공방이 치열하게 전개되었다. 크메르 루주는 더 이상 게릴라가 아니었다. 많은 희생을 치르면서 수도 프놈펜을 향해 꾸준히 진격했다. 미군은 이들을 섬멸하기 위해 곡창지대까지 폭격했다. 1971년 프놈펜 CIA의 보고에 의하면 크메르 루주는 이미 전 국토의 60퍼센트, 전 국민의 35퍼센트를 통제하고 있었다.

반면 론 놀 정부는 무능하기 짝이 없었다. 미군의 폭격으로 쌀

생산에 타격을 받자 캄보디아의 자립 경제 기반은 완전히 붕괴되었다. 그럴수록 정부는 더욱 미국에 의존하는 악순환에 빠졌다. 미국이 막대한 양의 물자를 지원했으나 국민에게 돌아가는 양은 매우 적었다. 관리들은 이를 중간에서 빼먹고, 심지어 베트콩에게 팔기도 했다. 물가는 매년 200퍼센트 넘게 치솟았다. 도시 곳곳에서 자발적인 반정부 시위가 발생했다. 프놈펜의 대학생들은 시아누크보다 론 놀이 더 부패한 지도자라고 외쳤다. 론 놀은 타개책으로 1972년 6월에 대통령 선거를 실시했고, 55퍼센트의 득표율로 당선되어 군주제를 종식시켰다. 물론 부정선거였으며 크메르 루주가 장악한 곳에서는 투표가 진행되지 않았다.

한편 농토를 잃거나 전쟁에 쫓겨 많은 사람이 수도 프놈펜으로 몰려들었다. 전쟁 이전에 60만 명이던 인구는 1년 만에 200만 명으로 급증했다. 수용할 수 있는 인구 범위를 넘어서자 프놈펜의 도시 기능은 무너졌다. 부랑자들이 거리를 헤매고 강도와 도둑, 폭행과 살인이 증가하는데도 공권력은 이를 막지 못했다. 의료 체계도 붕괴되어 면역력이 약한 어린이와 노인은 가벼운 질병에도 죽었다. 이런 와중에 정부 관리들은 개인적인 치부에만 힘을 쏟았다. 전쟁 중이었음에도 프랑스 고급 와인, 샹들리에, 양복 같은 사치품 수입은 오히려 증가했다.

프놈펜으로 향하는 크메르 루주 군의 진격 속도가 빨라지자 미군은 남은 폭탄을 대량으로 퍼부었다. 그러나 미 하원은 1973

년 5월에 캄보디아 공습을 위한 예비비 사용을 금지시켰다. 미 의회가 전쟁을 중단시킨 경우는 미국 역사상 처음 있는 일이었다. 공습을 중단한 뒤에는 캄보디아 정부에 엄청난 군사물자를 지원했다. 미국에서 야포, 소총, 탄약, 장갑차와 트럭 등이 속속 도착했지만 정부군은 이를 운용할 줄 몰랐다. 한 번 고장 난 장비는 수리 병력이 없어 폐물이 되었다. 심지어 포장지조차 뜯기지 않은 물자를 베트콩이나 크메르 루주가 발견하기도 했다.

1970년의 정부군 수는 공식적으로 3만 7000명이었는데 2년 만에 20만 명으로 늘어났으며, 1972년 하반기에는 30만 명에 육박했다. 지휘관들이 '유령 병사'를 만들어놓고 급여를 빼돌렸기 때문이다. 1973년 초에 크메르 루주의 병력은 6만여 명으로, 유령 병사를 제외하면 수적으로도 정부군에 밀리지 않았다. 그해 6월에 크메르 루주는 프놈펜으로 향하는 모든 거점을 점령했고, 1974년 1월 건기가 시작되면서 대대적인 공세를 펼쳤으나 프놈펜을 점령하는 데는 실패했다. 우기 기간 동안 크메르 루주는 '해방 지역'의 치안 질서와 공산 사회를 실현하기 위한 제도 개혁을 실시하고 군을 재정비했다.

1975년 1월 1일을 기해 크메르 루주 군은 다시 공격을 시작하여 프놈펜으로 향하는 모든 도로를 장악했다. 이어 메콩 강마저 봉쇄함으로써 프놈펜은 완전히 고립되었다. 1975년 4월 1일, 프놈펜의 최후 방어선이 무너지고 론 놀은 망명길에 올랐다. 4월 12일에 미국 대사관이 철수했고 4월 17일, 크메르 루주 군인들이 프놈펜에 입성함으로써 마침내 5년에 걸친 캄보디아 내전은 마침표를 찍었다.

암흑의 킬링필드

프랑스에서 경제학을 전공한 키우 삼판의 논문은 크메르 루주 정권의 정책 지표였다. 그는 "캄보디아의 힘은 전체 인구의 90퍼센트가 거주하는 농촌에 있고, 도시는 소비 지역일 뿐이다. 캄보디아 사회를 재편하기 위해서는 도시 거주민을 농촌 등 생산 현장으로 이주시켜야 한다."라고 주장했다. 전쟁에서 전공을 세워 크메르 루주를 대표하는 지도자가 된 폴 포트도 공장 노동자가 거의 없는 캄보디아에서 공산주의 혁명을 완성하기 위해 '농민이 지배하는 사회주의 농업 협동조합'을 모델로 삼았다.

이런 사상으로 무장한 크메르 루주는 도시에 대한 적개심이 매우 컸다. 특히 점령한 '해방 도시'에서조차 술집, 매음굴, 도박장 같은 자본주의적 악습이 부활하자 충격을 받았다. 농민은 순결하고 도시민은 타락했다는 믿음이 더욱 강해졌다. 수도 프놈펜은 타락의 요람이었다. 따라서 그곳은 개조하기보다는 해체해야 했다. "도시 주민의 양식은 도시 주민 자신이 경작한다."라는 명분 아래 도시민들을 농촌에 편입시켰다.

크메르 루주는 사유재산제도를 폐지하고 중앙은행은 아예 폭파시켰다. 1976년 2월에 국명을 '민주 캄푸치아'로 개칭하고, 헌법을 공포했다. 프놈펜을 함락하기 전에 중국에 있던 시아누크를 초빙하여 국가 원수로 대접했으나 말 그대로 얼굴마담에 불과했다. 자신이 이용당했음을 깨달았을 때 시아누크는 이미 가택 연금을 당한 처지였다.

캄보디아 국민의 삶은 급속하게 획일화되었다. 주거 및 표현의 자유를 박탈당했고 심지어 결혼 상대도 스스로 결정하지 못했다. 결혼식은 당의 주관으로 최소 10쌍 이상의 합동결혼식으로 치러졌다. 아버지, 어머니 같은 호칭도 봉건 잔재라고 쓰지 못하게 했다. 오직 '동무'만이 존재했다. 사찰은 모두 폐쇄하고 예술 활동은 금지시켰다. 마을마다 매일 정치교육을 실시했으며, 일주일에 두 번 자아비판을 강제했다. 만약 자백하지 않으면 누군가의 고발이 따르기 때문에 머리를 짜내 억지로 말해야 했다. 이 모든 억압 장치는 대부분 폴 포트가 기획했다. 그는 잠시 희생이 따르겠지만 조만간 국민 모두가 자신의 뜻을 알아줄 것이라고 확신했다.

프놈펜을 비롯한 도시의 시민들이 도착한 곳은 농촌의 집단 농장이었다. 한 숙소에 200~300명을 거주시키고, 공동 생산과 공동 분배 시스템을 구축했다. 집단농장은 물질적, 정신적 사유재산이 없는 진정으로 평등한 공산주의 사회를 건설하기 위한 전초기지였다. "뛰어난 정치의식을 지니면 모든 것을 빠르게 배울 수 있다."라며 전기 기사, 선원, 건설 기술자 같은 전문 인력까지 집단농장으로 보냈다. 작업은 새벽 5시에 시작해 별을 볼 때에야 끝났다. 노역이 서투를 수밖에 없는 도시인들에게 체벌은 일상화되었다. 배급되는 음식마저 부족해 늘 허기에 시달렸다. 숙소는 불결하기 짝이 없어 약한 사람들은 병에 걸리기 일쑤였다. 농민들은 크메르 루주의 지도부가 알려준 대로 그들을 '오염된 인간'이라며 손가락질했다.

집단농장의 감시자들은 15세 안팎의 청소년이었다. 크메르 루주 지도부는 이들을 과거와의 단절점으로 이용했다. 고도의 정치 학습과 철저한 사상 교육을 통해 청소년들이 냉정함을 유지하도록 했다. 이들은 크메르 루주 간부들의 의도대로 무자비한 '야수'로 변했다. 조금이라도 한눈을 파는 사람이 있으면 몽둥이로 두들겨 팼다. 맞은 사람이 머리가 터지고 일어나지 못해도 매질은 멈추지 않았다. 살인에 아무런 죄의식을 느끼지 못하는 어린 악마들은 시체를 웅덩이나 우물에 아무렇게나 던져 버렸다. 집단농장에서 벌어지는 죽음은 대부분 기아와 병, 그리고 매질이 그 원인이었다. 탈출은 꿈도 꾸지 못했다. 탈출자가 발생하면 공동 책임을 물어 집단적으로 처형했기 때문이다. 모자란 노동력은 도시에서 신속하게 공급받았다. 그러나 집단농장의 생산량은 증가하기는커녕 매년 감소했고, 그럴수록 노동의 강도는 거세졌으며 처벌의 빈도도 이에 비례했다.

그러나 집단농장은 도시의 수용소에 비하면 차라리 양반이었다. 크메르 루주는 집단농장과 별도로 도시마다 수용소를 설립했다. 정치범 및 혁명에 걸림돌이 되는 사람들, 즉 론 놀 정부의 관료 및 군인 가족 등을 수감하기 위한 곳이었지만 정작 실제로 수용된 이들은 대부분 병사들의 '미움'을 산 사람이었다. 캄보디아는 도농 간 경제적, 문화적 차이가 매우 심했다. 그 때문에 농촌 출신의 크메르 루주 병사들은 정치사상 교육 및 전쟁을 거치면서 도시의 모든 것을 증오하게 되었다. 자동차, 라디오, 텔레비전, 냉장고 등을 소유한 '있는 놈'들을 수용소에 수감한 것은 당연한 수순이었다.

지식인 혐오증도 극한에 치달았다. 의사, 교사와 대학교수, 법조인, 과학자는 물론 외국어를 구사하는 사람들도 수용했고, 뒤이어 글을 읽을 줄 아는 사람들로까지 확대했다. 집에 책이 많다는 이유로, 안경을 썼다는 이유로, 떨어뜨린 책이나 신문을 똑바로 들었다는 이유로, 손이 매끄럽다는 이유로 수용소로 보냈다. 어린이도 수감했고, 승려와 예술가도 예외가 아니었다. 그들은 생산할 수 없는 '잉여 인간'이었다.

어둡고 침침한 수용소 생활은 지옥 그 자체였다. 인간이 감내하기 힘든 강제 노역이 쉴 새 없이 이루어졌다. 질서를 유지한다는 명목으로, 게으름을 피우거나 규정을 어긴다는 이유로 고문과 살인이 다반사로 일어났다. 사람들은 노예같이 쇠사슬에 묶인 채 지냈으며 음식은 항상 부족해 수용소의 뱀, 쥐, 귀뚜라미가 금방 자취를 감추었다. "반박하지 마라, 질문하지 마라, 명령을 즉시 실행하라, 고문을 당해도 울지 마라."라는 수용소의 생활 규칙은 아주 엄격하게 적용됐다.

처형 방식은 잔인하기 이를 데 없었다. 복수를 예방하기 위해 어린아이는 무조건 죽였는데, 사지를 찢거나 땅과 나무에 패대 기쳤다. 임신부는 배를 갈랐다. 한 고위 정부 관리의 부인은 산 채로 머리에 드릴이 박혀 죽었다. 머리만 남기고 땅에 묻어 죽기를 기다리는 방식도 자주 썼다. 가장 흔한 방식은 도끼로 목을 내려치는 것이었다. 많은 사람을 한꺼번에 죽이기 위해 큰 웅덩이를 파고 생매장하기도 했다. 실탄을 아껴야 했기 때문에 총을 쏘는 경우는 드물었다. 처형 집행자들은 집단농장에서처럼 군인이 아니라 앳된 얼굴의 청소년이었다.

가장 악명이 높은 수용소는 프놈펜에 있는 '투올 슬렝'으로, 시아누크가 조상의 이름을 따서 붙인 명문 고등학교를 수용소로 개조한 곳이었다. 크메르 루주는 이곳을 'S-21' 보안 감옥이라 부르며 가장 악질적인 반동분자를 수감했다. 약 1만 7000명이 S-21에 수용되었으며 살아서 나간 사람은 10여 명에 불과했다. 크메르 루주는 죽인 사람들의 정보나 수를 정확히 기록하지 않았기 때문에 실제 수용자 수는 2만 명 이상으로 추산한다. 지금 이곳에는 당시 수용소의 실상을 알려주는 감방과 고문 현장, 그리고 유골을 전시하고 있다. 땅을 파면 아직도 유골이 나온다.

크메르 루주가 정권을 잡은 1975년 4월부터 1979년 1월까지 약 4년 동안 캄보디아 땅에서 어떤 일이 일어났는지 국제사회에 명확히 알려진 바는 없었다. 베트남과 태국으로 탈출한 사람들

저는 S-21에서 죄수들을 죽인 사람들이 인간이 아닌 별
종이라고 생각하지 않습니다. 어떤 면에서는 내가 저 입
장에 처해 있지 않은 것이 얼마나 다행인지 모른다는 생
각이 들 정도예요. 누구나 그런 상황에 처하면 그렇게 할
수밖에 없을 겁니다. 그게 우리 인간의 어두운 면이기도
하고요.

- 데이비드 챈들러(1933~, 캄보디아 현대사 전문 역사학자)

의 구전으로만 알려졌을 뿐이다. 크메르 루주가 순혈적인 민족
주의를 표방하면서 캄보디아는 중국을 제외한 모든 국가와 단
절되고, 잊힌 땅이 되었다. 그 기간에 전국의 집단농장과 수용소
에서는 죽음의 제전이 벌어졌다. 나중에는 크메르 루주 내부의
파벌 문제로 수천 명이 숙청당했으며, 베트남계 캄보디아인도
집단 학살의 희생자가 되었다.

후에 알려진 참상은 소문 이상이었다. 말 그대로 그곳은 죽음
의 땅, 킬링필드였다. 마을마다 남녀노소가 뒤엉켜 묻힌 생매장
무덤이 발견되었는데 그 유골들은 신체 부위를 알 수 없을 만큼
일그러져 있었다. 학살당한 사람의 숫자는 조사 기관마다 편차
가 매우 커 크메르 루주에 의해 처형된 사람이 25만~100만 명,

크메르 루주의 악명 높은 수용소 S-21의 고문실과 감방
2만 명에 가까운 수용자 중 살아남은 사람은 10여 명에 불과했다. 아래 사진은 생존자 중 한 사람인 춤메이.

질병과 기근으로 죽은 사람은 70만~80만 명이라고 추측하고 있다. 보통은 최소 100만 명 이상이 희생당했으며, 여기에 미군 폭격으로 40만 명이 죽었다는 게 대충의 짐작이다. 당시 캄보디아 인구 4분의 1이 희생당한 것이다.

특히 지식인이 많이 처형당했다. 1970년에 캄보디아에는 의사가 800명 있었는데 이중 760명이, 판사 545명 중에는 541명이 살해당했다. 불교의 나라답게 승려가 8만 명 있었지만 500여 명만이 살아남았고, 사찰은 모조리 파괴되었다. 캄보디아를 대표해 국제경기에 참가한 경력이 있는 운동선수 2000여 명도 자본주의 물을 먹었다는 이유로 수용소에서 죽임을 당했다.

허망하게 끝난 학살자 심판

크메르 루주와 베트남의 사이가 벌어진 결정적인 이유는 아직 알려지지 않았다. 어쨌든 캄보디아와 베트남은 역사적으로 갈등을 많이 겪었고, 대개는 캄보디아가 피해를 입었다. 그래서 캄보디아 국민은 베트남에 오랜 적대감을 가지고 있었다. 크메르 루주에게도 베트남은 비록 제국주의와 맞서 싸운 동지였지만 역사적으로 쌓인 이 감정은 숨길 수 없었고, 자신들의 집권이 안정되자 베트남을 적대했다. 이에 대해 베트남은 인도차이나 반도의 공산주의 '맏형'으로서 수차례 경고를 보냈다.

크메르 루주가 프놈펜에 입성한 10여 일 뒤 사이공도 베트콩에게 함락되어 베트남도 공산화되었다. 그렇지만 크메르 루주는 1976년 6월에 베트남을 '제1의 적'이라 선언했다. 그리고 베트남 사람과 베트남계 캄보디아 사람들에 대한 대대적인 숙청을 단행했다. 이는 인종 학살 수준의 큰 희생을 낳았는데, 10만 명 이상이 '청소'당했다. 1976년과 1977년 초에는 국경 문제로 양국 간에 소규모 전투가 벌어졌고, 1977년 말에 크메르 루주는 베트남과의 외교 단절을 공식적으로 선언했다. 1978년 해가 밝자 베트남은 캄보디아를 침공했다.

전쟁의 베테랑에게 맞서기란 애초부터 버거웠다. 크메르 루주는 후원자 중국을 기다리며 결사 항전한 끝에 우기까지 버티는 데 성공했다. 그러나 중국 사정이 녹록지 않았다. 베트남의 침공으로 캄보디아에서 벌어진 대학살이 알려지자 국제사회는 중국에 압력을 가했고, 미국과의 관계 개선을 앞둔 중국은 이 여론을 외면할 수 없었다. 그래서 크메르 루주의 공개적인 지원 요청에 침묵으로 답했다. 1979년 1월 1일, 미국과 중국이 수교를 맺자 베트남은 프놈펜으로 전격 진공했다. 중국이 외면한 전쟁은 이미 끝난 것이나 마찬가지였다. 베트남 군대의 후원을 받은 헹삼린이 며칠 만에 프놈펜에 입성했다. 그러나 폴 포트를 비롯한 크메르 루주 간부들의 체포에는 실패했다.

헹삼린은 캄푸치아 인민공화국을 선포했고 밀림으로 쫓겨난 크메르 루주는 게릴라전을 시작했다. 그사이 론 놀 및 시아누크의 지지파들도 수면 위로 떠올라, 캄보디아는 네 개 세력이 서로 합종연횡하면서 새로운 내전에 돌입했다. 어느 한쪽이 일방적 우위를 점하지 못하면서 복잡한 전쟁이 10년 동안이나 지속되었다. 결국 유엔이 개입하고 베트남 군이 1989년에 캄보디아에서 철수하면서 총성은 겨우 멈추었다.

유엔은 군 병력을 포함한 인력 2만 2000명을 파견해 합법적인 차기 정부가 세워질 때까지 캄보디아 내의 질서 유지를 담당했다. 1993년 5월, 유엔의 감시하에 열린 총선에 크메르 루주는 불참을 선언했다. 그러나 90퍼센트가 넘는 투표율을 기록하면서 크메르 루주의 세력은 급격히 감소했고, 시아누크의 아들이 이끄는 당이 45퍼센트의 득표율을 기록했다. 제헌의회는 국왕의 권한이 매우 약한 입헌군주제를 채택했고 시아누크는 왕위에 다시 올라 재기에 성공했다.

크메르 루주는 새로운 정부와의 전쟁을 선포했지만, 제2인자인 이엥 사리가 1996년 8월에 정부에 투항하는 등 더 이상 과거의 단일 대오를 자랑하던 크메르 루주가 아니었다. 병사들도 승전 가능성이 희박한 전쟁이 계속되면서 지쳤다. 또한 태국과의 밀거래를 통해 얻은 수익 문제로 지도부 간에 갈등을 빚었다. 1997년 6월, 폴 포트가 부하들에 의해 가택 연금을 당하면서 온건파인 키우 삼판이 크메르 루주를 이끌었다. 1998년, 다시 총선이 시작되자 각 정파는 크메르 루주의 잔여 세력을 자기편으로 끌어들이기 위해 공을 들였다.

이 총선에서 훈 센이 이끄는 당이 제1당이 되었다. 훈 센 총리는 과거 크메르 루주의 군 간부 출신이었으나, 1977년 폴 포트 체제에 불만을 가져 베트남으로 망명했던 인물이다. 그러나 그는 총선에서 크메르 루주와 연대하여 집권에 성공했고, 이 정치적 거래는 킬링필드의 책임자를 단죄하는 데 걸림돌이 되었다. 1999년 12월, 키우 삼판과 누온 체아가 "인민에게 사과한다."는 짤막한 말을 던지며 훈 센 정권에 투항함으로써 크메르 루주는 공식적으로 그 자취를 감추었다. 훈 센 총리는 "땅을 파서 과거를 묻고 오점 없는 21세기를 향해 나아가자."라며 이들을 환영했다. 그러나 캄보디아 국민과 국제사회는 이들을 사법으로 단죄할 것을 계속 요구했다. 유엔 사무총장도 반인륜적인 범행을 저지른 크메르 루주 지도자들을 기소하여 국제 형사재판에 회부하도록 안보리와 총회에 권고했다.

국제사회의 거센 여론 속에 훈 센 총리는 그 입장을 꺾지 않을 수 없었다. 우여곡절 끝에 2006년 유엔 캄보디아 특별재판이 구성되어 카잉 구엑 에아브 S-21 수용소 소장, 키우 삼판 전 국가 주석, 누온 체아 전 부서기장, 이엥 사리 전 외무부장관과 그의 부인 이엥 타리트 전 사회부장관 다섯 명을 기소했다. 폴 포트는 가택 연금 상태에서 1998년에 숨을 거두어 사법의 칼날을 비켜 갔다. 제일 먼저 법정에 선 사람은 악명 높은 S-21 수용소 소장으로, 2012년 2월에 열린 고등심에서 종신형을 선고받았다. 나머지 네 명에 대한 첫 번째 재판이 열린 2011년 6월, 키우 삼

2014년 8월에 열린 유엔 캄보디아 특별재판

이 재판에서 크메르 루주의 핵심 인물이었던 누온 체아(왼쪽)와 키우 삼판(오른쪽)은 '반인도주의' 죄목으로 종신형을 선고받았다. 그 전까지 당시 행동이 국가를 위한 것이었다고 주장하던 그들은 이날, 사과의 뜻을 전했다.

판만이 진실을 밝히는 데 협조하겠다는 의사를 밝혔을 뿐 나머지 셋은 비협조적이었다. 그러다 2013년에 이엥 사리가 노환으로 집에서 사망했으며, 이엥 타리트는 알츠하이머병으로 재판을 면제받았다. 누온 체아와 키우 삼판은 2014년 8월에 '반인도주의' 죄목으로 종신형을 선고받았다.

이들은 첫 번째 공판에서 자신들의 행위는 국가를 위한 것이었으며 개인적인 감정은 없었다고 강변해 많은 사람을 분노케 했다. 그러나 종신형 선고가 내려진 날 그들은 유족에게 '깊은 위로'의 뜻과 사과를 전했으며 "우리는 당시 지도자로서 국가를 위기로 몰아넣고 피해를 안겨준 데 대해 책임을 져야 마땅하다."라고 말했다. 이에 대해 특별재판소 대변인은 "수많은 피해자가 크메르 루주 지도부가 사죄와 유감을 표하는 이 순간을 30년 이상 기다려왔다."라며 환영의 뜻을 표시했다. 재판 후 훈 센 총리는 추가 기소를 반대한다는 입장을 분명히 함으로써 크메르 루주에 대한 사법적인 단죄는 여기서 끝났다.

국제사회 일각에서는 또 다른 킬링필드의 주역인 닉슨과 키신저를 크메르 루주의 간부들과 마찬가지로 전범 재판에 세우라고 요구했으나 귀 기울이는 이는 적었다. 닉슨은 죽을 때까지 자신의 침공 명령을 후회하지 않았으며, 키신저는 캄보디아인이 가장 많이 죽은 '숨겨진 전쟁'의 막바지 해에 베트남에 평화를 정착시켰다는 공로로 노벨평화상을 받았다.

모든 사람이 평등하고 자급자족하는 이상향은 인류의 오랜 꿈이다. 전 세계의 많은 철학자와 통치자가 이상향 건설을 시도한 바 있지만, 크메르 루주만큼 직접적으로 실행에 옮긴 경우는 드물었고 결과는 비극으로 끝났다.

폴 포트를 비롯한 크메르 루주 지도부는 척박한 조국의 현실을 타개하려는 열망으로 뭉친 지식인들이었다. 희생정신도 남달랐다. 그러나 그들은 이상향을 건설하는 데 있어 다른 사람들의 의견을 묵살하고, 오직 자신들의 방법만이 지름길이자 바른길이라고 믿었다. 그들이 제일 먼저 한 일은 이념의 노예를 양성하는 일이었다. 이 프로젝트는 매우 성공적이었다. 이념을 주입하자 시골 청소년과 젊은이는 야수가 되었다.

10

르완다 대학살

평범한
사람들이 만든
최악의 비극

인류 역사상 가장 짧은 기간 동안 가장 많은 사람이 죽은 사건이 1994년에 발생했다. 아프리카 르완다가 그 비극의 장소다. 3개월 만에 100만 명에 이르는 사람이 목숨을 잃었다. 하루에 1만 명, 한 시간에 400여 명, 1분에 7명 넘게 죽었다.

이렇게 단기간에 많은 사람이 죽기 위해서는 특별한 장치가 있어야 한다. 예를 들면 원자폭탄이나 화학무기 같은 대량 살상 무기, 또는 영화에서나 볼 수 있는 엄청난 자연재해나 전염병 같은 것 말이다. 그러나 1994년 4월부터 7월 초까지 르완다에서 벌어진 죽음은 그런 장치와 관련이 없었다. 대신 많은 주검에 칼과 도끼의 흔적이 있었다.

나치는 유대인 600만 명을 죽이기 위해 6년 동안 가스실을 사용했으며, 캄보디아의 크메르 루주 정권은 100만여 명을 죽이는 데 4년이 걸렸다. 그런데 르완다에서는 어떻게 그 단기간에 그런 대량 살상이 가능했을까? 답은 살인자 역시 많았다는 것이다. 살인자들의 신분과 성별을 하나하나 파악하기에는 너무 광범위했다. 군인과 부랑자는 물론 평범한 시민, 심지어 의사와 종교인도 포함되었다. 그 많은 살인마들은 '집단적 증오'에 휩싸여 있

었다. 그런데 그 증오는 그들 스스로 만든 게 아니라 타인이 불러일으킨 것

이었으며, 그 결과는 너무나 참혹했다.

《성경》에 근거한 인종 우생학

《구약 성경》〈창세기〉에 따르면, 대홍수가 끝난 뒤 노아는 셈, 함, 야벳 세 아들과 함께 새로운 땅에 정착한다. 어느 날 노아는 포도주에 취해 벌거벗은 채로 잠이 들었다. 함이 이 모습을 보고 두 형제에게 알리며 아버지를 놀렸으나 셈과 야벳은 아버지를 옷으로 가려주었다. 술이 깬 노아는 함을 크게 나무라며 그의 자손들이 노예가 되리라는 저주를 퍼붓는다.

〈창세기〉 9장에는 함의 자손이 흑인이라는 근거가 없다. 그런 상상력을 발휘한 이들은 유대교, 기독교와 함께 《구약 성경》을 공유하는 이슬람 학자들이었다. 8세기에 작성된 문헌에 의하면 이들 학자는 "함은 백인이었지만 신이 그 자손들의 피부색을 바꾸는 저주를 내렸다."라고 기록했으며, 그들이 바다를 건너 에티오피아의 해안가에 정착했다고 설명했다. 오래전부터 흑인을 인간과 원숭이의 중간 정도로 취급하며 노예로 부려온 백인들도 이슬람 학자의 해석에 동의했다. 그리고 의학과 인종학이 발달하고, 다윈의 진화론을 인간 사회에 접목한 철학자 스펜서가 제창한 적자생존의 논리가 강조되면서 흑인은 더욱 열등 인종이 되었다.

나일 강의 수원인 빅토리아 호수를 발견한 영국의 탐험가 존 해닝 스피크는 한발 더 나아갔다. 인류학자이기도 한 그는 중앙 아프리카 일대를 탐사한 후 1863년에 흥미로운 가설을 발표했다. 그는 일반적인 흑인의 외양과 달리 키가 크고 이목구비가 뚜렷해 상대적으로 백인의 외모에 가까운 흑인이 있다는 사실에 주목했다. 스피크는 '바로 이들이 셈족(백인)의 피가 절반 흐르는 함족의 직계 혈통'이라는 주장을 펼쳤다. 같은 흑인이라도 다 같은 흑인이 아니라는 것이었다. 이 가설은 과학적인 증거를 요구할 필요도 없을 만큼 강력하고 신선했다. 실제로 에티오피아에 살고 있던 흑인들은 다른 지역의 흑인과 다른 모습이었다.

인종의 우성과 열성에 대한 가설은 르완다에서 더욱 빛났다. 르완다에는 크게 두 인종이 살고 있었는데, '투치족'은 '후투족'에 비해 인구가 4분의 1도 안되지만 지배계급을 형성하고 있었다. 그 투치족이 바로 스피크가 주목한, 백인의 피가 절반 흐르는 '다른 흑인'이라는 이 터무니없는 가설은 그로부터 100년이 훨씬 지난 1994년 4월에 발생한 재앙의 씨앗이 되었다.

제국주의가 뿌린 분열의 씨앗

르완다는 땅이 비옥하고 연중 강우량도 풍부해 아프리카에서는 드물게 농업이 발달했다. 산도 많아 '1000개의 언덕을 가진 나라' 또는 '아프리카의 스위스'라고 불릴 만큼 아름다운 경관을 자랑한다. 이곳에 최초로 정착한 종족은 체구가 작은 피그미족의 일원인 트와족이었다. 그러나 10세기 중앙아프리카 카메룬에 시원을 둔 농경민족인 후투족이 트와족을 몰아냈고, 14세기에는 후투족이 투치족의 침입을 받았다. 투치족은 소말리아 반도에서 출현한 닐로트족의 일파로, 전쟁에 능한 목축민답게 수적 열세에도 불구하고 다수인 후투족을 지배했다. 식민지 시대에 이들 투치족은 함족으로 분류되었다.

구전에 의하면 투치족 '칸야루안다'가 최초의 왕 '므와미'가 되었는데, '르완다'라는 이름은 그에게서 비롯했다. 18세기까지 르완다는 므와미를 정점으로 하는 군주제 국가였고, 왕은 신의 위탁자이자 생명의 근원으로 절대 권력을 행사했다. 투치족은 정치, 군사 등을 관할하는 지배계층이었고, 후투족은 대부분 농사를 짓거나 귀족의 하인으로 일했다. 두 민족의 사회적 신분은 명확했으나 교류는 매우 자유로웠다. '반투어'를 공용으로 썼고 결혼도 자유로워 나중에는 외모상의 차이도 상당히 흐려졌다. 종국에는 가난한 투치족을 '후투'라고 부르거나 부자 후투족을 '투치'라고 부르는 일이 늘었고, 투치와 후투는 인종보다 계급의 명칭에 가까워졌다.

르완다 국민은 자신들의 왕국에 강한 자부심을 갖고 있었다. 신은 다른 나라에 잠시 들르기는 하지만 밤이면 어김없이 르완다로 돌아와 휴식을 취한다고 믿었다. 초승달의 뾰족한 양 끝은 르완다를 향하고 있으며 이는 신이 자신들을 보호한다는 메시지라고 여겼다. 이러한 신화는 므와미의 절대 권력을 지탱하고, 르완다 국민의 일체감을 형성했다. 그러나 절대 권력보다, 신보다 더 힘이 센 백인들이 출현함으로써 왕국의 역사는 종말을 고한다.

아프리카 대륙은 대항해 시대를 연 포르투갈이 아프리카의 노예 사업을 본격적으로 실시하면서 재조명을 받았다. 식민지 시대가 열림에 따라 유럽 각국은 앞다투어 아프리카를 향해 돛을 올렸다. 1876년에 벨기에는 콩고 분지로 진출했고, 이미 콩고 해안의 일부 지역을 점령한 포르투갈과 충돌을 일으켰다. 포르투갈은 유럽의 강국으로 떠오른 독일제국의 비스마르크에게 중재를 요청했고, 그 결과 1884년 11월 베를린에 유럽의 열강들이 모였다. 이들은 스피크, 리빙스턴, 스탠리 같은 탐험가들이 작성한 아프리카 지도를 펼쳐놓고 자신들의 '영토'를 확보하기 위해 치열한 외교전을 전개했다. 물론 그들 대부분은 그곳을 밟아본 적이 없었다. 이때 확정된 선이 오늘날 아프리카 국가들의 국경선으로 정해졌다.

1885년 독일이 탄자니아를 식민지화했다. 그리고 몇 년 후 르완다 왕이 갑자기 사망했다. 절대 권력자의 예기치 못한 죽음으로 르완다는 정치적 격변에 휩싸였다. 왕위 계승 문제를 놓고 투치족 간에 격렬한 분쟁이 일어났다. 이때 독일이 침공하자, 투치 귀족들은 이에 대항하기보다는 홍정을 선택했다. 결국 독일은 꼭두각시나 다름없는 왕을 세우고 1895년 르완다의 수도 키갈리에 카이저 빌헬름의 깃발이 휘날리는 식민지 기구를 설립할 수 있었다.

독일은 투치와 후투의 전통적인 위계질서를 그대로 수용했지만, 한계가 있었다. 과거에는 왕이 두 부족 간의 차별을 통제했으나 이제는 관료들의 자의적 판단에 따르게 되었다. 르완다의 새 주인이 그 작은 차이점을 발견하기란 불가능했다. 그러다 독일이 제1차 세계대전에서 연합국에 패배하면서 르완다의 독일 통치도 1918년에 종말을 고했고, 르완다의 주인은 이웃 국가 콩고를 다스리던 벨기에로 바뀌었다.

르완다의 초대 주교로 부임한 몽세뇨 레옹 폴 클라스는 투치족이 함의 자손이라는 스피크의 가설을 눈으로 확인하자 흥분에 휩싸였다. 그는 '백인의 피가 섞인' 투치족이 지배계급을, 후투족이 소작인 계급을 형성하는 중세의 봉건제도를 르완다에서 재현하고자 했다. 클라스 주교는 로마 교황청 및 총독과 본국에 인종 격리 정책, 즉 아파르트헤이트를 시행할 것을 강력하게 요청했다.

벨기에 과학자도 클라스만큼 흥분했다. 그들은 저울과 줄자와 양각 측정기를 가지고 체중과 키, 인종학적으로 가장 두드러진 특징을 보이는 코와 두개골의 크기를 재면서 두 인종의 차이점을 분석했다. 그리고 다음과 같은 결론을 내렸다.

"투치족은 좀 더 귀족적인 면모를 갖추었다. 일반적으로 후투족은 얼굴이 둥글고, 체구가 땅딸막하며, 피부가 좀 더 검고, 코가 낮으며, 입술이 두껍고, 턱이 각지다. 투치족은 얼굴이 길고, 체구가 호리호리하며, 피부가 그리 검지 않고, 입술이 얇고, 턱이 갸름하다. 코의 크기를 보면 투치족은 코 중앙이 후투족에 비해 2.5밀리미터 더 길고 5밀리미터 더 가늘다."

과학적 분석은 클라스의 주장에 힘을 실어주었고, 그 효과를 발휘했다. 벨기에는 아파르트헤이트를 공식화하여 후투족의 공민권을 박탈하고 공장이나 기업의 관리자도 되지 못하게 했다. 수백 년 동안 산지 단위로 편성되어온 행정 구조를 전면적으로 뜯어고침으로써 그나마 남아 있던 각 지역의 후투 자치권마저 사라지게 했다. 투치족은 후투족에게 세금을 부과하고 후투족의 노동력을 착취할 권리를 보장받았다.

그러나 새로운 문제가 발생했다. 누가 후투족이고 누가 투치족인가? 수백 년 동안 혈연 교류로 외모상 차이가 없는 사람이 많았다. 코가 낮은 사람이 투치의 자식이고, 키 큰 사람의 아버지가 후투인 경우가 부지기수였다. 인종 격리 정책을 공식화한 이상 이를 명확히 구분해야 한다고 판단한 벨기에 총독은 '인종 신분증' 제도를 도입하기로 했다. 식민지민의 신분증 소지를 의

이 아이들 중 후투족과 투치족을 구별할 수 있는가?
서구 제국주의자들의 인위적인 인종 구분과 차별은 훗날 최악의 대참사를 낳았다.

무화하고 신분증에는 투치, 후투, 트와 등을 표시하기로 했다. 이를 위해 인구조사를 실시했지만 인구조사원과 공무원에게는 과학자만큼의 '객관적'인 지식이 없었다. 그래서 모호한 사람에게는 소를 10마리 이상 보유했는가를 기준으로 삼았다. 물론 그 이상은 투치, 밑으로는 후투였다. 그 결과 14퍼센트는 투치족, 85퍼센트는 후투족, 트와족이 1퍼센트로 정해졌다.

　신분증 의무화에 따라 모든 영역에서 인종차별이 분명해졌다. 행정과 정치 분야는 투치족이 완전 독점한 반면, 농민과 공장 노동자는 후투족으로 대체되었다. 신분 상승의 기회는 완벽하게 차단되었다. 특히 강제 노역장은 증오의 온상이었다. 벨기에 통치자들은 투치족에게 명령했다. "후투족에게 채찍질을 가하라. 그렇지 않다면 너희가 맞을 것이다." 어제까지만 해도 흉금 없이 지내던 이웃에게 맞는 채찍은 더욱 깊은 상처로 남았다. 원래 후투족은 대부분 농업에 종사했다. 그러나 강제 노역에 자주 동원되면서 땅을 경작할 수 없었다. 비옥한 땅이 버젓이 있는데도 가족이 굶어 죽는 것을 바라만 봐야 하는 후투족 가장들은 피눈물을 흘렸다.

차별 교육은 분열을 고착시켰다. 콩고와 마찬가지로 교육은 교회가 독점했는데, 클라스 주교의 지시에 따라 투치와 후투의 학교를 분리했다. 투치 학교에서는 좋은 교육 환경을 제공하면서 투치족이 우월하다고 주입하고, 후투족을 통치하는 기술을 가르쳤다. 교사는 두 학교 모두 투치족 출신이었다. 편향적 교육을 받은 투치족 젊은이들은 사회에 진출하여 후투족을 더욱 거세게 채찍질했다. 후투족 학교에서도 기본 교육은 실시했다. 장차 광산이나 공장에서 일하고 최소한의 신앙이라도 가지려면 후투족 어린이들도 글 정도는 알아야 한다는 클라스 주교의 생각에서였다. 차별이 심해질수록 후투족은 증오의 칼끝을 벨기에가 아닌 투치족을 향해 세웠다.

한순간에 뒤바뀐 지배 인종

영원할 것 같았던 아프리카 식민 통치의 역사는 제2차 세계대전이 끝나면서 막을 내리기 시작했다. 승자인 미국은 유럽의 제국주의 기득권을 용납하지 않았고, 소련 역시 마찬가지였다. 아프리카에서도 민중의 자각과 함께 민족주의가 생겨났다. 식민지 지배는 급격히 해체되었는데, 전쟁에 직접적 영향을 받은 리비아, 이집트, 모로코 등 북아프리카 국가들이 1950년대 초에 먼저 독립을 쟁취했다. 1960년에는 17개국이 한꺼번에 독립하여 '아프리카의 해'라고 부르게 되었다.

1946년, 르완다는 벨기에의 통제 아래 유엔의 신탁통치령으로 바뀌었다. 유엔은 선거를 통한 민주정부 수립 후 독립을 승인

1994년 르완다 대학살의 뿌리는 벨기에 제국주의였다. 벨기에는 르완다를 지배하면서 주민등록증에 인종을 표시하도록 하고 소수파인 투치족이 다수파인 후투족을 억압적으로 지배하게 했다. 그런데 르완다가 독립하는 시점에서, 지배권을 후투족에게 넘겨버렸다. 다수인 피해자들의 복수극은 그때부터 이미 예정되어 있었다.

한다는 원칙적인 계획을 제시했다. 그런데 벨기에는 예전과 달리 투치를 제쳐두고 다수를 차지하는 후투족과 독립국가 건설을 논의했다. 1957년에 후투족 지식인 아홉 명이《후투 선언》을 발표함으로써 정치의 전면에 등장했다. 그들은 다수가 다스리는, 즉 후투족이 지배하는 국가를 건설하기 위한 혁명을 주장했다. 그리고 '함족 신화'를 역이용했다. 투치족이 외래 혈통이며 따라서 침입자라고 규정해버렸다. 투치족과의 공존을 거부하는 첫 메시지였다. 벨기에가 인종 신분증의 철폐를 요청했으나 후투족 대표들은 이를 거절했다. 과거에는 자신들을 옭아맨 족쇄였던 신분증이 이제는 기득권을 보장하는 증표였다.

1959년 7월, 투치족의 마지막 왕이 부룬디 병원에서 치료를 받다 사망했다. 투치족 사이에는 왕이 독살되었다는 소문이 파다하게 퍼졌다. 사회적 분위기가 흉흉한 가운데 4개월 뒤에 투치족 청년들의 집단 폭행으로 후투족 정치인이 사망하는 사건이 발생했다. 다음 날, 이에 분개한 후투족 유랑민 무리가 투치족 관료들을 폭행하고 집을 불태웠다. 그동안 쌓였던 증오심이 드디어 폭발했고, 짧은 시간에 전국으로 확산되었다. 약탈, 방화, 살인을 제재하는 공권력은 없었다. 르완다는 순식간에 무정부 상태에 빠져들었다.《후투 선언》지식인들은 오히려 "혁명이 시작되었다."라며 이를 환영했다. 벨기에 사령관은 다수에 의한 통치라는 원칙에 집착하여 폭력사태에 개입하지 않았다. 1959년 11월부터 이듬해 여름까지 투치족 1만 명이 목숨을 잃었으며, 왕족을 포함한 20만 명이 우간다와 콩고로 피난했다.

한편 벨기에 사령관은 유엔의 통제를 받지 않아도 되는 지자체 선거를 실시했다. 선거 결과, 당선자 90퍼센트가 후투족이었다. 1960년 10월에는 《후투 선언》의 공동 저자인 그레구아르 카이반다가 이끄는 임시정부가 출범했다. 1961년 1월에 후투족 지도자들은 스스로 독립을 선언했고, 벨기에 사령관은 이를 인정했다. 그러나 유엔은 "어느 한 종족이 독재를 야기해, 하나의 압제 정권을 또 하나의 압제 정권으로 대체하는 데 그쳤다."라며 "언젠가는 투치족을 상대로 폭력이 행사되는 장면을 보게 될 것"이라고 경고했다. 유엔의 압력으로 벨기에는 독립 인정을 철회했지만 선거 결과는 어차피 마찬가지였다. 1961년 6월, 후투족 계열 정당들은 유엔 감시하에 실시된 총선거를 압도적인 승리로 장식했다. 이듬해 1월에 의회는 카이반다를 초대 대통령으로 선출했으며, 그해 6월에 유엔은 르완다의 완전한 독립을 인정했다. 이로써 1895년부터 시작된 67년의 식민 통치는 끝났다. 독립은 투치족이 던졌던 탄압의 부메랑이 선회하는 순간이기도 했다.

카이반다는 독재자라기보다는 교활한 지도자였다. 자신의 정치적 지위를 강화하기 위해, 또는 정치적 위기를 피하기 위해 종종 투치족을 희생양으로 삼았다. 독립 후 정권의 탄압이 노골화되자 투치족은 우간다, 부룬디, 탄자니아, 콩고 등으로 피난해 국경 지대에서 게릴라전을 전개했다. 1963년 12월, 부룬디에서 활약하는 게릴라 수백 명이 국경을 넘어 르완다 안으로 30킬로미터를 진격했으나 벨기에 지휘관이 이끄는 부대에 격퇴당했다. 카이반다는 독립 후에도 자신을 후원하는 벨기에군에게 계속 주둔해달라고 요청했던 것이다.

카이반다는 이 침입을 빌미로 국가비상사태를 선포하며 "바퀴벌레를 죽여 숲을 깨끗이 청소하라!"라고 지시했다. 투치족 게릴라는 스스로를 '바퀴벌레'라고 칭했다. 바퀴벌레처럼 몰래 다니고 박멸되지 않는다는 의미였다. 1963년 크리스마스 이브에 게릴라가 침입한 지역에 살인과 방화가 시작되었다. 그곳 지역민이 게릴라들을 도왔다는 이유였다. 정부의 첫 번째 공식적이고 조직적인 민간인 학살이었다. 유네스코에서 파견된 한 교사는 '명백한 제노사이드'라고 《르몽드》에 기고하며 불과 5일 만에 투치족 1만 4000명이 목숨을 잃었다고 밝혔다. 이 대대적인 '박멸 정책'은 성공을 거두었다. 투치족 게릴라들은 기습할 때마다 본국의 동족들이 학살당하는 데 지쳐 무장 활동을 중단했고, 결국 1966년에 군대를 해체했다.

인기가 높아진 카이반다는 인종 격리 정책을 더욱 공고히 하기 위해 인구조사를 실시했고, 투치족은 9퍼센트밖에 되지 않는다고 발표했다. 그리고 공무원, 교사, 군인 등 각 분야마다 투치족을 그 비율만큼 정확히 할당했다.

1970년대에 들어서면서 투치족을 향한 폭행이 일상화되었는데, 1972년의 부룬디 사태가 직접적인 원인이었다. 부룬디는 르완다와 같은 나라라고 할 정도로 언어와 문화적, 역사적 배경이 비슷했다. 부룬디에서도 후투족과 투치족이 계속 갈등하다가, 1962년에 벨기에로부터 독립한 후 격렬한 싸움 끝에 르완다와는 달리 투치족이 기득권을 유지했다. 1972년에 브룬디 투치족은 후투의 쿠데타를 진압하면서 후투족 10만~20만 명을 학살했고, 이에 인종적 동질성을 느낀 르완다의 후투족은 투치족을 폭행했다. 1973년에만 르완다에서 투치족 난민이 10만 명 넘게 발생했다.

독재가 시작되다

카이반다는 후투족의 민족정신을 더욱 고양시키기 위해 1973년 '국가안전위원회'를 발족하고 쥐베날 하비아리마나 소장을 위원장에 임명했다. 군을 장악한 하비아리마나는 야심가였다. 유력한 후투 가문의 여성과 결혼하여 정치적 기반도 탄탄했다. 그는 위원장으로 임명되고 몇 개월 뒤에 쿠데타를 일으켰고, 카이반다 정권은 제대로 대응하지도 못하고 실각했다. 하리아리마나는 정권을 장악함과 동시에 투치족에 대한 공격을 중지하겠다고 선언했다. 이 소식을 듣고 투치족들이 거리로 뛰쳐나와 춤을 추며 새로운 권력자의 출현을 반겼다.

그러나 하비아리마나의 선언은 쿠데타에 대한 국제적 비난을 의식한 제스처에 불과했다. 오히려 인종 격리 정책은 더욱 정교해졌다. 9퍼센트의 할당 비율을 더욱 세밀하게 점검했고 국회에는 단 두 석만 투치족 출신에게 할애했다. 후투족 군인과 공무원은 투치족과 결혼할 수 없게 했다. 하비아리마나가 독재자의 면모를 드러내는 데는 오랜 시간이 걸리지 않았다. 카이반다 잔당 세력을 완전하게 뿌리 뽑고 나서 1975년 '국가개발혁명운동'이라는 정당을 조직했다. 그런 뒤 의회를 장악하고 모든 국민이 당원이 되게 하는 법률을 제정했다. 정부의 허가 없이 거주지를 옮기는 것도 금지했고, 치 떨리는 강제 노역장도 부활시켰다.

그러나 밖에서 보기에 르완다의 정국 안정은 내전에 휩싸인 다른 아프리카 국가에 비해 인상적이었다. 교회 출석률도 높았고, 범죄율도 매우 낮아졌으며, 의료와 교육 수준도 가파르게 상승하고 있었다. 근대화를 신봉하는 미국과 유럽의 국가들은 원조를 아끼지 않았다. 특히 프랑스의 지원은 다른 나라를 압도했다. 경제 건설에 필요한 물자를 지원하고 좋은 조건으로 농산물을 공급했다. 프랑스어 학교를 세우고 군사원조도 제공했다. 하비아리마나로서는 새로운 후원자를 얻은 셈이었다. 프랑스는 독재자의 전횡을 눈감았고 국제사회에서 그를 변호했다.

프랑스에 못지않은, 아니 더 강력한 하비아리마나의 후원자는 그의 부인 일가였다. 대통령은 평범한 집안 출신이었지만 영부인 아가테 칸지가의 집안은 쟁쟁했다. 쿠데타의 배후였던 그들은 요직을 차지하며 대통령의 정보원 노릇을 도맡았다. 르완다에서 이들은 '아카주'라고 불렸다. 정권의 실세와는 어울리지 않는 '작은 집'이란 뜻이지만 그만큼 결속력이 강했다. 아카주는 종종 최고 권력자도 무시했다. 대통령이 수족처럼 아끼는 부하를 죽이고, 그 범인을 기소한 검사도 살해했다.

창창한 하비아리마나 정권에 그림자가 드리우기 시작한 것은 1980년대 후반이었다. 1986년에 르완다의 주요 수출품이던 커피와 차의 국제가격이 전례 없이 폭락했고, 원조에 의존하는 취약한 경제구조로 인해 대량 실업에 직면했다. 가뭄까지 덮쳐 대규모 기근도 발생했다. 파리의 호화 생활이 취미인 아가테의 낭비는 국고 탕진에 가속도를 붙였다. 1989년 베를린 장벽이 무너진 사건도 하비아리마나에게는 악재였다. 냉전 체제가 붕괴한 후 원조국들은 르완다에 민주화를 요구했다.

1990년 6월, 하비아리마나는 프랑스 미테랑 대통령의 권고에 따라 다수당 체제의 도입을 언급했다. 르완다에도 정치적 해빙기가 열리는 순간이었다. 야당 성향의 후투족 정치인들이 등장하기 시작했다. 그러나 하비아리마나는 개혁 조치를 계속 미루었다. 무엇보다 아카주들이 기득권을 포기하려 하지 않았다. 그들은 민주화와 개혁을 요구하는 정치인 및 지식인 들에게 테러를 가했고, 이에 겁먹은 많은 후투족 정치인이 대거 망명하는 사태가 벌어졌다. 투치족들도 정국이 불안에 휩싸이자 짐을 쌌고, 우간다에 머물고 있던 투치족 난민들은 고국의 사태를 예의 주시했다.

바퀴벌레 박멸을 위한 십계명

1990년, 아카주의 핵심 인사들은 정부에 비판적인 잡지 《캉구카》에 맞설 《캉구라》를 발행하기로 했다. 그러나 《캉구라》 창간의 숨은 목적은 정부를 지지하는 것이 아닌 아카주의 기득권 유지였다. 그래서 하비아리마나의 개혁 조치를 적당히 비판할 필요가 있었다. 그런데 아가테가 임명한 편집국장 은게제는 《캉구라》 초판에서 하비아리마나를 과도하게 비판해 아카주를 당황하게 만들었다. 대통령 경호부대는 은게제와 《캉구라》의 발행인을 체포했다. 그러나 반전이 일어났다. 국제사면위원회를 비롯한 서구 인권 단체들이 언론인의 석방을 촉구한 것이다. 졸지에 은게제는 언론의 수호자라는 영예를 얻었다. 감옥 생활 3개월 동안 은게제는 아카주의 본뜻을 알았다. 이후 석방된 은게제에게 절호의 기회가 찾아왔다. 1990년 10월 1일에 '르완다 애국전선'이 전격 침공한 것이다.

당시 우간다, 부룬디, 콩고에 피신한 투치족 난민은 100만 명이 넘었다. 그중 최대의 난민촌이 형성돼 있던 우간다는 당시 정치적 혼란을 겪고 있었다. 투치족 난민들은 우간다의 야권 지도자 무세베니의 '국민저항운동'에 참여해 내전에 깊이 관여했다. 오랜 전쟁 끝에 1986년 국민저항군이 승리하자, 무세베니는 투치족 난민들에게 임시 국적을 부여했고, 지도자였던 폴 카가메는 정보부 장관으로 취임했다. 우간다에서 안정적인 지위를 확

보한 투치족 지도자들은 각국에 흩어진 동족들을 규합해 1990
년에 '르완다 애국전선'을 결성했고, 폴 카가메는 최고 사령관에
올랐다.

   하비아리마나가 독재를 멈추지 않고, 투치족뿐만 아니라 후
투족 지도자들의 망명도 속출하자 애국전선은 결단을 내렸다.
1990년 10월 1일, 애국전선은 하비아리마나 독재 정권을 몰아
내기 위해 국경을 넘었다. 병사들은 전투 경험이 풍부했고, 폴
카가메는 뛰어난 군사전략가였다. 이들은 키갈리를 향해 거침
없이 진격했고 하비아리마나 정부군은 속수무책으로 쓰러졌다.
그러나 프랑스군이 개입하면서, 금방 끝날 것 같던 내전은 교착
상태에 빠졌다.

**1990년에 결성된 르완다 애국전선의 최고
사령관 폴 카가메**
몇 년 뒤 그는 지옥의 수렁에 빠진 르완다를
구하게 된다.

비이성의 세계사

애국전선이 침공하자 은게제는 양심적 언론인과 어용 언론인이라는 상반된 신분을 교묘하게 활용했다. 《캉구라》 10월호는 후투족을 노예로 만들려는 애국전선의 문건과, 투치족에게 은밀히 협력하는 후투족 정치인의 명단을 특종인 양 폭로했다. 사실 애국전선이 강조한 것은 민주주의 정부를 수립하는 것이었고, 명단에 오른 이들은 정권의 반대편에 선 사람들이었다. 명백히 의도된 오보였으나 르완다 국민은 이를 알아채지 못하고 분노했다. 은게제는 1990년 12월에 "후투 십계명"을 발표하여 인기의 정점을 찍었다.

투치족 여성과 결혼하거나 투치족을 첩, 또는 비서로 둔 후투족 남성은 배신자이며(제1조), 후투족 딸들이 고귀하고 성실하며(제2조), 투치족은 패권만을 추구하는 데다(제4조), 르완다 군은 후투족으로만 구성해야 한다(제7조)는 등 후투족 이데올로기로 채워진 "후투 십계명"은 선풍적인 인기를 끌었다. 그중 가장 많이 인용된 것은 제8조 "후투족은 투치족에 대한 일체의 동정심을 끊어야 한다."였다. 국영 라디오 방송도 "후투 십계명"을 선전하며 투치족에 대한 증오를 부추겼다.

르완다 정부군은 프랑스의 전폭적인 지원에 힘입어 병력을 대대적으로 확충했다. 1990년 10월에 9000명이었던 군인이 1년 만에 2만 8000명으로 불어났고, 각 병영에는 프랑스 교관이 배치되었다. 덕분에 전쟁을 수행하면서도 치안을 유지할 수 있었던 하비아리마나는 '내부의 적'을 색출하는 데 박차를 가하기 시작했다. 후투족 출신의 지방 공무원 수백 명이 투옥되었고 이 과정에서 많은 투치족이 목숨을 잃었다. 그런 와중에 1991년 6월, 하비아리마나가 국제 여론을 의식해 다당제를 채택한다고 발표하자 곧바로 12개 정당이 등장했다. 그러나 그 대다수는 아카주가 세운 허수아비 정당들이었다.

나중에 살인 집단으로 변신하는 '인테라함웨'라는 민병대도 이즈음 출현했다. 아카주에 속한 바고소라 대령이 은밀히 조직한 이 민병대는 1991년 말에 수면 위로 떠올랐다. '함께 공격하는 사람들'이라는 의미의 인테라함웨는 경제 불황에 일자리를 잃고 거리를 헤매는 청년들에게 안식처가 되었다. 아카주는 술과 음식을 제공하면서 이들에게 군사훈련을 시켰다. "후투 십계명"으로 무장한 인테라함웨의 목표는 '바퀴벌레 박멸'로, 제일 먼저 한 일은 투치족과의 공존과 민주화를 주장하는 후투족 인사들의 명단을 작성하는 것이었다.

인테라함웨는 1992년 3월 '실전'에 나섰다. 라디오 국영방송은 수도 키갈리의 남동쪽에 있는 부게세라에서 후투족을 학살하려는 투치족의 계획을 포착했다고 보도했다. 이 역시 의도된 오보였다. 방송 다음 날부터 사흘 동안 인테라함웨는 부게세라에서 투치족 300명을 살해했다. 이 학살에 대해 서방국가들은 우려를 표시하는 선에서 그쳤고 프랑스는 침묵했다. 하비아리마나는 몇몇 책임자를 체포했으나 '정당방위' 및 '군중의 우발적 분노'였다며 모두 석방했다.

그러나 1993년 8월, 하비아리마나는 애국전선과 평화협정을 맺어야 했다. 국제 원조 단체가 휴전하지 않으면 지원을 중지하겠다고 압박했고, 프랑스로서도 깨진 독에 계속 물을 부을 수 없었다. 협정 내용을 22개월 내에 야당과 애국전선을 포함한 임시 정부를 수립하고, 애국전선 일부 부대와 유엔 평화유지군 1300명이 르완다에 주둔한다는 것이었다. 이 협정은 아카주 및 군부에겐 청천벽력이었다. 군부의 핵심인 대통령 경호부대를 폐지하고, 이들을 포함해 총 1만 6000명이 군복을 벗어야 했다. 공중 분해의 위기에 처한 인테라함웨는 더욱 분노했다. 아카주는 하비아리마나가 우유부단하다며 거리를 두기 시작했다. 평화협정은 하비아리마나에게 독배가 되었다.

20세기 최악의 인종 대학살

아카주는 1993년 초에 '후투 파워'를 결성했다. 르완다를 영구 집권하기 위한 전위 조직이었다. 후투 파워는 아카주의 핵심 세력에서 시작해 티 안 나게 조금씩 세력을 확장해나갔다. 추장, 정치인, 고급 장교, 언론인, 인테라함웨의 지도자 들이 주요 멤버였다. 후투 파워는 평화협정을 요구하는 국제사회를 비난하면서 대통령이 이에 굴복해서는 안 된다며 압력을 가했다. 그리고 르완다에 사는 투치족 전체를 말살하는 인종 학살의 정당성을 주장하기 시작했다.

협정 체결 후에는 대통령을 변절자라고 부르며 원색적인 비난을 쏟아냈다. 그리고 《캉구라》보다 파급력이 높은 라디오 방송국 RTLM을 창립했다. 방송에서는 하루 종일 투치족에 대한 증오 섞인 이야기와 "자신의 정체성을 잃어버린 후투족이 싫어요." 같은 노래가 흘러나왔다. 하비아리마나 대통령의 목소리는 거의 들리지 않았다. 방송을 통해 흘러나오는 후투 파워의 성명과 주장이 정권의 그것보다 더 권위를 가졌다. 짧은 기간에 후투 파워는 르완다를 장악했다.

후투 파워는 각 지역마다 몰래 창고를 마련했다. 그리고 누군가가 몰래 수류탄, AK 소총, 총탄을 그곳에 비축하기 시작했다. 이즈음 정글을 헤치거나 열매를 딸 때 쓰는 칼 '마체테'가 58만 개 이상 수입되었다. 마체테의 종착지는 시골이 아닌 창고였다. 유엔 평화유지군 사령관은 인종 대학살의 구체적 증거를 급히 알렸지만 유엔은 병력 증강을 결정하지 못했다. 1993년에 소말리아에서 평화유지군이 겪은 치욕스러운 패배의 상처가 채 아물지 않았기 때문이었다.

평화협정에 의하면 1994년 2월까지 임시 과도정부를 수립해야 했지만 진전이 없었다. 국제사회, 특히 아프리카 국가들은 하비아리마나를 강하게 비난했다. 유럽연합처럼 아프리카 경제공동체를 설립하자는 움직임이 활발했고, 남아프리카공화국에서는 인종 격리 정책인 아파르트헤이트가 철폐되고 넬슨 만델라의 대통령 취임이 확실해졌다. 반면에 르완다에서는 대통령을 향한 후투 파워의 비난이 수위를 넘고 있었다. 《캉구라》는 "하비아리마나는 바퀴벌레들에게 매수된 후투족에게 살해당할 것"이라고까지 경고했다.

1994년 4월 6일, 하비아리마나의 전용기가 탄자니아 공항에서 이륙했다. 비행기에는 부룬디 대통령과 각료 몇 사람도 동승했다. 내우외환에 시달리던 대통령은 평화협정 이행을 논의하고 고국으로 돌아오는 길이었다. 저녁 8시 15분경, 비행기가 키갈리 공항에 접근하면서 착륙을 시도했다. 그때 인근 야산에서 발사된 미사일 두 발에 비행기는 대통령궁 공터에 추락했고, 탑승자 전원이 사망했다. 누군가에 의한 암살이었다.

RTLM이 가장 먼저 이 소식을 알렸다. 그러나 방송은 대통령이 피살된 지 한 시간 만에 바고소라 대령이 '비상대책위원회'를 구성해 의장직을 맡았다는 사실은 은폐했다. 온건파 수상이 대통령직을 승계했지만 그에게 통치의 기회는 없었다. 4월 7일 새벽, 바고소라 대령은 대통령 암살이 르완다 애국전선의 소행이라고 밝혔다. 그 발표 몇 시간 전, 누군가가 마체테가 가득 담긴 창고 문의 봉인을 해제하고 있었다. 마침내 대학살의 문이 열린 것이다.

키갈리 곳곳에서 인테라함웨 소속 청년들이 총과 칼을 들고 무리 지어 어디론가 걸어갔다. 그들은 대통령을 암살한 투치족에게 복수하자고 외쳤다. 투치족 집의 문을 부수고 들어가 총을

"엘리자판 타키루티마나 목사님, 저희 가족은 내일 살해될 것이라는 소식을 들었습니다. 목사님께서 중재에 나서서 시장님과 이야기해주시기를 당부합니다. 주님께서 죽음이 예정된 저희를 인도하실 은덕을 목사님께 베푸셨으니, 유대인을 구한 에스더가 그러했듯이 목사님의 중재는 높은 평가를 받게 될 것입니다." (어느 투치족 목사의 편지)

"나는 당신들을 도울 방도가 없다. 최후의 순간이 되었으니 당신들이 할 수 있는 일은 그저 죽음을 준비하는 것뿐이다." (타키루티마나 후투족 목사의 답신)

– 르완다 대학살 전범 재판 증언에서

쏘고 마체테를 내리꽂았다. 거의 동시다발적으로 도시 각처에서 살육이 진행되었다. 대통령 경호부대는 주로 '배신자 후투'를 향해 총을 쏘았다. 죽는 자의 비명과 죽인 자의 환호가 4월 7일 키갈리의 밤하늘에 퍼져나갔다. 이튿날 해가 밝자 이미 거리에는 셀 수 없을 만큼 시체가 쌓여 있었다.

RTML은 축구 경기를 중계하듯 이 소식을 전했다. "바퀴벌레들아, 이제 너희에게도 살과 피가 있다는 사실을 알게 될 것이다." 살육의 광란은 전국에 빠르게 퍼졌다. 인테라함웨가 앞장서고 평범한 후투족들이 뒤를 따랐다. 마체테가 없는 사람들은 도끼와 낫을 들었다. 이웃과 동료가, 병원에서는 의사들이 환자를, 학교에서는 선생이 제자를 살해했다. 여성과 어린이도 예외는 아니었다. 살인을 고무하기 위해 약탈한 재산을 '전리품'으로 가져갈 수 있도록 허용하고, 강간도 보장해주었다. 투치족의 머리당 30센트를 준다는 소문도 퍼졌다.

1994년 4월 초는 부활절 주간이었다. 성직자들은 투치족을 보호하기 위해 그들을 교회로 불렀다. 그들이 부활하신 예수님의 은총으로 살려달라고 기도하는 사이, 교회 문이 밖에서 닫혔다. 이어 군인들과 인테라함웨 대원들은 교회 안에 수류탄을 투척하고 자동소총을 발사했다. 도망가는 길목에는 마체테, 도끼, 낫을 든 후투족들이 대기하고 있었다. 모든 교회에 예외가 없었다. 4월 15일 키갈리 인근의 한 개신교 교회에서는 반나절 만에 신자 7000여 명이 살해되었다. 같은 시각, 인근 성당에 모인 피난민 5000명 전원이 불도저에 압사당했다.

르완다 시골에서는 비명이 나면 하던 일을 멈추고 모두 모이는 전통이 있다. 자주 출현하는 야생동물로부터 서로를 지키기 위한 사회적 규범이었다. 그러나 1994년 4월 이후 이 아름다운 전통은 죽음의 사이렌이 되었다. 한 여성이 마을 사람 모두가 들을 수 있도록 큰 소리로 비명을 질렀다. 사람들이 여성을 구하기 위해 소리 나는 곳으로 달려갔을 때, 그들을 기다리는 것은 총과 마체테로 무장한 '인간 야수'들이었다.

새로운 재미를 위해 여성과 어린이를 강물에 뛰어들게 하는 '자비'를 베풀기도 했다. 강물을 헤쳐 나오는 사람은 거의 없었다. 르완다 강의 종착지인 빅토리아 호수에는 시신 수만 구가 떠올랐는데, 상처 없는 익사체가 부지기수였다. 술과 약물에 취한 부랑자들이 떼를 지어 돌아다녀 후투족마저 이들을 피해야 했다. 르완다에 주둔한 애국전선 부대는 벌떼처럼 몰려드는 살인자들을 물리쳤는데, 국영방송 및 RTLM은 이마저 투치족의 만행이라고 역선전했다.

유엔 평화유지군은 중과부적으로 대사관을 보호하기에 바빴다. 심지어 총리를 보호하기 위해 달려간 벨기에인으로 구성된 유엔 부대원 10명이 잔인하게 살해되기까지 했다. 유엔은 안전보장이사회에서 학살을 멈추기 위한 추가 군대 파견을 논의했으나 일부 국가의 반대로 무산되었다. 평화유지군이 아무런 역할을 하지 못한다는 RTLM의 보도는 살인자들을 더욱 기세등등하게 했고, 투치족들에게는 마지막 희망마저 꺾이게 만들었다.

이 죽음의 카니발은 100일 동안 르완다 전국에서 열렸다. 시체가 쌓여 처치하지 못할 지경이었다. RTLM은 처음에 희생자를 집계하며 자랑했으나, 그럴 필요조차 없을 정도로 살인은 일상화되었다. 너부러진 시체의 부드러운 부위만 먹는 개들을 몰아내는 사람은 없었다. 전염병이 창궐하고 강물은 오염되었다. 시체를 먹기 위해 독수리와 까마귀 들이 하늘을 맴돌았는데, 그 광

1994년의 참혹했던 흔적들
수천 명이 떼죽음을 당한 교회(왼쪽 위), 벨기에인 유엔군 10명이 살해되었던 건물(왼쪽 아래), 들판에 쌓인 시신들(오른쪽)

경은 살아남은 투치족들에게는 그곳에 가지 말라는 신호가 되어주었다.

대통령 경호부대, 인테라함웨, 갑자기 생겨난 후투족 자경단, 부랑자들뿐만 아니라 평범한 후투족들이 이 살인 대열에 자발적으로 참여했다. 수많은 후투족이 살인의 주범, 또는 공범이 되었다. 그 결과 단 100일 만에 80만에서 100만 명에 이르는 사람들이 죽었다. 그중 10만 명이 '배신한 후투족'이고 나머지는 투치족이었다. 아무런 이해관계가 없던 트와족은 비록 희생자 수는 적었지만 씨가 마를 정도였다. 또한 여성 20만 명이 이 기간에 강간당하고 살해당했다. 이전까지 6년 동안 600만 명을 죽인 나치와 4년 동안 100만 명을 죽인 크메르 루주 정권의 학살이 20세기 최대의 참상이었으나, 20세기가 저무는 시점에 르완다 후투족은 이 기록들을 갈아치웠다.

비이성을 바로잡는 것은 결국 이성이다

애국전선은 살육 행위를 멈추지 않을 경우 르완다로 진격하겠다고 경고했다. 그러나 후투 파워와 후투족 국민 대다수는 전쟁 불사를 외쳤다. 결국 1994년 7월 4일, 폴 카가메의 총출동 명령을 받은 애국전선의 전 병력이 우간다에서 국경을 넘었다.

르완다 정부군은 애국전선의 진격 앞에 추풍낙엽처럼 쓰러졌

대학살 당시 콩고민주공화국의 고마 지역에 설치된 르완다인 난민촌(위)과 그곳에 식수를 지원한
유럽 다국적군(아래).

다. 우군이던 프랑스도 더 이상 지원할 명분은 없었다. 후투 파워는 방송을 통해 전쟁에서 승리하고 있다며 후투족 국민을 안심시켰지만, 며칠 만에 수도 키갈리는 함락되었다. 키갈리를 포위한 애국전선을 목격한 후투족들은 사색이 되었다. 애국전선은 일방적으로 승리했고, 그 결과 후투족 난민이 100만 명 넘게 발생했다. 르완다 국민 3분의 1에 이르는 20세기 최대의 대규모 탈출이었다. 난민 대열에 낀 인테라함웨 소속 대원들은 투치족이 우간다에서 그랬던 것처럼 콩고에서 난민촌을 병영화했다.

1994년 7월 말, 애국전선은 내전 종식을 공식 선언했다. 폴 카가메는 후투족에 대한 복수는 없다고 누차 강조했다. 이어 후투족 출신을 대통령으로 하는 신정권을 발족시키고 자신은 부통령 겸 국방장관에 올랐다. 새 정부는 후투족과 투치족 출신을 균등하게 각료로 임용하고, 곧 새로운 헌법을 제정했다. "집단 종족 학살의 죄, 반인류 범죄 및 전쟁범죄는 공소시효를 갖지 아니한다(제13조)." "르완다 국민은 르완다에서 추방되지 아니한다(제24조)." "혈통, 인종, 종족, 씨족, 지역, 성별, 종교 또는 기타 차별을 야기할 수 있는 구분에 근거하는 정치조직은 허용되지 않는다(제54조)." 그리고 새 정부는 키갈리에 학살 기념관을 건립해 더 이상 역사가 반복되어서는 안 된다는 의지를 표명했다.

폴 카가메의 평화 정책이 일관성 있게 지속되자 국경을 넘었던 후투족 난민들이 이듬해부터 다시 르완다로 돌아왔다. 정부는 학살 관련자를 처리하기 위해 르완다 전통 사법제도인 '가차차'를 활용했다. 가차차는 '마을 주민들이 분쟁을 해결하기 위해 모이는 풀밭'이라는 뜻으로, 2001년에 전국 1만 2100개 마을에 가차차가 설치되었다. 살해 사실을 인정하고 용서를 빌면 대체로 낮은 징역형이나 공익형 노역을 선고했다. 피해자의 집에서 일하거나, 소 같은 개인 재산을 제공하는 방법도 동원했다. 하지만 학살 주동자임에도 이를 부인하거나 거짓말을 하면 사형 또는 무기징역을 선고했다. 가차차는 10만 명을 법정에 세워, 이 가운데 65퍼센트에게 유죄 선고를 내리고 2012년 6월에 막을 내렸다.

2003년 8월 25일 대통령 선거에서 폴 카가메는 약 95퍼센트 득표율로 당선되었다. 그는 취임사에서 "우리는 진실을 말하고 진실을 외면하지 않을 것이다. 우리가 할 일은 그뿐이다. 그런 다음 있는 그대로를 받아들이고 더 이상 문제 삼지 않을 것이다."라고 말했다. 2010년 대통령 선거에서 그는 93퍼센트의 지지율로 재선에 성공했다. 만 3세 때 우간다로 피신해 난민촌에서 자란 폴 카가메는 '르완다를 지옥에서 건진 인물'로 평가받고 있다.

한편 1994년 11월, 탄자니아에 유엔 르완다 국제형사재판소가 설치되었다. 1997년 1월에 첫 번째 재판이 열렸는데, 르완다 총리였던 장 캄반다는 1998년에 종신형을 선고받았다. 바고소라 대령은 1996년 카메룬에서 체포되어 2008년에 학살을 주도한 다른 군인들과 함께 재판을 받고, 종신형을 선고받았다. 은게제는 2003년에 35년 형을, RTLM의 설립자인 나이마나와 이사 바라야그위자는 각각 30년과 32년 형을 선고받았다. 아가테는 1998년에 프랑스로 망명을 떠났으나 국제체포영장이 발부되어 2010년에 체포되었고 2015년 현재까지 재판 중인데, 자신은 학살과 아무런 관계가 없다며 무죄를 주장하고 있다.

한편 대다수의 지식인은 르완다 인종 학살의 궁극적인 책임은 증오를 부추긴 벨기에와 학살을 묵인한 프랑스에게 있다고 지적했다. 그러나 국제사회는 이들 두 국가의 역할에 대해서는 일절 언급하지 않고 있다.

투치족과 후투족의 차별은 르완다 왕국 초기부터 존재했다. 그렇지만 두 인종 간에 증오의 싹이 튼 것은 이방인에 의해서였다. 효율적인 식민지 정책을 실행하기 위한 어처구니없는 인종차별 때문에 르완다는 도마 위 생선처럼 반 토막이 났다. 투치와 후투는 자신들이 왜 링에 올라 피비린내 나는 싸움을 하는지 의문을 품지 못하고, 오로지 상대방에게 칼날을 세웠을 뿐이다. 분쟁을 사주한 타인을 보지 못한 점이 르완다 비극의 본질이다.

평범한 개인이 집단의 일원임을 확고하게 인식하면 소속 집단의 사고와 행동에 지배를 받기 십상이다. 폭력을 행사하더라도 '집단'의 이름으로 합리화하고 어쩔 수 없었다는 핑계로 삼을 수 있다. 그러나 이런 비이성적 기간은 대개 짧기 마련인데, 르완다에서처럼 오래 지속된 이유는 아카주 같은 기득권이 폭력과 분노를 지속적으로 확대재생산했기 때문이다. 집단적인 인종적 편견도 알고 보면 기득권을 보전하기 위한 수단에 불과했다.

참고한 책과 논문

1 소크라테스 재판

■책

古代 그리스 C. M. 바우라 지음, 편집부 옮김, 한국일보타임-라이프, 1993

대화의 철학 소크라테스 고트프리트 마르틴 지음, 이강서 옮김, 한길사, 2004

소크라테스 C. C. W. 테일러 지음, 문창옥 옮김, 시공사, 2001

소크라테스 루이-앙드레 도리옹 지음, 김유석 옮김, 이학사, 2009

소크라테스와 소피스트 박규철 지음, 동과서, 2009

소크라테스와 惡妻 크산티페 프리드리히 로렌츠 지음, 박철규 옮김, 도원미디어, 2006

소크라테스의 변명 플라톤 지음, 황문수 옮김, 문예출판사, 1999

소크라테스의 변명·향연 플라톤 지음, 왕학수 옮김, 신원문화사, 2006

소크라테스의 재판 제임스 A. 콜라이아코 지음, 김승욱 옮김, 작가정신, 2005

소크라테스의 최후 류형기 지음, 신생사, 1984

소크라테스 최후의 13일 모리모토 데츠로 지음, 양억관 옮김, 푸른숲, 1997

아테네의 변명 베터니 휴즈 지음, 강경이 옮김, 옥당, 2012

철학자 소크라테스 공처가 소크라테스 호사카 다카히로 지음, 배대화 옮김, 동풍, 1991

펠로폰네소스 전쟁사 도널드 케이건 지음, 허승일·박재욱 옮김, 까치글방, 2006

■논문

소크라테스의 재판 연구 : 아테네 제국주의에 대항한 영혼의 투쟁 황광우 지음, 전남대
학교, 2011

2 로마대화재와 기독교인 박해

■ 책

네로 히데무라 킨지 지음, 이동혁 옮김, 일각서림, 2001

네로 : 광기와 고독의 황제 필리프 반덴베르크 지음, 최상안 옮김, 한길사, 2003

네로와 크리스트교의 박해 한국역사교육연구회 지음, 한국가우스, 2012

로마에서 예술가 네로를 만나다 정태남 지음, 열린박물관, 2006

로마의 카타콤 : 기독교 박해와 승리의 역사 조인형 지음, 하늘양식, 2013

로마인 이야기 7 : 악명 높은 황제들 시오노 나나미 지음, 김석희 옮김, 한길사, 1998

세계 초대 교회사 임영천 지음, 쿰란출판사, 1998

타키투스의 역사 타키투스 지음, 김경현·차전환 옮김, 한길사, 2011

타키투스의 연대기 타키투스 지음, 박광순 옮김, 종합출판범우, 2005

■ 논문

로마제국의 기독교 박해와 초기 기독교의 대응 윤상갑, 호서대학교, 2013

로마제국의 초기 기독교 박해에 관한 연구 : A.D. 1~2세기를 중심으로 이한복 지음, 서울신학대학교, 2004

〈연대기〉의 네로편에 나타난 타키투스의 역사서술 문지현 지음, 숙명여자대학교, 2003

3 병자호란과 환향녀

■ 책

병자호란 47일의 굴욕 : 세 번 절하고 아홉 번 머리를 조아리다 윤용철 지음, 말글빛냄, 2013

승정원 일기 : 인조 한국고전번역원 엮음, 한국고전번역원, 2002~2010

열녀의 탄생 : 가부장제와 조선 여성의 잔혹한 역사 강명관 지음, 돌베개, 2009

인조실록 민족문화추진회 엮음, 민족문화추진회, 1991

조선여인 잔혹사 이수광 지음, 현문미디어, 2006

조선의 섹슈얼리티 : 조선의 욕망을 말하다 정성희 지음, 가람기획, 2009

조선인 60만 노예가 되다 : 청나라에 잡혀간 조선 백성의 수난사 주돈식 지음, 학고재, 2007

처녀귀신 : 조선시대 여인의 한과 복수 최기숙 지음, 문학동네, 2010

화냥년 : 역사소설 병자호란 유하령 지음, 푸른역사, 2013

4 중세 마녀사냥

■책

마녀사냥 모리시마 쓰네오 지음, 조성숙 옮김, 현민시스템, 1997

마녀사냥의 역사 오성근 지음, 미크로, 2000

사탄과 약혼한 마녀 장 미셸 살망 지음, 은위영 옮김, 시공사, 1995

세일럼의 마녀들 : 1692년 마녀 사냥의 비밀 로절린 섄저 지음, 김영진 옮김, 서해문집, 2013

유럽의 마녀사냥 브라이언 P. 르박 지음, 김동순 옮김, 소나무, 2003

■논문

마녀사냥에 대한 민중문화사적 접근 김란숙 지음, 서강대학교, 1997

중세 말 근대 초기 유럽의 마녀사냥에 대한 연구 엄재호 지음, 협성대학교, 2012

5 드레퓌스 사건

■책

거꾸로 읽는 세계사 유시민 지음, 푸른나무, 2008

나는 고발한다 에밀 졸라 지음, 유기환 옮김, 책세상, 2005

나는 고발한다 : 드레퓌스 사건과 에밀 졸라 니콜라스 할라즈 지음, 황의방 옮김, 한길사, 1998

내 목은 매우 짧으니 조심해서 자르게 : 세기의 재판이야기 박원순 지음, 한겨레출판, 1999

드레퓌스 사건 공일우 지음, 신교문화사, 1975

드레퓌스 사건과 지식인 : 역사적 전개과정과 집단발작 니콜라스 할라즈 지음, 황의방 옮김, 한길사, 1982

다시 읽는 드레퓌스 사건 아르망 이스라엘 지음, 이은진 옮김, 자인, 2002

지식인의 탄생 : 드레퓌스부터 현대까지 파스칼 오리·장-프랑수아 시리넬리 지음, 한택수 옮김, 당대, 2005

■ 논문

프랑스 민족주의적 동맹들에 관한 연구 : 드레퓌스사건시기(1898~1906년)를 중심으로
조상연 지음, 고려대학교, 1996

6 관동대지진 조선인 학살

■ 책

관동대지진과 동아일보의 수난 : 불타는 동경 이이녕 지음, 전인교육, 2009

관동대지진과 조선인 학살 강덕상 외 지음, 동북아역사재단, 2013

관동대지진과 조선인 학살 사건 : 관동대지진 90년 한일학술회의 동북아역사재단 엮음, 동북아역사재단, 2013

관동대지진 조선인 학살에 대한 일본 국가와 민중의 책임 야마다 쇼지 지음, 이진희 옮김, 논형, 2008

일본의 역사왜곡 21가지 송영심·오정현 지음, 미르북스, 2005

학살의 기억, 관동대지진 강덕상 지음, 김동수·박수철 옮김, 역사비평사, 2005

■ 논문

관동대지진과 일본의 재일조선인 정책 : 일본정부와 조선총독부의 '진재처리' 과정을 중심으로 노주은 지음, 연세대학교, 2007

관동대지진 학살 사건이 한·일 관계에 미치는 영향 김교화 지음, 건국대학교, 2003

關東大震災에 있어서 조선인 학살 사건 : 당시 문인들의 잡지를 통해서 김성구 지음, 부산외국어대학교, 2005

7 매카시즘

■책

마녀사냥 : 매카시/매카시즘 로버트 그리피스 지음, 하재룡 옮김, 백산서당, 1997

마이너리티 역사 : 혹은 자유의 여신상 손영호 지음, 살림, 2003

미국—보수적 정치문명의 사상과 역사 권용립 지음, 역사비평사, 1991

미국사 산책 7 : 뜨거운 전쟁과 차가운 전쟁 강준만 지음, 인물과사상사, 2010

미국에 대해 알아야 할 모든 것, 미국사 케네스 C. 데이비스 지음, 이순호 옮김, 책과함께, 2004

반역 : 냉전에서 테러와의 전쟁에 이르는 진보주의자들의 반역행위 앤 코울터 지음, 이상돈·최일성 옮김, 경덕출판사, 2008

살아 숨쉬는 미국역사 박보균 지음, 랜덤하우스코리아, 2005

하워드 진 살아있는 미국역사 : 신대륙 발견부터 부시 정권까지, 그 진실한 기록 하워드 진·레베카 스테포프 지음, 김영진 옮김, 추수밭, 2008

■논문

1950년대 미국의 매카시즘 형성 이지연, 상명대학교, 1997

8 홍위병과 문화대혁명

■책

고깔모자를 쓴 지식인 곽양옥 지음, 문용성 옮김, 곤오원, 2001

모택동과 문화대혁명 김재선 지음, 한국학술정보, 2009

모택동과 중국공산주의 김유 엮고 옮김, 인간과사회, 2004

문화대혁명 : 중국 현대사의 트라우마 백승욱 지음, 살림, 2007

문화대혁명사 시쉬엔 진춘밍 지음, 이정남 외 옮김, 나무와숲, 2000

붉은 땅의 기억 : 한 소년이 겪은 중국 문화대혁명 장안거 지음, 홍연미 옮김, 문학동네어
린이, 2007

사진으로 보고 배우는 중국문화 김상균·신동윤 지음, 동양북스, 2012

중국 문화대혁명의 이해 조기정 지음, 전남대학교출판부, 1993

중국의 아들 : 문화대혁명 아동 성장기 천다아 지음, 곽정민 옮김, 이지북스, 2007

중국지 下 : 대란대치 편 현이섭 지음, 길, 2014

홍위병 : 잘못 태어난 마오쩌둥의 아이들 선판 지음, 이상원 옮김, 황소자리, 2004

9 캄보디아 킬링필드

■책

숨겨진 전쟁 : 미국의 캄보디아 침공 윌리엄 쇼크로스 지음, 김주환 옮김, 선인, 2003

자백의 대가 : 크메르 루즈 살인고문관의 정신세계 티에리 크루벨리에 지음, 전혜영 옮
김, 글항아리, 2012

캄보디아 격동의 100년사 권태인 옮기고 지음, 문예림, 2008

캄보디아를 아십니까? : 영광과 비극의 캄보디아 역사 양기식 지음, 삶과꿈, 1997

킬링필드 위의 사랑 백 후옹 타잉 지음, 이영철 옮김, 한국가정사역연구소, 2004

폴 포트 평전 : 대참사의 해부 필립 쇼트 지음, 이혜선 옮김, 실천문학사, 2008

■논문

캄보디아 분쟁해결을 위한 유엔의 평화유지활동 재조명 이진호 지음, 국방대학교, 2004

캄보디아 크메르루즈에 대한 평가 : 혁명과정과 전범재판 박영경 지음, 부산대학교,
2011

10 르완다 대학살

■ 책

내일 우리 가족이 죽게 될 거라는 걸, 제발 전해주세요! : 아프리카의 슬픈 역사, 르완다 대학살 필립 고레비치 지음, 강미경 옮김, 갈라파고스, 2011

르완다 : 천 개의 언덕을 가진 나라 한국국제협력단 WFK모집교육팀 엮음, 한국국제협력 단 WFK모집교육팀, 2011

아프리카 역사 100장면 김광수 지음, 다해, 2007

아프리카의 역사 존 아일리프 지음, 이한규·강인황 옮김, 이산, 2002

아프리카의 운명 마틴 메러디스 지음, 이순희 옮김, 휴머니스트, 2014

죽음의 골짜기에서 : 1994 르완다 대학살 포디다스 미우무가베 지음, 전충권 옮김, 한국 연합회 청소년부, 2006

통아프리카사 : 우리가 한 번도 만나보지 못한 아프리카의 진짜 역사 김시혁 지음, 다산 에듀, 2010

한눈에 보는 세계 분쟁 지도 마스다 다카유키 지음, 이상술 옮김, 해나무, 2004

■ 논문

아프리카 난민 발생요인과 해결방안에 관한 연구 : 르완다 사태를 중심으로 김희자 지음, 한국외국어대학교, 1997

아프리카 인종분쟁과 국제적 개입의 효과 : 수단, 소말리아, 르완다를 중심으로 장찬영 지음, 한양대학교, 2012

사진 출처

19쪽 철학자 소크라테스 ⓒDerek Key @flickr

25쪽 토론하는 소크라테스 ⓒRama @wikipedia (원작자 Nicolas Guibal)

39쪽 독배를 든 소크라테스 public domain @wikipedia (원작자 Jacques-Louis David)

51쪽 고대 로마 조감도 ⓒPascal Radigue @wikipedia

53쪽 아그리피나와 네로 ⓒCarlos Delgado @wikipedia

60쪽 〈쿠오바디스〉 포스터 public domain @wikipedia (원작자 George Kleine)

65쪽 화형당하는 기독교인들 public domain @wikipedia (원작자 Henryk Siemiradzki)

80쪽 《삼강행실도》 열녀편 public domain @문화재청 홈페이지

83쪽 청 태종 홍타이지 public domain @wikipedia

86쪽(왼쪽) 삼전도비 ⓒDalgial @wikipedia

86쪽(오른쪽) 삼전도비의 인조 항복 장면 public domain @wikipedia

111쪽 잔 다르크 public domain @wikipedia (원작자 Hermann Anton Stilke)

118쪽 《마녀의 망치》 표지 @Wellcome Library @wikipedia

120쪽 마녀 집회 public domain @wikipedia (원작자 Francisco Goya)

125쪽(위) 마녀 재판 public domain @wikipedia (원작자 John W. Ehninger)

125쪽(아래) 마녀 고문 public domain @wikipedia

145쪽 알프레드 드레퓌스 초상 public domain @wikipedia (원작자 Jean Baptiste Guth)

147쪽 군사기밀 편지 public domain @wikipedia

150쪽 군적을 박탈당하는 드레퓌스 public domain @wikipedia (원작자 Henri Meyer)

157쪽 〈나는 고발한다〉 public domain @wikipedia

161쪽 드레퓌스 사건 만평 public domain @wikipedia (원작자 Caran d'Ache)

174쪽 관동대지진으로 초토화된 요코하마 public domain @wikipedia

181쪽 매일신보 public domain @wikipedia

190쪽 학살된 조선인 추정 사진 public domain @wikipedia

209쪽(왼쪽 위) 젊은 채플린 public domain @wikipedia

209쪽(오른쪽 위) 분장한 채플린 public domain @flickr

209쪽(아래) 아카데미 공로상을 수상하는 채플린 public domain @wikipedia (원작자 AP통신)

218쪽(왼쪽) Is This Tomorrow public domain @wikipedia (원작자 Catechetical Guild Educational Society)

218쪽(오른쪽) Red Channels public domain @wikipedia (원작자 Counterattack)

224쪽 육군-매카시 청문회 public domain @wikipedia (원작자 미국 상원)

237쪽(왼쪽) 시판 중인 《마오쩌둥 주석 어록》 ⓒMcKay Savage @wikipedia

237쪽(오른쪽) 《마오쩌둥 주석 어록》 서문 ⓒOlnnu @wikipedia (원작자 린뱌오)

244쪽 초등 교과서 표지의 홍위병 그림 public domain @wikipedia

248쪽(위) 훼손된 불상 ⓒPat B @flickr

248쪽(아래) 훼손된 불상 ⓒyuen yan @flickr

259쪽 천안문에 걸린 마오쩌둥 초상 ⓒChristophe Meneboeuf @wikipedia

269쪽 크메르 루주 ⓒAP통신 @AP images

274쪽 캄보디아를 침공한 미국 지상군 public domain @wikipedia (원작자 U.S. Air Force)

291쪽(왼쪽 위) S-21 고문실 ⓒAdam Jones @wikipedia

291쪽(오른쪽 위) S-21 감방 ⓒJean-Christophe Windland @wikipedia

291쪽(아래) S-21 생존자 ⓒPhilbert007 @wikipedia

296쪽(왼쪽 위) 누온 체아 ⓒECCC/Mark Peters @flickr

296쪽(오른쪽 위) 키우 삼판 ⓒECCC @flickr

296쪽(아래) 유엔 캄보디아 특별재판 ⓒECCC @flickr

308쪽 아프리카 아이들 ⓒAntonis Kyrou @flickr

318쪽 폴 카가메 ⓒDavid Shankbone @flickr

327쪽(왼쪽 위) 르완다 교회 ⓒScott Chacon @flickr

327쪽(왼쪽 아래) 벨기에인 군인이 살해당한 건물 ⓒDylan Walters @flickr

327쪽(오른쪽) 시신들 public domain @wikipedia (원작자 Rose Reynolds)

329쪽(위) 르완다인 난민촌 public domain @wikipedia (원작자 Marv Krause)

329쪽(아래) 다국적군 급수 지원 ⓒUN/John Isaac @UN multimedia

비이성의 세계사
우리가 기억해야 할 마녀사냥들

1판 1쇄 | 2015년 5월 20일
1판 7쇄 | 2021년 11월 23일

지은이 | 정찬일
펴낸이 | 조재은
편집 | 이정우 임중혁 김연희
디자인 | 민진기 나지은
마케팅 | 조희정
관리 | 정영주

펴낸곳 | (주)양철북출판사
등록 | 2001년 11월 21일 제25100-2002-380호
주소 | 서울시 마포구 양화로8길 17-9
전화 | 02-335-6407
팩스 | 0505-335-6408
전자우편 | tindrum@tindrum.co.kr
ISBN | 978-89-6372-177-4 03900
값 | 13,000원